# 新质生产力赋能新型农村集体经济高质量发展研究

赵利梅 著

西南财经大学出版社
Southwestern University of Finance & Economics Press

中国·成都

**图书在版编目(CIP)数据**

新质生产力赋能新型农村集体经济高质量发展研究/
赵利梅著.--成都:西南财经大学出版社,2024.8.
ISBN 978-7-5504-6296-0

Ⅰ.F320.3

中国国家版本馆 CIP 数据核字第 20246UY348 号

## 新质生产力赋能新型农村集体经济高质量发展研究

XINZHI SHENGCHANLI FUNENG XINXING NONGCUN JITI JINGJI GAOZHILIANG FAZHAN YANJIU

赵利梅　著

策划编辑:乔雷　余尧
责任编辑:乔雷
责任校对:余尧
封面设计:星柏传媒
责任印制:朱曼丽

| | |
|---|---|
| 出版发行 | 西南财经大学出版社(四川省成都市光华村街55号) |
| 网　　址 | http://cbs.swufe.edu.cn |
| 电子邮件 | bookcj@swufe.edu.cn |
| 邮政编码 | 610074 |
| 电　　话 | 028-87353785 |
| 照　　排 | 四川胜翔数码印务设计有限公司 |
| 印　　刷 | 成都金龙印务有限责任公司 |
| 成品尺寸 | 170 mm×240 mm |
| 印　　张 | 15.25 |
| 字　　数 | 374千字 |
| 版　　次 | 2024年8月第1版 |
| 印　　次 | 2024年8月第1次印刷 |
| 书　　号 | ISBN 978-7-5504-6296-0 |
| 定　　价 | 88.00元 |

# 前言

发展新型农村集体经济是党中央提出的一项重要战略任务，是推动乡村振兴、推进农业农村现代化、促进集体资产保值增值和农民实现共同富裕目标的重要途径。近年来，新型农村集体经济的发展受到党中央的高度重视。2021年的中央一号文件明确提出，"2021年基本完成农村集体产权制度改革阶段性任务，发展壮大新型农村集体经济"；2022年的中央一号文件再次提出，"巩固提升农村集体产权制度改革成果，探索新型农村集体经济发展路径"；党的二十大报告明确指出了新型农村集体经济发展的内在规律性和发展路径，并赋予其新的内涵。可以说，在明确共识和普遍实践的基础上，问题的关键由"如何发展"向"如何高质量发展"转移。

新质生产力是助推农业高质量发展的关键因素。农业新质生产力重点强调"新"和"质"。其中，"新"表现为生产要素新、产业业态新、技术应用新、发展模式新、价值创造新，"质"表现为生产力的质态新和质效新，这与新型农村集体经济所体现的产权结构更新、产业升级创新、组织形式变革等具有内在的契合性，也为促进我国乡村振兴、扎实推进共同富裕提供了不竭的动力支持。

现有的学术成果既有基础性研究，也有实践性对策探讨，既有历史性的回顾总结，也有前瞻性的趋势分析，充分体现了新型农村集体经济理论研究的前瞻性、现实性、政策性和时代性。但是，进入新时代，新型农村集体经济与传统农村集体经济发展具有不同的特征、规律和趋势。党的二十大报告明确了新型农村集体经济的内在规律性和发展路径，可以预见，新的研究格局正在形成。本书以中国特色社会主义农村集体经济发展思想理论和西方经济学集体经济发展理论作为理论基础，遵循系统论与整体论的原则和方法，从新型农村集体经济高质量发展概念的内涵和外延出发，基于新质生产力视角，对新型农村集体经济高质量发展的有效实现形式、路径创新等进行系统梳理和深入剖析。

　　本书探索性运用演化博弈理论捕捉新型农村集体经济发展的动态性，引入产权理论、协同理论等，并在本书中进行应用、检验、修正，形成适用于本书的针对性、专门化的理论和方法。同时，本书尽量借鉴社会学与政治学的方法，使研究成果既与社会事实相贴合，又具有理论概括性和推广性。例如，本书运用案例分析法，深入挖掘新型农村集体经济发展的路径，对"社会事实"的起因、过程及结果等整体全貌与具体细节作了细致描述，进而为理论解释与演绎提供充分的依据。又如，本书采用模糊集定性比较分析方法对新型农村集体经济高质量发展所需的各项主要条件间的因果关系进行验证，在一定程度上克服了传统定性研究的天然缺陷。

　　本书采用的研究方法主要有文献研究法、案例分析法、归纳分析法、历史研究法。文献研究法主要是通过多渠道广泛搜集领导人相关讲话素材，查阅马克思主义经典著作，阅读新型农村集体经济相关著作、报纸期刊等相关文献来进行研究。案例分析法主要是以我国发展新型农村集体经济的一些典型案例为佐证材料，以不同地区、不同模式、不同形式案例为研究对象，阐述不同地区发展新型农村集体经济过程中面临的具体问题，以使论述更具说服力。归纳分析法是通过对新时代我国新型农村集体经济发展相关理论与实践进行归纳分析，梳理总结出其发展逻辑、发展成就、主要实现形式、发展模式、存在问题及成因等内容，并在把握发展现状的基础之上，探寻其在新时代创新发展的现实路径。历史研究法是指运用历史资料，按照历史顺序，从曲折探索、转型发展、创新发展三个阶段，梳理新时代新型农村集体经济高质量发展的历史沿革，分析农村集体经济发展不同阶段的现实背景、具体特征、表现、成就及存在问题等内容。上述方法为本书提出并优化新时代新型农村集体经济发展对策提供了方向指引。

赵利梅

2024 年 5 月

# 目录

# 1 绪论

## 1.1 研究背景与研究意义

### 1.1.1 研究背景

作为我国社会主义公有制经济中的重要组成部分，农村集体经济是我国农村的重要经济形式。新中国成立以来，我国农村集体经济发展先后经历了互助组、初级和高级农业合作社、人民公社和家庭联产承包责任制。其中，家庭联产承包责任制极大地解放和发展了社会生产力，农村基本经营制度的建立更是让集体经济在农业生产环节逐步发展。

党的十八大报告深刻指出，坚持和完善农村基本经营制度，壮大集体经济实力。党的十八届三中全会通过的《中共中央关于全面深化改革若干重大问题的决定》也强调，坚持农村土地集体所有权，依法维护农民土地承包经营权，发展壮大集体经济。这极大地推动了农业农村变革，并取得历史性成就。2016 年 12 月，《中共中央 国务院发布关于稳步推进农村集体产权制度改革的意见》首次提出"新型农村集体经济"的概念。随着我国经济的快速发展，发展最不平衡、最不充分的问题在农村，最艰巨、最繁重的任务也在农村。为解决这些问题，习近平总书记在党的十九大报告中提出乡村振兴战略，并强调"深化农村集体产权制度改革，保障农民财产权益，壮大集体经济"。2018 年的中央一号文件也指出，深入推进农村集体产权制度改革，探索农村集体经济新的实现形式和运营机制。2020 年中央一号文件指出，探索拓宽农村集体经济发展路径，强化集体资产管理。2022 年中央一号文件指出，探索新型农村集体经济发展路径。2023 年中央一号文件更是鲜明地指出，巩固提升农村集体产权制度改革成果，构建"产权关系明晰、治理架构科学、经营方式稳健、收益分配合理"的运行机制，探索"资源发包、物业出租、居间服务、资产参股"等多样化途径发展新型农村集体经济。2024 年中央一号文件指出深化农村集体产权制度改革，促进新型农村集体经济健康发展。由此可见，发展新型农村集体经济已成为普遍共识，新型农村集体经济是农村经济社会发展的核心力量，也是实现乡村振兴的重要抓手。同时，创新新型农村集体经济发展模式能够有效破解农村集体经济发展面临的资源束缚、人才缺口等问题，也能够更好地助力实现农业农村现代化、农业农村共同富裕。

### 1.1.2 研究意义

习近平总书记在《摆脱贫困》中明确指出"发展集体经济是实现共同富裕的重要保证"。本书以中国特色社会主义农村集体经济发展理论和西方经济学集体经济发展理论作为理论基础，遵循系统论与整体论的原则和方法，从新型农村集体经济高质量发展概念的内涵和外延出发，对新型农村集体经济高质量发展的有效实现形式、路径创新等进行系统梳理和深入剖析。

1.1.2.1 理论意义：紧扣主题主线，加强理论研究阐释

（1）深层理解习近平总书记关于农村集体经济的重要论述。党的十八大以来，习近平总书记高度重视新型农村集体经济的发展情况，多次在重要会议及文件中提及此项工作，并做出新要求。本书力图从理论上阐述清楚新型农村集体经济发展的历史必然性和现实必要性，结合习近平总书记关于农村集体经济的重要论述，探究实践路径，能够进一步深层次理解蕴含的辩证思维、创新思维与底线思维。

（2）突破主流新型农村集体经济研究传统。目前，对新型农村集体经济的研究主要集中在形成、历史、现状、实现形式等几个方面，研究成果汗牛充栋。对新型农村集体经济高质量发展内涵的研究虽然在经济上、法律上进行了探讨以及对实践中若干问题进行探索，但是目前来看仍没有统一内涵。本书基于新型农村集体经济核心概念，结合经济高质量发展概念，对新型农村集体经济高质量发展的内涵和外延进行阐释，并对四川新型农村集体经济高质量发展的逻辑和机理进行深入分析，丰富中国农村集体经济发展的理论研究。

（3）拓宽乡村振兴战略和农业农村现代化发展等研究维度。乡村振兴

战略、农业农村现代化发展战略与新型农村集体经济高质量发展具有主体一致、场域重合、路径同向和目的同一的内在契合性，但是前两者战略隐含新型农村集体经济高质量发展，且新型农村集体经济高质量发展的侧重点和目标与上述战略并不完全相同，因此，本书以不同的研究方法和不同的研究视角进行深入研究，拓宽研究维度。

#### 1.1.2.2　实践意义：丰富制度实践，创新制度设计

（1）探讨新型农村集体经济高质量发展如何促进共同富裕，以及在走向共同富裕的进程中将发挥何种作用和如何发挥作用。农村集体经济高质量发展有助于正确处理国家、集体、农民三者的利益分配关系，有利于集体资产保值增值，增加农民收入，保护农民享有集体资产的合法权益，调动农民发展现代化农业的积极性，努力构建与农业农村现代化相适应、与推动农民农村共同富裕相联结的新型集体经济长效发展机制，在新型集体经济高质量发展中促进农民农村共同富裕。

（2）探索新型农村集体经济高质量发展新路径新机制，为推进新时代四川新型农村集体经济发展提供对策参考。新时代，新型农村集体经济发展进入新阶段，具有新的使命与新内涵，新型农村集体经济组织与其他经济组织一样，都是社会主义市场经济的主体，都面临转型升级，走高质量发展之路。


## 1.2　研究现状

### 1.2.1　新质生产力研究现状

#### 1.2.1.1　新质生产力的理论内涵

2023年12月召开的中央经济工作会议提出要"以科技创新推动产业创新，特别是以颠覆性技术和前沿技术催生新产业、新模式、新动能，发展新质生产力"。2024年1月，中共中央政治局就扎实推进高质量发展进行了第十一次集体学习，明确发展新质生产力是推动高质量发展的内在要求和重要着力点，全面系统阐释了新质生产力的重要概念和基本内涵，并就如何发展新质生产力明确了方向和思路。作为一个崭新的概念，新质生产力是什么？与传统生产力相比究竟新在何处？围绕着新质生产力的理论内涵，专家学者从不同维度进行了探索，形成比较完善的研究范式。周文

等将关键性颠覆性技术突破所产生的更强劲的创新驱动力归结为新质生产力的内核，并建议把政府与市场的有机结合、高水平科技自立自强、健全科技创新体系、建设现代化产业体系、培育战略性新兴产业与谋划未来产业等作为政策实施的重要着力点①。贾若祥等认为新质生产力促进全要素生产率大幅提升，从而能够更好推动高质量发展、更好服务构建新发展格局、更好支撑中国式现代化建设、更好满足人民美好生活需要②。盛朝迅把新质生产力理论内涵理解为新质生产力的形成意味着生产方式的质的提升，以更高质量、更高效率和更可持续的发展模式加速形成，同时也引发了新的劳动者、新的劳动对象和新的劳动资源的出现③。蒲清平等认为，新质生产力是以科技创新为内核，由"高素质"劳动者、"新介质"劳动资料和"新料质"劳动对象联结而成，以战略性新兴产业和未来产业为阵地，以高质量发展为目标，适应新时代、新经济、新产业的生产力的高级形态④。也有学者尝试构建新质生产力的综合评价指标体系，并对中国新质生产力的总体发展趋势和省域间差异进行量化测度。已有研究对新质生产力的理论内涵做出了比较充分的多维度诠释⑤。

### 1.2.1.2 新质生产力的发展意义

新质生产力在继承和创新马克思主义生产力理论的基础上，对其理论体系和发展理论进一步完善，也是全球经济快速发展和科技进步的推动力量⑥。新质生产力已经成为国家经济发展和提升竞争力的重要因素，在全球创新竞争中，中国正与其他国家和地区展开激烈竞争，争夺新兴生产力

---

① 周文，许凌云. 论新质生产力：内涵特征与重要着力点 [J]. 改革，2023（10）：1-13.

② 贾若祥，王继源，窦红涛. 以新质生产力推动区域高质量发展 [J]. 改革，2024（3）：38-47.

③ 盛朝迅. 新质生产力的形成条件与培育路径 [J]. 经济纵横，2024（2）：31-40.

④ 蒲清平，向往. 新质生产力的内涵特征、内在逻辑和实现途径：推进中国式现代化的新动能 [J]. 新疆师范大学学报（哲学社会科学版），2024（1）：77-85.

⑤ 张林，蒲清平. 新质生产力的内涵特征、理论创新与价值意蕴 [J]. 重庆大学学报（社会科学版），2023（6）：137.

⑥ 新质生产力理论对马克思主义生产力理论的继承和发展。新质生产力是相对于传统生产力发生了"质变"的生产力质态，是劳动者、劳动资料、劳动对象这三要素及其优化组合实现了"跃升"的生产力，既继承了马克思主义生产力三要素的理论框架，又纳入了新一轮科技革命和产业变革深入发展、数字经济蓬勃兴起等时代特征，实现了对马克思主义生产力理论的继承和发展。在新质生产力发展过程中，以互联网、大数据、云计算、人工智能等为代表的数字技术快速发展，促进了数据等新型生产要素的出现，改变劳动对象和劳动资料形态，推动新型劳动对象和新型劳动资料不断涌现，将极大提高人类生产力水平。

的领先地位。作为全球第二大经济体，新兴生产力的发展对于中国的发展具有重要的战略意义。马俊峰等认为新质生产力为丰富扩展习近平经济思想充实了新内容，也为实现经济高质量发展提供了新动力，新质生产力有助于蓄积发展新动能。发展动力是驱动经济发展的主导性力量，决定发展速度效能和发展[①]。同时新质生产力为全球治理开拓了增长空间，为全球治理贡献了新力量。韩喜平等认为，新质生产力的发展证明了中国特色社会主义制度的优越性。新质生产力的发展是社会经济发展的根本动力、也是社会主义生产力质的飞跃[②]。贾若祥认为，新质生产力是深化发展和创造马克思主义生产力理论力。同时提高了我国经济高质量的竞争力，保障了国家的安全和发展。新质生产力不仅仅是一个经济学概念，也关乎国家安全与发展。袁银传等认为，发展新质生产力的意义主要有利于完整、准确、全面贯彻新发展理念，有利于更好服务和支撑构建新发展格局，从畅通国内循环的角度看，新质生产力通过高水平的科技自立自强有针对性地加快补齐我国产业链供应链短板，逐步解决"卡脖子"问题，确保国民经济循环畅通，提高发展韧性从而推动我国经济高质量发展，更好地统筹发展和安全[③]。赵峰等认为，根据我国经济社会发展的阶段来看，新质生产力是迎接新时代、新征程和实现经济高质量发展要求所必不可少的社会生产力，也是加快经济结构调整和发展方式转变在百年未有之大变局下的关键。同时，新质生产力为进一步解放和发展社会生产力提供了物质基础[④]。已有研究对新质生产力发展的意义进行了全面分析，搭建了一定的学理基础。从理论层面上来讲，发展新质生产力进一步丰富和发展马克思主义和习近平新时代中国特色社会主义思想的精神内涵；从实践层面讲，发展新质生产力推动我国经济高质量发展，推动我国经济创新体制改革发展，从而保障我国国家安全。

① 马俊峰，马小飞. 新质生产力的生成逻辑、价值意蕴与实践理路 [J]. 理论与现代化，2024（3）：1-14.

② 韩喜平，马丽娟. 新质生产力的政治经济学逻辑 [J]. 当代经济研究，2024（2）：20-29.

③ 袁银传，王馨玥. 论新质生产力的内涵、特征和意义：兼论马克思主义生产力理论的创新发展 [J]. 青年学报，2024（1）：19-23.

④ 赵峰，季雷. 新质生产力的科学内涵、构成要素和制度保障机制 [J]. 学习与探索，2024（1）：92-101，175.

### 1.2.1.3 新质生产力的形成条件

党的十八大是我国发展科技创新的重要节点，从科技领域延伸到经济社会发展。我国科技创新体制的改革的内涵和边界不断丰富发展。以习近平同志为核心的党中央高度重视科技改革，围绕建设创新型国家和世界科技强国目标，加强科技创新和制度创新"双轮驱动"，制定了深化科技体制改革的实施方案。我国科技创新发展为新质生产力的形成提供了重要的条件。周绍东等认为，量变是质变的基础，生产力发展的量变引起了新质生产力的质变。对于新时代的中国特色社会主义经济来说，规模不断扩张、结构不断提高的国内大市场是新质生产力的量变基础，决定新质生产力发展的关键要素是劳动者技能水平和综合素质的提高。而成熟的国内大市场构成生产力质变的基础，新质生产力发展的决定要素是高质量的劳动力①。姚树洁等认为，中国持续加大投入，推动创新驱动发展，致力于推动产业高效低耗绿色发展。我国不断完善加强基础设施的公共服务能力，为新质生产力的发展打下了坚实的基础条件。在推动数字化发展方面，中国现在已经普及了互联网、移动支付、电子商务、人工智能应用、5G通信等，为发展新质生产力提供了重要的保障。在加强国家治理能力现代化方面，中国加强了政府效能、公共服务、法治建设、社会稳定等治理能力，为新质生产力的壮大提供了优良的政策环境与法律保障②。盛朝迅认为，新技术持续涌现和群体性突破为新质生产力带来新赛道。新质生产力的本质是创新驱动，新技术的持续涌现和群体性突破是新质生产力形成的"源头活水"。当科技创新成果和数据要素进入生产力系统后，需要顺畅的"科技—产业—金融"的顺畅循环，从而加快科技成果产业化步伐，促进创新链产业链资金链深度融合，充分激发经济活力，释放新质生产力的发展潜能。姚宇等认为，新发展理念是推动加快形成新质生产力的思想引领。而加快形成新质生产力是新发展理念的社会实践。明确的实践方向是思想引领的基础。也支撑着思想引领的落实。以创新的方向、创新的制度保障、创新的内驱力促进新质生产力加快形成③。专家学者对新质生产力

---

① 周绍东，胡华杰. 新质生产力推动创新发展的政治经济学研究 [J]. 新疆师范大学学报（哲学社会科学版），2024，45（5）：26-35.

② 姚树洁，张小倩. 新质生产力的时代内涵、战略价值与实现路径 [J]. 重庆大学学报（社会科学版），2024（1）：112-128.

③ 姚宇，刘振华. 新发展理念助力新质生产力加快形成理论逻辑与实现路径 [J]. 西安财经大学学报，2024（2）：3-14.

的形成条件进行了详细的分析。主要有我国新技术及数字技术的发展为新质生产力提供了前提条件，而新质生产力形成的关键要素是新质劳动资料与产业体系的变革，新质劳动对象是新质生产力形成的基础。

### 1.2.1.4 新质生产力的实现路径

数字技术已成为新一轮科技革命的主导技术，推动生产力跃迁，成为新质生产力重要组成部分，新质生产力的形成依赖于技术的革命性突破。我国学者对新质生产力的实现路径的研究搭建了总体的研究框架，同时对新质生产力发展做出了比较详细的路径分析。周文认为，要推动我国科技自立自强向高质量发展，科学技术通过应用、渗透至生产过程中，从而转化为现实生产能力，将变革生产力同时推进生产力的巨大发展。同时，我们也要健全和保障科技创新体系。翟青等认为，要健全关键核心技术攻关的新型举国体制，发挥举国体制集中力量办大事的优势是新中国成立以来提升科技实力和应对科技竞争的重要经验。建设数实融合的现代化产业体系，不断做强做优做大数字经济，推进重点领域数字产业发展，同时要发挥社会主义基本经济制度的治理效能，巩固公有制经济的主体地位，依托国有经济带动国民经济各行各业的良性发展[①]。胡莹等认为，要发挥社会主义制度优势加快高水平科技创新，加快形成新质生产力必须要改革生产关系，利用生产关系的促进作用推动高水平科技创新。同时加快数字技术对生产要素的全方位渗透融合，数字技术是前沿科学技术，要充分利用数字技术赋能生产要素，实现多要素的优化融合。最后要加快培养适应新质生产力发展的高素质人才，新质生产力形成和发展的核心在于科技创新引领，而科技创新源于高素质劳动者的劳动创造，高素质劳动者是加快形成新质生产力的决定性因素[②]。纪玉山等认为，加快实施国家大数据战略是发展新质生产力的基础条件，要夯实数据要素市场开发基础、培育高质量数字人才[③]。潘建屯等认为，我们要培养具有创新能力的高素质劳动者，在以人工智能为核心的第四次科技革命浪潮中，人才的作用日益凸显。同

---

① 翟青，曹守新. 新质生产力的政治经济学阐释 [J]. 西安财经大学学报，2024（2）：15-23.

② 胡莹，方太坤. 再论新质生产力的内涵特征与形成路径：以马克思生产力理论为视角 [J]. 浙江工商大学学报，2024（3）：1-13.

③ 纪玉山，代栓平，杨秉瑜等. 发展新质生产力推动我国经济高质量发展 [J]. 工业技术经济，2024，43（2）：3-28.

时要壮大新兴产业、培育未来产业，发展新兴产业和未来产业是符合中国当前社会经济发展基础，以及未来经济发展规划的新质生产力的生产依托[①]。通过分析研究新质生产力的实现路径可知，我们要立足新发展阶段、贯彻新发展理念、构建新发展格局。新发展格局是推动高质量发展的战略基点，新发展理念是推动高质量发展的思想先导。同时要发挥社会主义制度的优越性，加快推进数字技术与大数据战略的发展。最后要大力培育高质量数字技术人才，高素质人才是新质生产力发展的关键因素。

### 1.2.1.5　新质生产力的研究趋势

新质生产力还是一个比较新的概念。习近平总书记于 2023 年 9 月在黑龙江考察期间首次提出"新质生产力"这一概念；2024 年 1 月 31 日，习近平总书记在中共中央政治局第十一次集体学习时指出，新质生产力是创新起主导作用，摆脱传统经济增长方式、生产力发展路径，具有高科技、高效能、高质量特征，符合新发展理念的先进生产力质态[②]。本文选取了中国知网（CNKI）作为数据来源，检索 2000—2024 年 3 月"新质生产力"相关文献。如图 1-1 所示，我国新质生产力相关文献发表数量在 2023—2024 年呈稳步上升趋势。

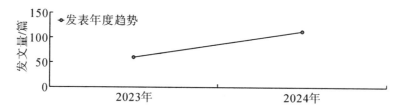

**图 1-1　新质生产力相关文献发表数量年度趋势图**

我国新质生产力研究的学科分布如图 1-2 所示，主要集中在经济体制改革、信息经济、工业经济、企业经济等领域。对于农业经济领域的相关研究非常少，只有 3% 左右，尤其是新质生产力赋能新型农村集体经济高质量发展的研究属于一个空白领域，所以新质生产力赋能新型农村集体经济研究具有一定的理论意义和现实意义。

---

①　潘建屯，陶泓伶. 理解新质生产力内涵特征的三重维度［J］. 西安交通大学学报（社会科学版），2024（1）：1-10.

②　习近平在中共中央政治局第十一次集体学习时强调 加快发展新质生产力 扎实推进高质量发展［N］. 人民日报，2024-02-02（01）.

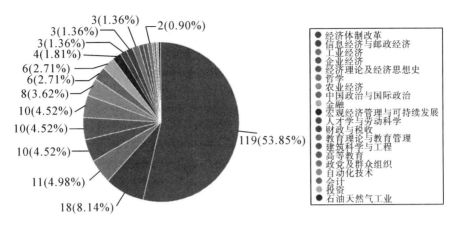

图 1-2　新质生产力研究的学科分布

新质生产力关键词聚类知识图谱如图 1-3 所示。在创新驱动的战略背景下,新质生产力的研究热点主要集中于科技创新、数字经济、乡村振兴等。而新质生产力主要通过科技创新达到革命性突破、提高生产要素配置创新性、产业相关体系深度发展升级使全要素生产率大幅提高,从而能够更好地推动高质量发展。因此,数字经济与科技创新是与新质生产力紧密联系在一起的,也是我国学者研究的主要热点。

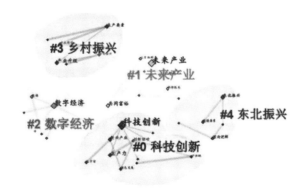

图 1-3　新质生产力关键词聚类知识图谱

## 1.2.2　新型农村集体经济研究现状

### 1.2.2.1　新型农村集体经济的理论内涵

2022 年的中央一号文件强调,要探索新型农村集体经济发展路径,持续全面推进乡村振兴。探索新型农村集体经济发展路径是促进乡村经济发展、拓宽农民增收渠道、缩小城乡差距的重要途径，也是保障乡村振兴战略有效实施、实现农业农村现代化的必然选择①。自 2016 年我国开展产权制度改革以来，专家们围绕着新型农村集体经济的理论内涵、本质特征、历史发展作出了一系列的研究。高鸣等认为，自我国改革开放后，人民公社逐渐被家庭联产承包责任制所代替，农村地区实施"包产到户"政策导致集体保留土地比例锐减，进一步引发村级集体经济的不景气。在这种情况下，一些地区选择以乡镇企业为组织形式发展新型农村集体经济，或以集体产权制度改革为主推动农村经营模式的调整，最终建立起了"以家庭承包经营为基础、统分结合的双层经营体制"的新型农村集体经济②。张克俊等认为，新型农村集体经济是在社会主义市场经济体制的基础上，发展前提是尊重农民意愿，形成的产权清晰、成员明晰、收益分配制度化、参与主体多元化、发展环境开放化的社区性公有制经济③。郭晓鸣等认为，新型农村集体经济与传统集体经济的组织形式有所区别，新型农村集体经济在坚持生产资料公有制的基础上，更加强调产权结构清晰化、治理制度规范化和经营模式市场化④。赵秋倩认为，新型农村集体经济摆脱了发展之前国家垄断、高强度控制的组织发展模式，在新型集体经济实践创新中避免了改革开放前的弊端，新型农村集体经济发展的前提是现代产权制度和土地集体所有制，主要形式为股份合作，不断促进成员共同富裕⑤。

### 1.2.2.2　新型农村集体经济的发展意义

发展新型农村集体经济是推动实施乡村振兴战略、推进农业农村现代化、促进集体资产保值增值和农民实现共同富裕目标的重要途径，因此我国学者从总体乡村发展规划下对新型农村集体经济发展的意义作出了一系列诠释。何平均等认为，农村集体经济有利于推动农村社会事业的发展，

---

① 中华人民共和国中央人民政府. 中共中央 国务院关于做好 2022 年全面推进乡村振兴重点工作的意见 [EB/OL]. (2022-02-22) [2024-04-30]. https://www.gov.cn/zhengce/2022-02/22/content_5675035.htm.

② 高鸣，芦千文. 中国农村集体经济：70 年发展历程与启示 [J]. 中国农村经济，2019 (10)：19-39.

③ 张克俊，付宗平. 新型农村集体经济发展的理论阐释、实践模式与思考建议 [J]. 东岳论丛，2022 (10)：105-114，192-193.

④ 郭晓鸣，张耀文. 新型农村集体经济的发展逻辑、领域拓展及动能强化 [J]. 经济纵横，2022 (4)：87-95.

⑤ 赵秋倩. 新型农村集体经济与共同富裕协同发展：理论逻辑与实现路径 [J]. 世界农业，2024 (3)：68-77.

同时可以增强农村的活力，为建设新农村作出了一定的贡献①。贺卫华发现农村集体经济有利于推动产业兴旺、完善农村地区基础设施建设、提高我国乡风文明建设②。陈继认为，发展壮大新型农村集体经济，对推进村级经济社会事业、提升乡村治理效能、达到全面振兴乡村目标具有重要促进作用，为村级组织建设以及集体公益事业建设提供了一定的经济基础③。张晓山认为，新型农村集体经济在提高我国农村居民的可支配收入方面取得了较好的成绩，同时在集体经济的引领下推进了乡村振兴的发展和新型农村集体经济的发展④。李文嘉认为，建设农业强国需要发展新型农村集体经济，发展新型农村集体经济有利于推进乡村治理现代化，同时发展新型农村集体经济是推进农民共同富裕的保障⑤。周笑梅等认为，发展新型农村集体经济有利于城乡要素的流动，提高乡村产业转型发展，缩小城乡差距，推动乡村振兴，推动城乡融合一体化发展。同时新型农村集体经济是新时代乡村建设有效的"助推剂"，是推动实现农业农村现代化的重要物质基础⑥。总体来看，学术界普遍认为发展新型农村集体经济在推进城乡共同富裕发展、乡村实现产业振兴、城乡融合中都发挥着很重要的作用，发展新型农村集体经济为乡村振兴的发展提供基础条件，同时提高了乡村的治理能力与组织能力，缩小了城乡差距，从而推动了我国共同富裕发展。

### 1.2.2.3　新型农村集体经济的发展模式

新型农村集体经济承载着乡村产业建设、发展、振兴的重要责任。影响新型农村集体经济发展的因素是多方面的，包括要素利用情况、主体带动情况、体制机制创新情况等。发展新型农村集体经济关键在于找到合适的发展模式，当前各地按照因地制宜、互利共赢、尊重意愿的原则探索了

---

①　何平均，刘睿. 新型农村集体经济发展的现实困境与制度破解［J］. 农业经济，2015（8）：30-32.

②　贺卫华. 乡村振兴背景下新型农村集体经济发展路径研究：基于中部某县农村集体经济发展的调研［J］. 学习论坛，2020（6）：39-46.

③　陈继. 新型农村集体经济发展助推乡村治理效能提升：经验与启示［J］. 毛泽东邓小平理论研究，2021（11）：10-16，108.

④　张晓山. 发展新型农村集体经济［J］. 农业经济与管理，2023（1）：1-4.

⑤　李文嘉，李蕊. 新型农村集体经济发展的现状、问题及对策［J］. 人民论坛，2023（15）：56-58.

⑥　周笑梅，杨露露，陈冬生. 乡村振兴战略背景下推进新型农村集体经济发展研究［J］. 农业经济，2024（2）：45-46.

新型农村集体经济不同的发展模式，专家学者对新型农村集体经济的发展模式也进行了详细的探索与归纳。孔祥智等认为，我国农村集体经济发展有工业化、后发优势和集腋成裘三种模式[①]。郭丽娜等认为，新型农村集体经济有党建引领型、资产盘活型、资源开发型、经营带动型、服务创收型、抱团发展型、依托帮扶型、物业租赁型、资本运营型9种发展模式[②]。张克俊等在研究中发现新型农村集体经济有盘活资源资产模式、多元产业融合发展模式、提供社会化服务模式、劳务经济发展模式、跨村组联合抱团发展模式、承接外来要素参与发展模式。郭晓鸣等则从两个领域分析新型农村集体经济的发展模式。从资源供给领域来看，主要有两大发展模式：一是资源资产盘活模式，二是物业经济模式。从服务支持领域来看，具体发展模式为生产性服务供给模式、管理性服务供给模式、公益性服务供给模式、集体自营模式。主要有"企业+"联营模式、"合作社+"共营模式、"政府+"PPP模式、"村集体+"自营模式[③]。

### 1.2.2.4 新型农村集体经济的现实困境

发展新型农村集体经济是加强农村薄弱环节、补齐短板、实现农业农村现代化、助力实现乡村全面振兴的基本保障。自2016年起，我国全面推进农村集体产权制度改革，目前已完成农村集体资产的清查核定、相关成员的身份确认、股份合作和农村集体经济组织登记等工作，初步确立了一套新型农村集体经济运行机制。但是，新型农村集体经济在发展的过程中面临着较多的新问题。如舒展等在研究中发现新型农村集体经济存在思想认知困境、参与主体困境、经营管理困境、发展环境困境这四大问题。具体来讲目前中国部分基层干部和农民对新型农村集体经济认识不足，在观念上也还存在一定偏差。伴随城市化发展，导致农村农业从业人员数量减少且向城市聚集。其管理运行也存在一定的盲目性、滞后性、随意性[④]。肖红波等认为我国农村集体资产未能实现最优目标，发挥最大作用，新型

---

① 孔祥智，高强. 改革开放以来我国农村集体经济的变迁与当前亟需解决的问题 [J]. 理论探索，2017（1）：116-122.
② 郭丽娜，李文涛，闻春霞等. 创新发展模式壮大农村新型集体经济 [J]. 河南农业，2022（25）：7-8.
③ 朱婷，夏英，孙东升. 新型农村集体经济组织实施乡村产业振兴的主要模式及路径 [J]. 农业经济，2023（5）：31-33.
④ 舒展，罗小燕. 新中国70年农村集体经济回顾与展望 [J]. 当代经济研究，2019（11）：13-21.

农村集体经济的人才管理模式有待完善，农村财政资金的应用不到位①。郭丽娜等则认为农村集体经济发展缺乏带头人、村集体经济发展模式单一、村集体收入稳定性和持续性较差，发展后劲不足，区位优势不同和自然禀赋迥异导致资源闲置。唐海龙认为新型农村集体经济存在内涵定位不够清晰、集体经济组织的法律地位不完整、集体经济主体模糊、积累机制和利益分配不健全、集体经济功能定位模糊、集体经济发展不平衡不充分的问题②。贺卫华在基于中部某县农村集体经济发展的调研中发现当前新型农村集体经济存在总体发展水平低，对政府帮扶依赖度高。同时发展非均衡性突出、结构呈分化趋势、瓶颈制约因素多、内生发展动力不足、扶持政策不健全、落实不到位的问题③。陆雷等从特殊到一般的研究视角下发现集体经济属性与法人地位制约了其参与市场竞争。其次集体经济组织负责人专业化程度不足，集体经济组织专业人才缺乏④。何学指出，新型农村集体经济规模比较小、缺少专职的管理人员、村民集体经济意识不强、配套的体制机制不完善的问题。我国学者对新型农村集体经济面临的问题进行了全面地剖析和研究⑤。总体来说，我国新型农村集体经济面临如下几个问题：首先我国新型农村集体经济发展要素聚集不足。大部分村集体经济发展面临缺资金、缺人才、缺技术等突出困境，农村优质劳动力外流严重。其次是由于我国对新型农村集体经济的定位比较模糊，新型农村集体经济组织和成员在参与市场经济过程中存在着很多障碍，村民作为市场的主体，许多权利被限制。最后村民对新型农村集体经济的认识不足，在工作的开展中缺乏村民的有效参与。村民不知道什么是新型农村集体经济，也不知道怎么发展新型农村集体经济。

### 1.2.2.5　新型农村集体经济的发展路径

发展农村集体经济是一个需要长期探索的过程，这个过程既是完善农村基本经营制度的需要，也是完善我国以公有制为基础的社会主义经济制

---

① 肖红波，陈萌萌. 新型农村集体经济发展形势、典型案例剖析及思路举措 [J]. 农业经济问题，2021（12）：104-115.

② 唐海龙. 关于发展新型农村集体经济的思考 [J]. 农业经济问题，2022（11）：70-76.

③ 贺卫华. 乡村振兴背景下新型农村集体经济发展路径研究：基于中部某县农村集体经济发展的调研 [J]. 学习论坛，2020（6）：39-46.

④ 陆雷，赵黎. 从特殊到一般：中国农村集体经济现代化的省思与前瞻 [J]. 中国农村经济，2021（12）：2-21.

⑤ 何学. 浅析农村集体经济发展现状及思路 [J]. 中国集体经济，2020（16）：1-2.

度的需要，我们需要构建出最符合农村实际的新型农村集体发展模式。只有针对性解决新型农村集体经济所面临的困境，才能提出现实高质量发展的实现路径。我国专家学者对于新型农村集体经济的发展路径进行了深入的研究。张冬冬指出，新型农村集体经济可持续的发展，需要引进相关的管理人才，同时加强财政资金的建设与应用。在涉农资金统筹规划的基础上，要提高基层的政府使用资金的权力①。孙晓凯认为，一方面要不断吸引青年劳动力返乡，加强涉农专业技术人才培育。另一方面，要以产业引领提高其科技能力，同时加大财政投入。政府应加大对鼓励金融机构建立新型农村集体经济组织的投入力度和政策保障②。唐海龙认为，要明确新型农村集体经济的法律地位与经济成员的主体地位，进一步发挥新型农村集体经济的扩展作用。惠建利认为，需要明确规定农村集体经济组织的法律地位和属性③。包括其在宅基地收回、退出以及闲置宅基地的土地流转中的功能等，确保农村集体经济组织的宅基地管理有相应的法律保障，确保农村集体经济组织与土地所有权主体的地位。舒展认为，应该加大对农业农村现代化培训的普及力度，对相关人员进行现代化生产经营技能的学习培训，提高乡村干部群众的组织能力与学习能力。梁虎霞认为，要想在根本上发展新型农村集体经济，最重要的是强化以村党组织为关键点的基层组织战斗力、号召力和凝聚力。增强新时代背景下发展农村集体经济工作的紧迫感与责任感，通过转变自身思想认识和开拓创新，强化农村集体经济实力④。

### 1.2.2.6　新型农村集体经济的研究趋势

本书主要借助 CiteSpace 软件进行可视化分析，选取了中国知网（CNKI）作为数据来源，检索 2000—2024 年"农村集体经济""新型农村集体经济""集体经济"的相关文献。并结合文献梳理分析方法，分析了新型农村集体经济的发文特征、研究热点、趋势与前沿。如图 1-4 所示，近二十年来关于新型农村集体经济的研究呈逐步上升趋势。2020 年到 2023 年增速最为显著，以党的十九大报告明确提出乡村振兴战略，并将"发展

---

① 张冬冬. 我国农村集体经济发展现状、问题及推进思路 [J]. 农业经济，2022（9）：35-37.

② 孙晓凯. 新型农村集体经济的有效发展模式探索 [J]. 人民论坛，2023（3）：77-79.

③ 惠建利. 共同富裕目标下的农村集体经济组织功能定位与制度变革：基于闲置宅基地盘活利用的实践考察 [J]. 兰州大学学报（社会科学版），2023（5）：87-98.

④ 梁虎霞. 农村集体经济发展现状与对策分析 [J]. 河南农业，2023（17）：4-6.

壮大集体经济"视作助力乡村振兴的重要抓手为新型农村集体经济发展的关键节点。同时 2021 年中央一号文件将"发展壮大新型农村集体经济"作为实现农业农村现代化的重要举措，而 2023 年中央一号文件指出我们要聚焦于新型农村集体经济的发展路径。因此，2023 年专家学者对新型农村集体经济的研究达到了峰值。新型农村集体经济的学科分布主要如图 1-5 所示，主要集中在经济体制改革、信息经济、工业经济等领域，而新质生产力赋能新型农村集体经济高质量发展的研究属于一个空白领域。所以对于新质生产力赋能新型农村集体经济具有一定的理论意义和现实意义。

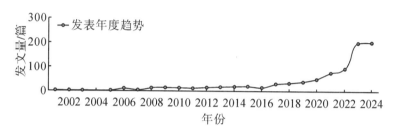

图 1-4　新型农村集体经济相关文献发表年度趋势图

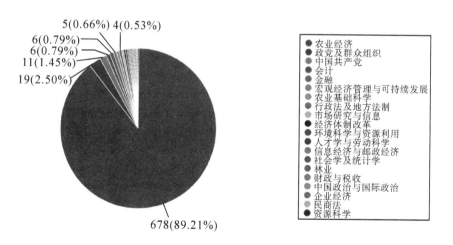

图 1-5　新型农村集体经济的学科分布

运用 CiteSpace 软件对国内新型农村集体经济相关研究进行趋势动态发展的分析，如图 1-6 所示，可见近二十年的新时代乡村振兴的背景下，研究热点主要聚集于新型农村集体经济推进共同富裕与城乡融合，以及新型农村集体经济的发展思路、发展创新模式、发展困境等领域。新型农村集体经济关键词突变图，如图 1-7 所示，我们可知集体经济的突变强度相对不足，突变时间较早但是持续时间不长。强度最大和维持时间最长的是"新型农村"领域研究，该范围内的政策演变也正是国家标志性政策节点的体现，对整个研究趋势走向有一定影响。

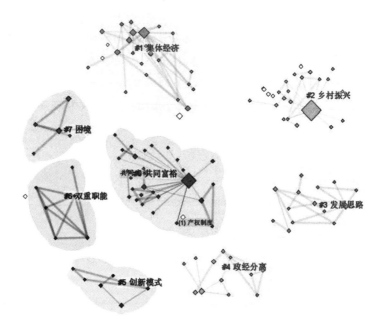

图1-6　新型农村集体经济关键词聚类知识图谱

Top 10 Keywords with the Strongest Citation Bursts

| Keywords | Year | Strength | Begin | End | 2000–2024 |
|---|---|---|---|---|---|
| 集体经济 | 2012 | 1.06 | 2012 | 2013 | |
| 新型农村 | 2013 | 1.05 | 2013 | 2020 | |
| 农村经济 | 2016 | 1.26 | 2016 | 2019 | |
| 农民 | 2018 | 0.86 | 2018 | 2020 | |
| 新型 | 2019 | 1.39 | 2019 | 2021 | |
| 思考 | 2019 | 1.02 | 2019 | 2020 | |
| 发展困境 | 2020 | 1.04 | 2020 | 2021 | |
| 发展思路 | 2020 | 1.04 | 2020 | 2021 | |
| 社会经济 | 2020 | 1.04 | 2020 | 2021 | |
| 典型案例 | 2020 | 1.04 | 2020 | 2021 | |

图1-7　新型农村集体经济关键词突变图

新型农村集体经济关键词时间线图谱如图1-8所示，2015年之前处于萌芽阶段，也是新型农村集体经济发展起步阶段。2014年中央一号文件指出，要推动农村集体产权股份合作制改革，保障农民集体经济组织成员权利，赋予农民对落实到户的集体资产股份占有、收益、有偿退出及抵押、担保、继承权，提高集体经济组织资产运营管理水平，发展壮大农村集体经济。2014 中央全面深化改革领导小组第五次会议审议了《积极发展农民股份合作赋予农民对集体资产股份权能改革试点方案》。2015 年至 2017 年处于缓慢增长阶段。2017 年至 2024 年呈爆炸式增长阶段。本文认为目前专家学者对新型农村集体经济的模式、发展路径、面临问题作出了一系列的理论研究，这些研究极大地丰富了新型农村集体经济的内涵，构建了一个较为完整的学理基础，但仍存在以下不足：一是目前对于新型农村集体经济分析多基于农业经济学、城乡融合、共同富裕的视角，很少有学者从新质生产力角度研究农村集体经济组织的逻辑发展；二是对新型农村集体经济发展的定性分析比较多，定量分析较少；三是对新型农村集体经济未来发展规划研究较少，同时对于各地新型农村集体经济典型案例研究较少，没有达到示范带动的作用。在未来对新型农村集体经济的研究中，我们应该加强新质生产力对新型农村集体经济的研究，同时重点关注各地区新型农村集体经济的典型案例，探索其发展模式与经验，从而起到带动作用。

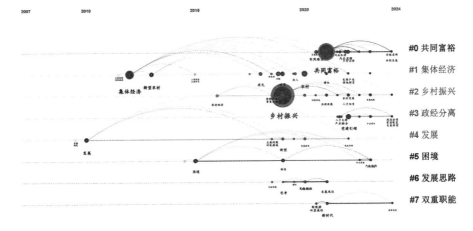

**图 1-8　新型农村集体经济关键词时间线图谱**

### 1.2.3　新质生产力赋能新型农村集体经济高质量发展的研究

由于新质生产力是 2023 年提出的，所以目前国内专家对于新质生产力赋能新型农村集体经济高质量发展的研究比较少。但是，国内专家对于新质生产力农业高质量发展与城乡融合发展进行了一系列的研究。本书从新质生产力促进农业现代化和其他角度梳理相关文献，为本书研究提供一定的借鉴意义。王琴梅等在研究中发现新质生产力通过数字技术培养了数字农业劳动者、数字农业生产资料和数字农业劳动对象，三者形成了数字农业，提高了农产品质量、产业转型升级和城乡融合协同发展、实现农业绿色低碳发展、最终实现农业高质量发展①。秦云龙认为，新质生产力的科技创新推进了农业现代化的发展、同时加快种子良种培育创新有利于形成农业新质生产力②。侯冠宇等在研究东北农业发展中认为东北地区的农业发展与新质生产力的结合，为当地现代农业发展提供了现实道路。其中包含农业产业数字化转型、绿色生态农业、农产品的深加工及品牌推广等环节，不仅提高了东北农业生产效率，还增加了当地的经济发展水平与生态保护水平③。胡方玉提出，我们应该发展核心种源技术、关键农机装备等，加强农业发展过程中的关键核心技术，促进新质生产力农业领域的发展④。郑建认为，新质生产力对农业现代化的发展起到了很大的推进作用。不仅提高农业生产效率、推动种业核心攻关、还助力农业产业转型升级，实现农业多元化发展⑤。张镇宇认为，新质生产力完善了基础设施设备的建设，推动城乡区域发展，实现城乡协调发展，进一步促进城乡融合的发展⑥。随着科技的快速发展，新质生产力成为推动社会进步的重要力量，新质生产力的发展可以为新型农村集体经济提供新型数字劳动力人才，从而弥补其发展过程中缺乏相关的专业人才的缺陷。同时，新质生产力是以科技创新为主要驱动力，以培育和形成战略性新兴产业和未来产业为主要支撑，而发展新型农村集体经济科技创新，增加集体经济资产、资金、资质的附加值，是保障农民财产安全、提高集体经济组织能力的重要措施。新质生产力的发展也体现在传统产业的转型升级上。新质生产力推动新兴产业的

① 王琴梅，杨军鸽.数字新质生产力与我国农业的高质量发展研究［J］.陕西师范大学学报（哲学社会科学版），2023（6）：61-72.
② 秦云龙.黑龙江：加速形成农业新质生产力［J］.经济，2023（12）：54-59.
③ 侯冠宇，张震宇，董劭伟.新质生产力赋能东北农业高质量发展：理论逻辑、关键问题与现实路径［J］.湖南社会科学，2024（1）：69-76.
④ 胡方玉.加快形成农业强省新质生产力新优势［N］.人民政协报，2023-12-18（8）.
⑤ 郑建.以新质生产力推动农业现代化：理论逻辑与发展路径［J］.价格理论与实践，2023（11）：31-35.
⑥ 张震宇.新质生产力赋能城乡融合：理论逻辑与路径探索［J］.重庆理工大学学报（社会科学），2024（2）：11-21.

发展，促进区域传统产业转型升级，而新型农村集体经济在发展过程中需根据区域发展条件和资源潜力，依托集体资源性资产、经营性资产，合理规划布局新的产业项目，发展商贸物流、乡村旅游、特色农业、农旅融合等乡村新经济新业态。新质生产力的产业转型升级与新兴产业的发展对新型农村集体经济发展新产业新业态具有重要的作用。

## 1.3　研究方法

本书采用的研究方法包括以下几种。

（1）文献研究法。利用中国知网，以与新型农村集体经济选题相关的关键词，如农村集体经济、影响因素、发展模式等进行文献检索，通过多渠道广泛搜集领导人相关讲话素材，查阅马克思主义经典著作，阅读新型农村集体经济相关著作、报纸期刊等其他文献来进行研究，形成自己对选题的认识和研究观点与内容。借助全国相关统计年鉴、门户网站、文件资料和媒体相关报道，对新型农村集体经济相关理论和国内外研究进行归纳总结，对绵阳市新型农村集体经济的发展现状、存在问题、模式特点等进行理论分析，进而提出对策与建议，采取实际举措。

（2）案例分析法。在研究农村集体经济取得的成就时，借助我国部分地区发展新型农村集体经济的一些典型案例作为佐证材料；在研究新型农村集体经济发展存在的问题时，以不同地区、不同模式、不同形式案例为例，阐述在发展新型农村集体经济过程中面临的具体问题，使本书论述更具说服力。

（3）归纳分析法。通过对新时代我国新型农村集体经济发展相关理论与实践进行归纳分析，梳理总结出其发展逻辑、发展成就、主要实现形式、发展模式、存在问题及成因等内容，并在把握发展现状的基础之上，最终归纳凝练出其在新时代创新发展的现实路径。

（4）历史研究法。运用历史资料，按照历史顺序，从曲折探索、转型发展、创新发展三阶段，梳理新时代新型农村集体经济高质量发展的历史沿革，分析农村集体经济发展不同阶段的现实背景、具体特征表现、成就及存在问题等内容，为本书提出并优化新时代新型农村集体发展对策提供方向指引。

## 1.4　创新之处

现有的学术成果既有基础性研究，也有实践性对策探讨；既有历史性的回顾总结，也有前瞻性的趋势分析，充分体现了新型农村集体经济理论研究的前瞻性、现实性、政策性和时代性。进入新时代，新型农村集体经济发展进入新阶段，呈现新特征。党的二十大报告明确了新型农村集体经济的内在规律和发展路径，可以预见的是新的研究格局正在形成。

（1）明晰新型农村集体经济高质量发展的内涵和外延。

本书将新型农村集体经济高质量发展纳入中国经济高质量发展的研究范围。虽然自2020年起，上海、安徽、浙江等省市相继出台"促进新型农村集体经济高质量发展"实施意见，但是对新型农村集体经济高质量发展的内涵、核心要义等理论研究匮乏。本书有针对性地剖析了新型农村集体经济高质量发展的主体、有效实现形式、发展方式和发展目标，不仅丰富和拓宽了经济高质量发展的理论体系，而且形成了新型农村集体经济高质量发展逻辑体系和研究体系。

（2）以新质生产力视角构建新型农村集体经济高质量发展机制逻辑体系。

本书梳理新质生产力研究的主要内容，在此基础上，分析新质生产力视角下新型农村集体经济高质量发展的理论框架，分析制度创新、科技创新、人力资本、资金投入和土地等因素对新型农村集体经济高质量发展的影响，构建"产权→市场化→规模化→现代化"机制运行体系，并在机制运行体系中分析机制的单向作用和多向联动作用。

（3）研究方法的多样性与探索性，提高研究的信度和效度。

本书探索性运用演化博弈理论捕捉新型农村集体经济发展的动态性，引入双螺旋耦合理论、协同理论，形成针对性、专门化的理论和方法。同时，本书尽量借鉴社会学与政治学的方法，使研究结果既与社会事实相贴合，也更具有理论概括性和推广性。本书运用案例分析法，深入挖掘新型农村集体经济发展的路径，对"社会事实"的起因、过程及结果等整体全貌与具体细节作了细致描述，进而为理论解释与演绎提供充分的依据。本书采用模糊集定性比较分析方法对新型农村集体经济高质量发展所需各项主要条件间的因果关系进行验证，在一定程度上克服了传统定性研究的天然缺陷。

# 2 概念界定与理论基础

## 2.1 概念界定

### 2.1.1 农村集体经济

农村集体经济是我国社会主义公有制经济在农村的重要表现形式。《中华人民共和国宪法》第八条规定："农村人民公社、农业生产合作社和其他生产、供销、信用、消费等各种形式的合作经济，是社会主义劳动群众集体所有制经济。"

我国农村集体经济强调以家庭承包经营为单位，在家庭经营与集体统一经营并存的基础上来发展合作经济。随着农村经济的变化和社会主义市场体制改革的深化，农村集体经济的内涵在变动中不断丰富和发展。新中国成立至 1978 年改革开放前夕，中国农村的集体经济制度在社会主义建设初期展现出了独有的特征。这些特征主要体现为合作性、地域性和综合性，它强调农民之间的互助合作精神，将村落作为基本单位，实现地域上的联合与资源共享。在共同拥有生产资料的前提下，这种集体组织形式对土地和生产资料实行了高度集中的管理，实施统一的经营策略和管理模式，按照劳动分配原则，以公平合理的方式进行收入的分配和利益的共享。当时的农村集体经济在经济发展中扮演着至关重要的角色，它有效地组织起大量农民，形成了强大的生产力，为国家的工业化和农业现代化做出了巨大贡献。然而，这种高度的组织化也带来了一系列问题。由于过度的集中管理，使得农村经济体制变得僵化死板，无法灵活适应市场变化，同时忽视了农民的个人意愿和利益，导致了个体化生产与需求之间的脱节。在某种程度上，这违背了经济社会运行规律，限制了农村经济的进一步发展。改革开放之后，农村集体经济经历了重大变革。改革过程中，土地以及生产工具被重新分配给了农民，使他们有了更多的自主权，农民们的生产积极性得到了显著提升，不再完全依赖于集体经济组织。农户开始尝试自主经营，自负盈亏，并逐渐探索兼业化生产，即在从事农业生产的同时，还可能参与其他非农产业，以扩大收入来源。这一转变不仅提高了农民的生活水平，而且促进了农村经济的多元化发展，增强了农村社会的自我调节能力和抵御风险的能力。在农村集体经济的运行过程中，农村集体经济组织架构逐步完善，村支部、村委会、集体经济组织形成平等合作、相互监督、各司其职的治理机制。但是，农村集体产权的边界还比较模糊，农村集体经济组织的运营效率仍然较低，农村集体经济还未能充分适应市场经济的发展。

### 2.1.2　新型集体经济

进入新时代以来，农村集体经济在遵循社会化生产规律的基础上不断与时俱进，创新发展。2016年颁布的《中共中央　国务院关于稳步推进农村集体产权制度改革的意见》明确提出，"稳步推进农村集体产权制度改革"，并指出农村集体经济是"集体成员利用集体所有的资源要素，通过合作与联合实现共同发展的一种经济形态"。

这从国家政策上明确指出新型农村集体经济是顺应市场经济发展的内在要求，农村经济体制改革的必然选择。新型农村集体经济在继承原有农村集体经济合作性、地域性、综合性的基础上，具有新的内涵，可以概括为"五个新"。一是体制新。从体制上看，新型农村集体经济遵循市场经济的发展规律，以产权明晰和股份合作为核心特征，农村新型集体经济能获得一定的规模效益，它比农村集体经济更加能够表现出生产经营的效率。二是机制新。从机制上看，农村集体经济坚持集体所有，集体统一经营，而新型农村集体经济是在深化农村集体产权的基础上，遵循产权清晰、权责明确的要求所形成的一种农村集体经济形态，集体经济成员更加明确，主体地位更加凸显，组织形式更加独立。三是制度新。从制度上看，新型农村集体经济是在坚持农村集体所有制基础上将市场经济与社会主义公有制进行有机统合的一种农村公有制经济形态。四是内容新。从内容上看，新型农村集体经济已经远远超过过去农村集体经济的生产范围，以促进一二三产业融合发展为基本途径，全面促进农村社会生产力的发展。五是目标新。从目标上看，新型农村集体经济不仅要注重农村社会生产力的发展，还要注重逐步解决村内的生产、就业、收入、福利、生态等诸多现实问题，以全面推动乡村振兴与实现共同富裕为最终归宿。

总体上看，相比较于传统农村集体经济，新型农村集体经济具有更大的包容性和普惠性，更能适应社会主义生产力与生产关系的发展要求。第一，在新型农村集体经济的运行中，营利性是它的自然属性，"人民至上"既是它的社会属性，也是本质属性。前者决定了新型农村集体经济的资本增值逻辑，后者决定了新型农村集体经济运行中公平分配的价值增值逻辑。在这两个逻辑的关系方面，新型农村集体经济始终坚持价值增值逻辑驾驭资本增值逻辑，通过利用、限制、监管私有资本，让私有资本成为服务集体经济的手段，将集体利益与个人利益有机结合起来，实现"人民至上"的发展理念与资本增值逻辑的协调统一，进一步巩固了社会主义公有制经济在农村的主导地位。第二，新型农村集体经济在坚持土地所有权归属集体的基础上，涵盖了从生产资料的统一购买，到生产过程中的统一规划、统一生产、统一服务，再到农产品加工经营前、加工经营中、加工经营后的统一销售的各个领域。新型农村集体经济在集体产权明晰的基础上，促进"资源"向"资产"转化，吸引更多生产要素聚集，提高农村要素利用水平，使农村的发展由"输血"向"造血"转变。第三，新型农村集体经济克服了资本与劳动相分离的弊端，把市场作为资源配置的主导力量，通过资源与制度的结合，依托地方发展经济，培育和激发新型农村集体经济的内生发展动力，使集体经济组织成员能获得更为稳定和丰厚的财产性收入，有效地巩固了脱贫攻坚成果。

### 2.1.3 新质生产力

传统生产力是人类利用自然、改造自然，实现与自然的物质能量交换，以满足人类社会发展需要的能力。马克思和恩格斯在生产力理论方面贡献斐然，他们在《德意志意识形态》中阐释了生产力的内涵："一定的生产方式或一定的工业阶段始终是与一定的共同活动的方式或一定的社会阶段联系着的，而这种共同活动方式本身就是'生产力'。"[1] 传统生产力的构成包括以生产工具为主的劳动资料、引入生产过程中的劳动对象和具有

---

① 蒲清平，黄媛媛. 习近平总书记关于新质生产力重要论述的生成逻辑、理论创新与时代价值 [J]. 西南大学学报（社会科学版），2023（6）：1-11.

一定生产经验与劳动技能的劳动者三大要素①。而新质生产力是以科技创新主导，以突破关键性、颠覆性技术为目标产生的生产力，是对传统生产力的丰富与超越。新质生产力的核心要义是以创新驱动高质量发展，其关键构成是新的科学技术、新的生产方式、新的产业形态和新的要素供给。因此，先进科学技术逐渐成为生产力中最活跃的要素和数字经济发展最主要的推动力量。在新质生产力的理念下，具有资本性质的劳动者成为推动要素配置、技术进步，促进产业升级和产业结构优化的关键要素。数字技术作为一种对象化劳动，是劳动者通过活劳动所形成的对象化的劳动成果②。劳动者通过掌握这种以对象化劳动形式存在的技术，将其与劳动工具相结合，对劳动对象加以改造，进而生产出更多的产品③。但是，劳动者的劳动过程是高度重复和程序化的，是可以被算法替代的，因此，传统生产力三要素之一的劳动者必须积极发挥主观能动性，掌握先进技术，提高运用劳动资料改造劳动对象的能力。

### 2.1.4  农业高质量发展

"高质量发展"是在党的十九大报告中首次提出的新概念，表明中国经济已从高速发展时期转入高质量发展时期，这是一个长期的战略选择。作为我国经济发展之本的农业，同样要走高质量发展之路，顺应全国对高质量发展的总体要求。高质量发展是经济、政治、文化、社会以及生态文明"五位一体"建设的协调发展，强调绝对和相对的统一、数量和质量的统一，不仅要求提高发展质量，还要提高产品、服务的质量与标准。高质量发展具体表现为资源配置效率高、技术水平持续升级、突出短板得以补齐、现代化进程均衡推进、国土空间均衡发展、发展成果共享更为公平、产品和服务质量不断提升以及绿色低碳可持续发展等方面④。当前，学界对"农业高质量发展"进行了多维度研究，形成一定的研究范式。要实现

① 马克思，恩格斯. 马克思恩格斯选集：第一卷 [M]. 中共中央马克思恩格斯列宁斯大林著作编译局，译. 北京：人民出版社，2012：160.
② 马克思. 资本论：第三卷 [M]. 中共中央马克思恩格斯列宁斯大林著作编译局，译. 北京：人民出版社，2018：208-209.
③ 蒋万胜，王嘉妮. 人工智能对现代社会生产力发展的影响：基于马克思劳动过程三要素思想的分析 [J]. 西北工业大学学报（社会科学版），2023（2）：10-18.
④ 张军扩，侯永志，刘培林，等. 高质量发展的目标要求和战略路径 [J]. 管理世界，2019（7）：1-7.

农业高质量发展，就要注意农业利益分享、机会均等，要把农业发展同乡村、同农民联系起来。农业高质量发展是农业产业结构升级、农业生产效率升级、农业绿色发展升级、农村居民生活品质提升的重要内容。此外，关于高质量发展的经济学理论性质，其中，"质量"在经济学理论基础方面主要体现在产品可以满足人们实现需要的使用价值的特性；并且与高速增长阶段所极度追求的工具理性的动力机制不同，"高质量发展"所追求的本真性质的新动力机制是对满足人民日益增长的美好生活需要的供给侧的使用价值面的核心关切①。关于农业高质量发展的内涵，目前学界农业高质量发展的内涵研究仍在持续的探索之中。并且从理论和现实发展出发，探究农业高质量发展的时代内涵可为农业高质量发展的科学评价提供理论依据。在已有研究中，农业高质量发展被视为应该具有高标准、高效益与可持续的特征，但是国内农业高质量发展还面临着小户经营与规模化经营、高成本与增效、基础弱与快发展、重高产和环境保护等方面的矛盾所带来的挑战。同时，农业高质量发展要体现出产量高、质量好、效益优、经营者素质高、收入高、效率高以及竞争力强等时代发展内涵。

## 2.2　理论基础

### 2.2.1　规模经济理论

规模经济理论是经济学的基本理论之一，亚当·斯密在《国富论》中指出：借助于规模生产以及劳动分工可以促进生产效率的快速提升。美国经济学家马歇尔对规模经济理论进行了研究并著有《经济学原理》一书。他认为规模经济可以通过两个方面形成：一方面是企业通过内部整合资源产生的内部规模经济，另一方面是企业借助外部环境而产生的外部规模经济。总体来讲，规模经济主要是通过资源整合后形成规模化发展而来。在农业生产过程中，存在着两种形式的规模变化：一种是仅某一种要素对农业生产的贡献率发生了改变，而其他要素的贡献率没有改变；另一种是各生产要素同比例变动。后者是纯粹的规模变化，而由这种净变化导致的经

---

① 金碚. 关于"高质量发展"的经济学研究 [J]. 中国工业经济，2018（4）：5-18.

济产量上的改变被称为规模报酬。规模报酬递增是在规模扩大程度大于规模报酬的增加程度时产生的。在实际农业生产中，生产要素通常不会同比例变化。当生产规模增大时，生产单位的平均生产费用就会降低，这就是所谓的规模经济。规模经济可以用来研究当规模收益不以同比例变化时经济效率的变化，衡量投入与产出的关系。规模经济有两种类型：一种是内部规模经济；另一种是外部规模经济。农户通过扩大种植面积、采用先进农业技术、得到社会服务、改良土地等措施，在改变生产规模的同时，便产生了内部规模经济。外部规模经济是在外部环境有所改善的情况下产生的。由此看来，农户需同时兼顾资源禀赋、管理能力和技术条件等因素，依靠合理的土地制度与市场条件，选择适当的土地经营规模，才能取得最大的经济收益。基于经济学角度，土地经营规模也是适度的。根据规模经济理论，在土地使用范围和农民的生产行为之间有一个点，这就是适合农业生产的规模经济点。在一定的技术条件和规模临界点内，农民单位面积的生产投入随着土地使用面积的增加而增加，超过最佳规模，农户亩均生产要素投入随土地经营规模的增加而降低。土地适度规模的核心理论基础是规模经济理论（the theory of the economies of scale）。值得一提的是，国内学者毛蕴诗认为，对"economies of scale"的正确翻译应该是"规模经济性"，而不是广为流传的"规模经济"[1]。规模经济分为内部规模经济和外部规模经济，其中，内部规模经济指在规模扩大和产量增加的前提下，分摊到每个产品上的成本相应减少，进一步使其平均成本下降；而外部规模经济是指整个行业的规模扩大，而引起的行业内每个单位得到的经济利益增加。农业经营主体在扩大种植规模时，内部规模不经济是因管理不当等导致收益下降；外部规模不经济是因为没有匹配的农业产业规划或市场聚集，导致个别生产单位的生产成本增加。因此，土地适度规模经营产生较高经济效益的基本原理在于规模经济，其中内部规模经济主要来源于农业生产要素之间的联系，外部规模经济主要来自农业社会化服务与产业关联[2]。

---

① 毛蕴诗. "规模经济"抑或"规模经济性"：对新帕尔格雷夫经济学大辞典中的词条名"Economies and Diseconomies of Scale"汉译的商榷 [J]. 学术研究，2007（12）：41-45，159.

② 许庆，尹荣梁，章辉. 规模经济、规模报酬与农业适度规模经营：基于我国粮食生产的实证研究 [J]. 经济研究，2011（3）：59-71，94.

### 2.2.2 合作经济理论

合作经济是社会经济发展到一定阶段，劳动者主观上自愿入股联合，内部进行民主管理，并采取成员个人所有与成员共同所有相结合的方式来分配服务和利益的经济形式。自愿、民主、互利和惠顾者与所有者相统一的特点是合作经济在不同的社会经济制度中所具有的共性，合作社则是这种合作经济关系的一种典型组织形式。合作经济在很多国家的农业、城市的手工业、服务业等方面具有举足轻重的地位。在国外，国有经济、私有经济、合作经济被并列作为经济形式的分类。在国内，多种经济成分的经济结构中，合作经济是我国重要的经济形式，特别是在农村地区，主要经济形式就是合作经济。合作经济与新型集体经济，既有交集，又有区分。以欧文为代表的空想社会主义学家于19世纪初提出了著名的合作经济理论，他们认为充满剥削和压迫性质的资本主义社会必然灭亡，而平等互助、自主经营的合作社经济才是实现经济可持续发展的关键。后来，合作经济理论经过长期发展形成了马克思主义合作经济理论和西方合作经济理论两大分支体系。马克思和恩格斯在欧文所提出的合作经济理论的基础上进一步从无产阶级的角度丰富了合作经济理论的内涵，认为由无产阶级建立起来的合作社经济是推动社会性质由资本主义社会过渡到社会主义社会的重要组织形式。马克思和恩格斯认为个体农户分散经营的方式不利于提高农业生产效率，而只有农民通过平等互助、民主管理的方式联合在一起从事生产经营活动，才能够享受由于规模化经营而带来的农业生产效率提升效应，最终真正解放和发展农村生产力、实现共同富裕。西方合作经济理论秉承合作经营的发展理念，提倡具有共同利益追求的农户通过自愿联合、高度自主、民主管理的原则组建集体经济组织，利用集体的力量合理配置农村资源、寻求外部合作、开展定期培训、扩大生产规模，最终享受由于集体经营所带来的生产红利。虽然西方合作经济理论提倡成员之间通过合作分工提高生产效率，但是其本质仍是一种资本主义性质的经济模式。合作经济理论在我国经济发展过程中的实践主要体现在组织形式上。改革开放之前，我国就已经形成了颇具中国特色的社会主义集体经济制度。改革开放后，党和政府根植于新时代的经济发展特征进一步丰富了社会主义集体经济制度，在农村地区实行统分结合的双层经营体制，并开创出多种形式的农村合作社经济，极大地促进了农村集体经济的多元化发展。

### 2.2.3 集体经济理论

#### 2.2.3.1 国外关于集体经济的论述

马克思认为在以生产资料共同占有为基础的社会中[1]，生产资料的权属只归"个体"或"集体"[2]。马克思主张在共产主义社会中，全部生产资料归集体所有。此外，马克思还指出，无产阶级在夺取国家的控制权后，应以政府强制力直接干预土地产权权属的转变，进一步让农民通过经济途径实现向集体所有制过渡[3]。随着生产力的发展，农业走集体化道路是必然，通过将土地集中合并，利用现代化的生产方法、集体化的组织方式可以提高农业生产效率。细碎化的土地、单一化的小农经营不再适应生产力与生产关系的调整，因此必将被淘汰。马克思的集体化思想是我国发展集体经济的理论来源之一。

列宁在 1921 年认为可以通过合作社来建立社会主义[4]。因为"合作制"能够把包括小业主在内的全体居民联合起来，推动合作社小生产向社会主义大生产过渡[5]。但这种过渡是自愿的，目的是让小农户主动参与合作社。列宁特别强调合作社废除的是土地私有制，并没有对消费品和工具的个人产权进行限制[6]。从企业性质来看，列宁认为合作企业与集体企业都是社会主义性质的企业，二者在本质上没有区别。因此，发展合作社就是发展社会主义[7]。

#### 2.2.3.2 习近平总书记关于集体经济的相关论述

习近平总书记基于长期地方"三农"工作经验，结合实际对农村集体

---

[1] 马克思，恩格斯. 马克思恩格斯全集：第十九卷 [M]. 中共中央马克思恩格斯列宁斯大林著作编译局，译. 北京：人民出版社，1963：20.

[2] 马克思，恩格斯. 马克思恩格斯全集：第十九卷 [M]. 中共中央马克思恩格斯列宁斯大林著作编译局，译. 北京：人民出版社，1963：264.

[3] 马克思，恩格斯. 马克思恩格斯全集：第十八卷 [M]. 中共中央马克思恩格斯列宁斯大林著作编译局，译. 北京：人民出版社，1963：695.

[4] 列宁. 列宁专题文集 [M]. 中共中央马克思恩格斯列宁斯大林著作编译局，译. 北京：人民出版社，2009：348.

[5] 列宁. 列宁专题文集 [M]. 中共中央马克思恩格斯列宁斯大林著作编译局，译. 北京：人民出版社，2009：223.

[6] 列宁. 列宁专题文集 [M]. 中共中央马克思恩格斯列宁斯大林著作编译局，译. 北京：人民出版社，2009：258.

[7] 列宁. 列宁专题文集 [M]. 中共中央马克思恩格斯列宁斯大林著作编译局，译. 北京：人民出版社，2009：354.

经济理论进行创新拓展，相关论述颇为丰富，已成为新时代中国农村集体经济发展的行动指南。习近平总书记关于集体经济的相关论述在思维层面包括三个方面。一是辩证思维。就农村经营体系中"统"与"分"的关系而言，习近平总书记强调"统"与"分"是互联互促的辩证统一关系，不能将二者对立以致完全割裂①。发展壮大农村集体经济不仅需要发挥集体优越性，还需要发挥个体积极性，更需要将集体优越性与个体积极性有机结合起来，发挥"1+1>2"的效果②。从现实情况看，细碎化土地加上小农户低下的劳动生产力，导致不少农村地区农业生产以及农村集体经济发展落后，农村集体经济组织"统"的作用发挥受限，导致集体组织"统"的不足、集体资产"分"的彻底问题严重，进而出现"分光吃净"的一类极端③。二是创新思维。在阐明发展集体经济与人民公社以及家庭联产承包责任制之间的关系时，习近平总书记以"两个绝不是"明确指出"发展集体经济实力，绝不是复归'归大堆'式的人民公社，而是纠正大包干中忽视统一经营所造成的偏差；绝不是对家庭联产承包制的否定，而是对这种责任制的进一步完善和发展"④。习近平总书记以"两个绝不是"的创新思维生动地回答了人们关于发展集体经济与人民公社以及家庭联产承包责任制之间关系的困惑，指明了农村集体经济正确的发展方向。三是底线思维。坚守农村土地集体所有制就是坚守农民的根本利益。习近平总书记用"四个不能"划定农业农村发展红线，强调"不能把农村土地集体所有制改垮了，不能把耕地改少了，不能把粮食生产能力改弱了，不能把农民利益损害了"⑤。因此，以集体所有制为根本的农村土地制度不仅是现阶段中国农业农村发展的制度底线，更是推进乡村振兴、实现共同富裕的制度保障。就改革底线而言，习近平总书记强调要"坚持农民集体所有不动摇，不能把集体经济改弱了、改小了、改垮了，防止集体资产流失"⑥。

可以看到，习近平总书记关于农村集体经济的一系列理论具有深刻的理论价值与实践意义，为新时代我国农村集体经济指明了发展方向、提供

① 习近平. 摆脱贫困 [M]. 福州：福建人民出版社，2014：182.

② 习近平. 摆脱贫困 [M]. 福州：福建人民出版社，2014：195.

③ 习近平. 摆脱贫困 [M]. 福州：福建人民出版社，2014：192-193.

④ 习近平. 摆脱贫困 [M]. 福州：福建人民出版社，2014：196.

⑤ 习近平在安徽省凤阳县小岗村主持农村改革座谈会时的讲话 [N]. 人民日报，2016-04-29 (1).

⑥ 关于稳步推进农村集体产权制度改革的意见 [N]. 人民日报，2016-12-30 (05).

了理论指引与实践指导。

### 2.2.4 马克思自然生产力理论

在对资本主义经济活动和规律进行的研究中，马克思论述了自然生产力的多方面特征。第一，自然生产力来自外部环境，其作用机制遵循自然界的客观规律。一方面，自然生产力的基础是自然力，自然力来自自然事物的特质及其相互作用，是由自然界的客观特性及其规律决定的，不以人的意志为转移。人类要利用自然力，必须遵循客观规律。马克思指出，"人在生产中只能像自然本身那样发挥作用"①。另一方面，自然事物的特性及其相互作用是多方面的，在有利于人类的同时，也会对人类不利。人类利用更多自然生产力生产更多财富的同时，也会出现对人类不利的因素逐渐累积的结果。这种累积造成了资源短缺，自然环境的承载力和修复力遭到破坏等生态问题。

第二，自然生产力不包括自然破坏力。自然界中的作用力并不总是对人类的生产活动产生积极影响，破坏力极强的地震、凶猛的洪水以及台风等，便是自然的一种破坏力，它们不仅不会促进生产力的发展，而且还会阻碍生产力的发展。这样的自然破坏力便不能划入自然生产力的范畴。

第三，自然生产力本身是无偿的，无限供给。加入生产活动的自然力虽然是生产力系统中不可缺少的要素，甚至对生产力的出现和发展起着至关重要的作用，但它们在生产力系统中发挥作用是无须支付报酬而免费使用的。马克思还讨论了社会生产力的免费性质。因为协作产生的集体力无法归于某个具体的人所有，在没有知识产权保护的情况下，科学技术很容易外溢和扩散，变成一种大家都能获得的一般知识和技能。"电流作用范围内磁针偏离规律，或电流绕铁通过而使铁磁化的规律一经发现，就不费分文了。"② 在能够无偿使用的情况下，社会生产力也和自然生产力一样，没有使用成本。

自然力本身虽然是无偿的，但是，使用自然力往往需要通过一定的科技手段和工具系统，"人要在生产上消费自然力，就需要一种'人的手的

---

① 马克思，恩格斯.马克思恩格斯文集：第五卷 [M].中共中央马克思恩格斯列宁斯大林著作编译局，译.北京：人民出版社，2009：56.

② 马克思.资本论：第一卷 [M].中共中央马克思恩格斯列宁斯大林著作编译局，译.北京：人民出版社，2004：444.

创造物'。要利用水的动力，就要有水车，要利用蒸汽的压力，就要有蒸汽机"①。水车、蒸汽机等这些工具系统并不是自然界天然存在的，是人类劳动的产物，它们的使用是有偿的。所以，自然生产力是无偿的，使用自然生产力的手段和工具是有偿的。当阳光、空气、风力等这类自然要素无限供给且无须任何手段就可以直接使用时，它们作为自然生产力的构成要素发挥作用仍旧是无须分文的。

自然生产力影响着劳动生产力的状况和水平。马克思的劳动生产力实际上指的是总体的生产力。作为生产活动两大要素中的一方，由自然条件中的自然力转化而来的自然生产力，必然对生产力状况和水平产生重要的，甚至是决定性的影响。自然条件缺乏的情况下，即使劳动的主观条件是充足的，某种生产力也必然为零。某种金属矿藏的缺乏，致使许多国家这种金属生产力为零。即使是拥有矿藏，矿藏条件的差异也造成自然生产力的差别。在科学技术、社会协作、劳动者的能力等劳动的主观条件相同的情况下，这种自然生产力的差别就决定了劳动生产力的差别，"同一劳动量用在富矿比用在贫矿能供更多的金属。"② 劳动生产率的差别会直接影响商品的价值量，造成商品的个别劳动和社会必要劳动之间的不同关系，影响商品生产者的不同命运，劳动生产力高的企业具有经济竞争力，不仅能够获得一般的剩余价值，还能够获得超额的剩余价值；劳动生产率低的企业，投入生产中的劳动量无法被社会承认，最终只能亏本、破产。

### 2.2.5　马克思生产力与生产关系理论

生产力的发展总是在一定的生产关系中进行的，同时还会生产出新的生产关系与之相适应，这是历史发展规律。新的生产关系的形成意味着旧生产关系的改变，新的所有制的改变必然要求旧的所有制的变革。生产力与生产关系是矛盾运动的，生产力决定生产关系，所有制形式是生产关系的具体内容，必然由生产力决定。同时，所有制的形式又会对生产力的发展产生影响，与生产力相适应的生产关系会促进生产力的发展；相反，与生产力不相适应的所有制形式，无论落后或超前都将抑制生产力的发展，

---

① 马克思，恩格斯. 马克思恩格斯文集：第五卷［M］. 中共中央马克思恩格斯列宁斯大林著作编译局，译. 北京：人民出版社，2009：444.
② 马克思，恩格斯. 马克思恩格斯文集：第五卷［M］. 中共中央马克思恩格斯列宁斯大林著作编译局，译. 北京：人民出版社，2009：53.

阻碍社会的进步，这样的所有制形式必将被取代。劳动者、劳动对象、劳动资料是生产力的三个最核心的要素。劳动者是生产力中最为重要的决定性要素。纵观人类历史发展过程，从奴隶社会到封建社会，再到资本主义社会，劳动者对社会形态的演变都发挥着决定性作用。

生产力与生产关系的相互作用是推动人类社会前进的关键力量。生产力是指一个社会能够生产物质产品和精神产品的能力，它决定了社会的生产方式和生活方式。而生产关系则涉及人们为了满足基本需求而进行的交换关系、分配关系以及其他与此相关的社会关系。生产力的进步可以带动生产关系的变革，使之更加合理、高效。反之，生产关系的变化也能促进生产力的发展，激发新的生产力潜力。当我们深入探讨生产力与生产关系的矛盾与运动时，就会发现它们之间的相互作用不仅体现在静态层面上，更在于动态的发展之中。在生产力不断扩张的过程中，生产关系必须相应地调整以适应这一变化，否则便可能出现生产力发展缓慢甚至停滞的局面。在这种情况下，社会将无法实现持续地发展，只能陷入停滞不前或倒退的困境。马克思的历史唯物主义深刻指出，只有当生产关系适应于当时的生产力水平时，才能真正解放生产力，发挥其最大潜能。这意味着，任何落后的生产关系都会成为发展生产力的障碍，阻止技术革新和产业升级。同时，如果生产关系超越了时代的限制，超出了生产力水平所允许的范围，也将导致资源浪费，经济效率下降，进而影响整个社会经济的健康发展。

因此，生产力与生产关系之间的平衡被认为是一种理想状态，它要求两者相互促进，共同进步。在实际运作中，政府和政策制定者需要通过制定正确的法律法规和政策，引导生产关系与生产力相适应，以确保经济的可持续增长和社会的全面进步。这种相互促进的关系不仅是市场经济的基本原则，也是社会主义制度下追求共同富裕目标的重要支撑。只有这样，我们才能够避免因生产关系的错误设置而导致生产力倒退，从而维护社会的长期稳定与繁荣。

### 2.2.6　委托代理理论

早在 20 世纪四五十年代，部分西方学者就开始关注农业合作社委托代理关系以及由此产生的代理问题。

国外对农业合作社委托代理关系的研究主要关注合作社委托代理产生的原因。艾梅丽雅诺夫、菲利普斯和罗博卡（Emelianoff、Phillips & Robotka）研究了垂直一体化的合作社及其成员之间的委托代理关系，并进一步指出了合作社"为谁服务"这一目标性问题的重要性；法玛（Fama）认为，合作社是将生产要素提供给农业生产以实现成员不同的利益目标的独立代理人之间的"合约集"；祖斯曼（Zusman）认为，合作社成员之间的不完全信息、有限理性和生产不确定性等特征会影响合作社的代理问题；莱维（Le Vay）认为，交易费用是合作社委托代理问题产生的原因；库克（Cook）认为，成员的利益分歧必然产生相应的代理成本和合作社内部控制问题；佛卡门和海德（Vercammen & Hyde）应用新古典经济学理论，构造了可降低平均成本，并降低合作社经济效率损失的非均衡价格系统模型，解释了成员异质性带来的代理成本问题；艾勒斯和汉夫（Eilers & Hanf）认为，合作社存在双向的委托代理关系，当合作社向社员提供合同时，合作社的管理者是委托人，当社员向合作社提供合同时，社员成为委托人。

国内学术界专门研究合作社委托代理关系的研究主要集中在：一是合作社委托代理关系产生的原因。国内学术界普遍认为，参与主体的资源禀赋、行为动机和能力差异等原因是造成我国农民专业合作社委托代理关系产生的主要原因。黄胜忠和徐旭初认为，农民专业合作社发展缺乏稀缺要素是导致合作社异质性结构的原因；邓军蓉和祁春节认为，交易成本是合作社委托代理关系产生的主要原因，农产品、参与主体、交易环境等因素都会影响成员之间的交易及其关系；丁建军通过对湖北荆门合作社的调查发现，合作社发展的初期，一般中小社员对核心成员的能力等方面具有较强的依赖程度。二是合作社委托代理关系产生的影响。黄胜忠提出，委托代理关系会导致合作社产权不明晰、剩余索取权短视以及社员投资组合问题；崔宝玉和李晓明认为，由于合作社成员异质性产生的委托代理关系，会影响合作社规模的扩大以及合作关系的深化；崔宝玉和李晓明认为，合作社的资本化趋势和市场化特征，在短期内能够使得合作社核心成员和一般社员之间形成相对稳定的委托代理关系，但在长期会影响合作社的边界和规模；孔祥智和蒋忱忱提出，人力资本的差异产生了合作社的异质性成员结构，合作社应该出台保证成员人力资本要素发挥作用的制度；张翠娥和万江红进一步分析后认为，合作社边界模糊导致合作社凝聚力差，组织结构松散，常需借助外力来推动组织的发展。三是合作社委托代理关系的类型。黄琚和朱国玮提出，在市场供过于求时，为提高市场份额和谈判地位，大户会有动机选择和中小成员合作；马彦丽和孟彩英认为，异质性合作社内存在两种"委托代理"关系：一是合作社全体社员与经营管理者之间的委托代理，二是中小社员与核心社员之间的委托代理；崔宝玉认为，异质性合作社主要存在大农和小农在资本合作方面的委托代理关系，成员的资本差异和交易类型是合作社代理问题的根源。

# 3 历史演进

本章基于农村集体经济与新质生产力互馈演进的经典理论述评，对相关概念进行本质性解析，从新质生产力视角下新型农村集体经济发展的历史变迁、发展现状和主要困境及其成因分析出发，解构与分析两者互馈演进起点、演进时序、演进动力和演进内容等方面所具有的多元共轭性，即两者互馈演进的内在本源。

## 3.1 新质生产力视角下新型农村集体经济发展的历史变迁

新中国成立以来，我国对农村集体经济进行了 70 多年的探索，按照农村集体经济的实现形式和相关政策进行梳理，大体可以将其分为传统农村集体经济的曲折探索、新时期农村集体经济的转型发展和党的十八大以来农村集体经济的创新发展三个阶段（如图 3-1 所示）。这三个阶段分别体现了农业互助合作和人民公社化的"统"特征、家庭联产承包责任制的"分"特征、农村集体产权深化改革的"合"特征，三个阶段三次变迁。在新的历史阶段，新质生产力的发展推动着农村集体经济高质量转型，实现了农村集体经济的再次飞跃。

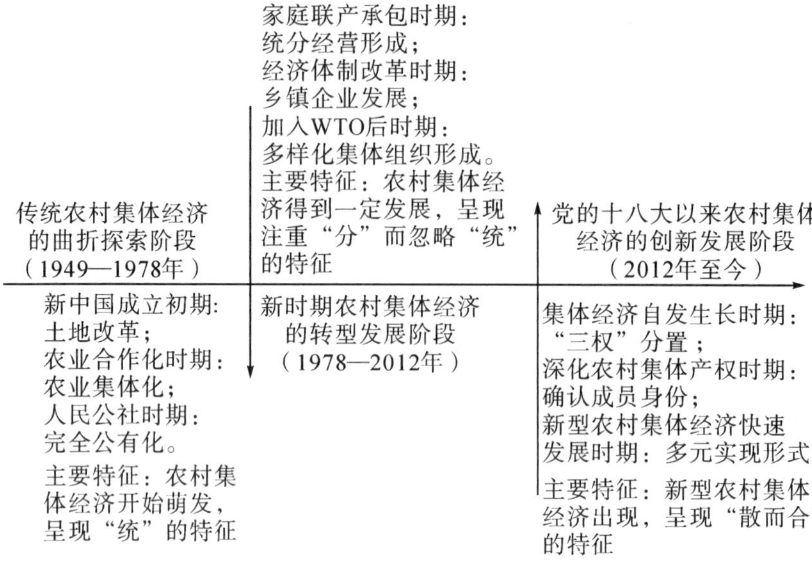

传统农村集体经济
的曲折探索阶段
（1949—1978年）

家庭联产承包时期：
统分经营形成；
经济体制改革时期：
乡镇企业发展；
加入WTO后时期：
多样化集体组织形成。
主要特征：农村集体经济得到一定发展，呈现注重"分"而忽略"统"的特征

新时期农村集体经济
的转型发展阶段
（1978—2012年）

党的十八大以来农村集体
经济的创新发展阶段
（2012年至今）

新中国成立初期：
土地改革；
农业合作化时期：
农业集体化；
人民公社时期：
完全公有化。
主要特征：农村集体经济开始萌发，呈现"统"的特征

集体经济自发生长时期：
"三权"分置；
深化农村集体产权时期：
确认成员身份；
新型农村集体经济快速
发展时期：多元实现形式。
主要特征：新型农村集体
经济出现，呈现"散而合"
的特征

图 3-1 农村集体经济发展阶段

### 3.1.1 传统农村集体经济的曲折探索阶段（1949—1978 年）

在这一时期，历经了土地改革—互助组—初级社—高级社—人民公社的曲折探索。这一阶段主要呈现出农村集体经济开始萌发，农民私有向集体所有转变，经营方式向合作社成员共同经营转变的"统"的特征。就成效而言，在农业合作化过程中，在某种程度上克服了小农经济的弊端，推动了农民集体生产发展；而人民公社时期，由于背离农村生产力发展现状，挫伤了农民的热情，生产力大大降低。传统农村集体经济发展情况见表 3-1。

表 3-1 传统农村集体经济发展情况

| 时期 | 主要做法 | 主要特征 |
|---|---|---|
| 新中国成立初期 | 土地改革 | 土地由地主私有转变为农民私有 |
| 农业合作化时期 | 农业社会化改造，发展农业互助组、初级社、高级社 | 农业土地集体所有制形成，农村集体经济进入集体化发展 |
| 人民公社时期 | 人民公社化运动，撤乡镇、并大社 | 完全公有化，挫伤了农民的生产积极性 |

3.1.1.1　新中国成立初期：土地改革

新中国成立之后，基于当时我国社会主义社会的性质和国情，国家开始进行土地改革，采取积极措施，帮助农民获得土地，农村集体经济开始萌发。农村集体经济是中国共产党领导广大农民进行社会主义革命与社会主义建设的产物，是党组织农民的历史性结晶[①]。

1950 年，中央人民政府委员会第八次会议通过《中华人民共和国土地改革法》，第一章第一条明确提出：废除地主阶级封建剥削的土地所有制，实行农民的土地所有制。1952 年年底，土地改革基本完成，包括老解放区在内，全国约 3 亿无地少地的农民无偿获得约 7 亿亩（1 亩≈667 平方米）土地，免除了过去每年向地主交纳的 3 000 万吨以上粮食的地租。土地制度改革，是中国历史上一次翻天覆地的社会大变革，从根本上废除了封建制度的根基，土地由地主私有转变为农民私有，广大农民群众翻身做土地的主人，农民实现"耕者有其田"的梦想。

3.1.1.2　农业合作化时期：农业集体化

1953 年，国家开始对农业进行社会主义改造，引导农民走互助合作道路，并依照由低到高、循序渐进的原则，推进农业生产互助组—初级农业生产合作社—高级农业生产合作社的演变，加快农业合作化的步伐，在全国范围内掀起了合作化高潮。到 1956 年年底，农业生产合作化基本完成，标志着农村土地集体所有制形成。

农业生产互助组。1951 年 9 月，中共中央召开了第一次互助合作会议，讨论通过了《中共中央关于农业生产互助合作的决议（草案)》，发给各地党委试行，并把互助组分为三种：简单的劳动互助、常年互助组和以土地入股为特点的农业生产合作社。此后，各地党委加强了领导，使农业互助合作运动取得了较大的发展。截至 1952 年年底，全国范围内农业互助合作组织发展到 830 余万个，参加的农户达到全国总农户的 40%。农业生产互助组是在土地改革之后出现的集体经济形式。当时分到地的农民生产资料匮乏、生产能力低下，而以工换工、自愿组成互助组合作生产的模式全面提高了生产效率。这种传统意义上的互助，只是在生产上互相帮助，并没有涉及土地的关系，也没有涉及劳动的利益。这就意味着，农村的生产资料、劳动成果仍旧属于农民个人。

---

① 张英洪，王丽红，刘伟. 农村集体经济组织发展历程回顾 [J]. 农村经营管理，2021（7）：17-19.

初级农业生产合作社（简称"初级社"）。1953 年 12 月，中共中央通过《中国共产党中央委员会关于发展农业生产合作社的决议》，总结办社经验，进一步推进农民农村走向合作化道路。初级社是在农业生产互助组的基础之上，农民拥有土地私有权和生产资料私有权，入社农民必须按照入股的土地、生产工具以及牲畜的数量来分配相应的收获量，同时农民在土地入股之后统一使用土地，合理使用工具，共同劳动，实行记工取酬，按劳分红。初级社同农业生产互助组相比，有很大不同。虽然土地和其他主要生产资料仍是私有的，但由于实行统一经营，并且积累公共财产，因此具有相当多的社会主义因素，具有半社会主义性质。初级社是农村集体经济组织的一种形式，是中国农民走上社会主义道路的决定性步骤。截至1955 年年底，全国初级社达 190.5 万个，入社农户有 7 545.2 万户，占农户总数的 63.3%。

高级农业生产合作社（简称"高级社"）。1956 年 6 月，第一届全国人民代表大会第三次会议通过《高级农业生产合作社示范章程》，明确说明高级社是劳动农民在共产党和人民政府的帮助下，在自愿和互利的基础上组织起来的社会主义集体经济组织。高级社按照社会主义的原则，把社员私有的主要生产资料转为合作社集体所有，组织集体劳动，实行"各尽所能，按劳取酬"，不分男女老少，同工同酬。至此，原有的生产资料私有制的性质产生了根本性变化，实现了从农民个体所有制到社会主义集体所有制的转变。同初级社相比，除去生产资料所有权发生转变外，在生产规模上，高级社还能以较大规模实施农业基本建设，引进新式农机工具，改善农业生产条件，并能根据当地实际情况，因地制宜地发展适合社员、集体以及国家需要的农、林、牧、副、渔业。截至 1956 年年底，全国高级社总数达 73.5 万个，加入农业生产合作社的社员总户数有 11 945 万户，达全国农户总数的 96.3%，其中初级社户数占 8.5%，高级社户数占87.8%。就是说，仅用一年时间，我国就基本完成了高级形式的合作化，把落后的小农经济引入了社会主义集体经济的道路。

### 3.1.2 新时期农村集体经济的转型发展阶段（1978—2012 年）

改革开放后，以家庭联产承包责任制为基础，统分结合的双层经营体制充分激发了农民和土地的活力，对乡村一二三产业发展、农民脱贫和农村剩余劳动力的转移起到了积极的推动作用。在这一阶段，农村集体经济得到一定程度的发展，但整体实力仍较弱，且存在注重"分"而忽略"统"的效力发挥的问题。新时期农村集体经济发展情况见表3-2。

**表3-2　新时期农村集体经济发展情况**

| 时期 | 主要做法 | 主要特征 |
|---|---|---|
| 家庭联产承包时期 | 实行家庭承包经营为基础、统分结合的双层经营体制 | 农民成为市场经济的主体，极大调动了农民与集体的生产积极性 |
| 经济体制改革时期 | 社队企业名称改为乡镇企业 | 融合股份制与合作制，乡村集体企业得到发展 |
| 加入WTO后时期 | 土地流转，产权制度改革试点 | 多样化的农村集体组织形成 |

#### 3.1.2.1　家庭联产承包时期：统分经营形成

1978年，在党的十一届三中全会以后，安徽省凤阳县小岗村率先实行"包产到户""包干到户"，农村集体经济制度正式踏上转型之路。1980年9月，中共中央印发《关于进一步加强和完善农业生产责任制的几个问题》，废除"一大二公""一平二调"的人民公社旧体制，实行家庭联产承包为主要形式的责任制。1982年通过的《中华人民共和国宪法》明确规定设立乡、民族乡、镇的人民政府，探索政社分开、撤社建乡改革。到1984年年底，全国共建乡84 340个，建制镇7 280个，新建村民委员会82.2万个。新的农村集体经济形式出现，中国农村集体经济发展进入新时期。

伴随着家庭联产承包责任制的推行和人民公社体制的解体，1999年第九届全国人民代表大会第二次会议通过《中华人民共和国宪法修正案》，确认了"农村集体经济组织实行家庭承包经营为基础、统分结合的双层经营体制"，认可家庭联产承包责任制的法律地位。以家庭承包经营为基础的统分结合的双层经营体制的确立，消除了人民公社时期农村集体经济组织内部的一系列问题，农民成为市场经济的主体，极大调动了农民与集体的生产积极性，促进了农业高速增长，农民收入大幅增加。这一阶段是农村经济体制改革的"破冰"阶段。

#### 3.1.2.2　经济体制改革时期：乡镇企业发展

1984年3月，中共中央、国务院转发农牧渔业部《关于开创社队企业新局面的报告》并发出通知，同意将社队企业改为乡镇企业，并提出有关发展乡镇企业的若干政策，以促进乡镇企业的迅速发展。1984年10月，中共十二届三中全会通过《中共中央关于经济体制改革的决定》，提出我国社会主义经济是公有制基础上有计划的商品经济，坚持多种经济形式和经营方式共同发展，增强企业活力是以城市为重点的整个经济体制改革的中心环节等论断。随着经济体制的改革，各地对农村集体经济的实现形式做了大胆的探索。

20世纪八九十年代的农村集体经济探索大致可以分为传统合作社转型为农民专业合作社、集体经济组织与乡镇企业结合两类①。一类是农民专业合作社。这种方式通过统一农民组织，扩展业务，很大程度上克服了企业与农民利益联结松散、分配不合理的弊端，呈现出农业产业化经营趋势。另一类是集体经济组织与乡镇企业结合。20世纪80年代中后期，以乡村集体企业为标志的"苏南模式"发展起来，政府出面组织土地、资本和劳动力等生产资料，出资办企业，并由政府指派"能人"来担任企业负责人，融合股份制与合作制，增强了农村集体经济组织的实力。这两类模式在一定程度上缓解了小农民与大市场的矛盾，对农村集体经济发展、农民增收起到了促进作用。

### 3.1.2.3 加入WTO后时期：多样化集体组织形成

进入21世纪后，随着城镇化、工业化、全球化进程的加快，大量农村劳动力向城市流动，这为农村集体经济的发展带来了新的机遇与挑战。一是农村青壮年劳动力大量外流，容易导致乡村人口和产业的"空心化"，农村经济组织生产力严重下降，集体经济发展面临一定的挑战。二是城镇化、工业化以及全球化刺激农民消费和生产需求，进一步丰富和扩大了农村市场，推动着多样化的农村集体经济组织发展。

2003年开始实施的《中华人民共和国农村土地承包法》，规定土地承包经营权可以采取转包、出租、互换、转让或其他方式流转，开启了农村土地流转新篇章。2004年，党的十六届四中全会提出"在工业化达到相当程度后，工业反哺农业、城市支持农村带有普遍性趋向"。2005年，党的十六届五中全会提出"建设社会主义新农村"。2007年，农业部印发《关于稳步推进农村集体经济组织产权制度改革试点的指导意见》，强调改革要以股份合作为主要形式。2008年，党的十七届三中全会通过农村改革决定……在这些政策背景下，党和政府坚定维护农业农村基础性地位，为农

---

① 顾海英，王常伟. 从耕者有其田到乡村振兴：中国特色"三农"道路的探索与发展 [M]. 上海：上海人民出版社，2021：212-213.

村集体经济发展提供坚实的物质保障和政策支持，先后形成村办集体企业、农村股份合作企业、社区股份合作社、农民专业合作社、公司+农民、协会+农民等多样化组织形式，通过组织租赁土地、股份合作、成立企业等形式促进农民与集体增收，激发出农村集体经济活力。

### 3.1.3 党的十八大以来农村集体经济的创新发展阶段（2012年至今）

党的十八大以后，中国农村集体经济发展步入了创新性发展阶段，并取得了显著成效。以习近平同志为核心的党中央，强调要"巩固和完善农村基本经营制度，深化农村土地制度改革，完善承包地'三权'分置制度，保持土地承包关系稳定并长久不变，第二轮土地承包到期后再延长三十年"，维护广大农民财产权益。该阶段农村集体经济逐渐转型升级，大力发展各种类型的适度规模经营，发展和培育新型农业经营主体，完善农业社会化服务体系，促进小农户与现代农业的有效结合，新型农村集体经济呈现出自由生长、深化发展以及多元化实现形式的"散而合"的特征。党的十八大以来农村集体经济发展情况见表3-3。

表3-3　党的十八大以来农村集体经济发展情况

| 时期 | 主要做法 | 主要特征 |
|------|---------|---------|
| 集体经济自发生长时期 | 土地确权与所有权、承包权、经营权"三权"分置 | 激活农村生产要素，完成农村资源到资产的转变 |
| 深化农村集体产权时期 | 全面开展清产核资，进行成员身份确认 | 明晰村集体成员权益，集体资产实现保值增值 |
| 新型农村集体经济快速发展时期 | 农村集体经济的专门法律逐渐完善 | 整合和盘活资源，形成多元化村集体经济发展模式 |

#### 3.1.3.1 集体经济自发生长时期："三权"分置

2014年11月，中共中央办公厅、国务院办公厅印发《关于引导农村土地经营权有序流转发展农业适度规模经营的意见》，首次提出要"坚持农村土地集体所有，实现所有权、承包权、经营权'三权'分置，引导土地经营权有序流转"，"三权"分置改革方向确立。2016年10月，中共中央办公厅、国务院办公厅印发《关于完善农村土地所有权承包权经营权分置办法的意见》，深入阐述"三权"分置含义，并提出从落实集体所有权、稳定农户承包权、放活土地经营权等方面，逐步形成"三权"分置格局。土地确权和"三权"分置的实行，使得农村生产要素活了起来，顺利完成资源到资产的转变，同时强化了农村集体经济组织的领导带动功能，将偏离的农村集体经济拉回到发展中心，推动农村集体经济逐渐发展壮大①。

#### 3.1.3.2 深化农村集体产权时期：确认成员身份

2017 年，党的十九大报告提出要"深化农村集体产权制度改革，保障农民财产权益，壮大集体经济"。2017 年 12 月，中央农村工作会议强调要稳步推进农村集体产权制度改革，全面开展清产核资，进行成员身份确认。2020 年中央一号文件提出全面推开农村集体产权制度改革试点。《人民日报》相关报道显示，截至 2019 年年底，中央试点包括 15 个省、89 个地市、442 个县、5 695 个乡镇、60.2 万个村、238.5 万个组，各级试点单位覆盖全国 80% 左右的县。截至 2020 年年底，全国已经完成经营性资产股份合作制改革的村超 53 万个，确认集体成员数 9 亿个。至此，深化农村集体产权制度与全面推进改革试点工作取得阶段性成效，农村集体经济组织成员边界不清、经营性资产归属不明、集体利益不均等问题得到厘清，成员的财产权利和民主权利获得进一步保障，农村集体经济活力得到激发，农村集体资产实现保值增产，农村集体经济得到进一步发展。

#### 3.1.3.3 新型农村集体经济快速发展时期：多元实现形式

党的二十大报告提出"发展新型农村集体经济"，农村集体经济发展进入"快车道"。2022 年 12 月，十三届全国人大常委会第三十八次会议对《中华人民共和国农村集体经济组织法（草案）》进行了审议，农村集体经济的专门法律得以确立。2024 年，中央一号文件提出严格控制农村集体经营风险，促进新型农村集体经济健康发展。在相关政策和法律的支撑下，新型农村集体经济逐步形成了多元发展模式。各地农村集体经济组织围绕多样化新型农村集体经济的要求，以改造种植、养殖等传统产业为主，延链补链强链，培育壮大村集体经济，形成土地经营、物业经营、资金开发、劳动服务、企业引领、能人带动、开发联动、自主经营等多种经营发展模式，加大了农村资源整合和盘活利用。

---

① 王留鑫，姚慧琴. 乡村振兴视域下农地"三权分置"与农村集体经济组织发展 [J]. 宁夏社会科学，2019（4）：109-113.

## 3.2 新质生产力视角下新型农村集体经济发展现状

2023 年 9 月，习近平总书记在黑龙江考察调研时首次提到"新质生产力"，此后，新质生产力被正式写入中央文件。在相关政策的推动下，全国农村集体家底基本摸清，通过整合科技创新资源，引入新技术、新设备、新模式等手段，提升劳动、知识、技术、管理、数据和资本等农业农村基本要素优化组合形成全要素生产率[①]，探索农村集体经济要素优化利用、主体有效带动以及体制机制创新的多元化实现形式，新型农村集体经济活力不断增强，发展取得阶段性成效。

### 3.2.1 新型农村集体产权制度改革取得阶段性成效

#### 3.2.1.1 全国农村集体家底基本摸清

2020 年农业农村部公示，全国农村集体资产已基本摸清，资产权属明晰，基本实现"底清账明"。核查显示，2019 年年底全国共有集体土地总面积 65.5 亿亩，账面资产 6.5 万亿元，其中经营性资产 3.1 万亿元，是集体经济收入的主要来源；非经营性资产 3.4 万亿元。集体所属全资企业超过 1.1 万家，资产总额 1.1 万亿元。从结构上看，固定资产为 3.1 万亿元，其中三分之二的固定资产是用于教育、科技、文化、卫生等公共服务的非经营性固定资产。从地区划分看，农村集体资产符合地区经济发展水平，呈现出东部农村集体资产高（4.2 万亿元，占总资产的 64.6%），中西部资产大体相当，且绝大部分农村集体资产集中在少数村，农村集体经济区域发展差距较大。

#### 3.2.1.2 确认集体成员身份规范化

随着农村集体产权制度改革的深入，集体成员身份确认逐渐规范化。《中华人民共和国农村集体经济组织法（草案）》提出，通过法治和自治相结合的确认原则，构建成员身份确认规则，切实保障农村集体经济组织成员的合法权益。具体来看，一是确立了成员身份确认标准。通过统筹考虑户籍关系、农村土地承包关系、生产生活情况、基本生活保障来源、对

---

① 罗必良. 加快发展农业新质生产力［N］. 南方日报，2024-03-18（A07）.

集体积累的贡献等因素，并结合实际情况，构建五要素综合考量的标准。二是规范了成员身份取得和丧失基本情形。农村集体经济组织的成员身份具有唯一性，对特殊群体，如外嫁女、入赘男、新生儿、服兵役人员、在校大学生、回乡退养人员、农转非人员等的成员身份的取得与丧失做出原则性规定，做到不漏一户不掉一人。截至 2019 年年底，全国确认村级农村集体经济组织成员 9.2 亿人，为解决成员集体权益"两头占""两头空"问题提供了前提条件。

### 3.2.1.3　集体资产股权化

农村集体经营资产股份合作制的改革，是农村集体产权制度改革的重要内容，其有别于商业企业的股份制改造，只有在农村集体经济组织内才能体现出集体所有和独特的社区性。通过将集体经营性资产以股份或份额形式量化到人、确权到户作为成员参与集体收益分配的依据，激活和创新集体资产使用原则。同时，股权设置中原则上不设置集体股，以成员股为主，综合考虑承包地面积、家庭人口数量、劳动积累贡献等因素。例如，山西省长治市潞城区采用"保障股、贡献股、特色股+"模式，保障股设原始老户股、土地基本股，贡献股设村龄股、劳龄股，特色股设扶贫股等，形成了多样配股模式，推动集体资产股权合作的制度化、规范化与法治化。

有的地方因集体经营性资产较少，在集体产权制度改革中开展集体资源性资产的股份合作，以虚拟股份形式确权给成员；有的地方发展较好，在集体资产股权化的过程中，形成了社区型股份合作制、企业型股份合作制、土地与经营性资产结合型股份合作制等实践类型。截至 2021 年年底，全国完成经营性资产股份合作制改革的村达 57.2 万个，并随着农村集体经济组织股权证的发放，农村集体收益实现了从过去"人人有、人人无份"向"人人有份、人人有"的转变。

## 3.2.2　新型农村集体经济实现形式呈多样化趋势

随着时代的发展，各地农村集体经济组织建设情况不一，集体经济发展水平不同，主要呈现要素资源优化利用、主体有效带动、体制机制创新为代表的多元化实现形式，逐步壮大新型农村集体经济，持续带动农民农村共同富裕。

### 3.2.2.1　要素资源优化利用

新型农村集体组织可以通过激活土地、房屋、资金、劳动、文化等要素，盘活资产资源，实现村集体经济的多样化发展和保值增值。

第一，土地规模化经营。农村集体经济组织对土地资源的优化利用，一方面是作为农民承包地流转的中介，提供有偿流转服务，收取服务费；另一方面，将承包地集中整理，实行代耕代种、统一经营，以获取集体经营收益。例如，四川省南充市梨木村将土地集中流转给东方希望公司发展生猪养殖，收取土地流转管理服务费7万元和消纳费5万元，解决了20余人的就业问题。

第二，发展物业经济。农村集体经济组织通过出租、改造、购置、新建等方式，利用房屋、建筑物、专业市场等非农建设用地或村自留用地，兴建标准厂房、专业市场、仓储设施、职工生活服务设施等，发展物业服务业和商贸流通业。例如，四川省米易县田坝村修建厂房和移动网络站点，村集体每年可获得5.2万元基础租金；江苏省无锡市锡山区新厚桥村建立无锡舒馨物业服务有限公司，提供保洁服务、物业管理、生活垃圾清运、机械化垃圾收集等多方面服务，除去村民工资收入外，每年还可增加集体收入50多万元。

第三，资金入股借力发展。农村集体经济组织将自身积累资金、社会扶持资金以及财政帮扶资金等符合项目规定的资金折股，量化到村集体，投资入股到具有一定经济实力、持续经营能力较强、市场发展潜力可预期的农业产业项目或新型农业经营主体中，按股分红，借力发展。例如，四川绵阳市盐亭县巨龙镇天水村积极组织整合周边村各类扶持发展资金300万元，入股辖区内"四川省返乡下乡创业明星企业"——四川天水缘生态农业开发有限公司，占股51%，充分借助对方实力获得自身发展，村集体年底可实现保底分红20万元。

第四，提供劳动服务。农村集体经济组织立足基础设施建设和现代服务业发展，组织当地农民有偿承接本地和周边区域劳务服务、家政服务、建筑施工服务、电子商务服务等农村各类生产生活服务，推动集体创收和农民就业。例如，四川省达州市达川区大堰镇村党委（党总支）牵头成立了4个村级劳务公司，截至2023年6月底，4个村级劳务公司累计实现劳务收入130余万元，吸引23名乡土人才回乡发展，派遣务工280余人次。

第五，创新传统文化。以历史文化传承、中心村建设为载体，依托乡土文化、民俗风情和人居环境等优势，充分利用美丽乡村建设成果，大力发展文化经济，拓展集体经济发展空间，打造田园综合体、农家乐、民宿经济、研学基地等。例如，四川省攀枝花市仁和区仁和镇红旗村，依靠冉家大院和三线建设时期夺菜保粮"不输一口气，努力争取红旗"精神，打造"村集体+红色文化"模式，2023 年村集体经济收入达到 36 万元，实现了文化传承与集体创收共赢。

### 3.2.2.2 主体有效带动

第一，能人带动。民营企业家、致富带头人、"土专家"、"田秀才"、返乡创业精英等各类能人作为乡村振兴中必不可缺的人才，通过在村集体发展中引入现代企业经营管理方式，明确村集体经营模式、权责关系、收益分配，并以其出众的经营能力、突出的企业家才能以及雄厚的资本实力发挥示范带动效应，壮大农村集体经济。例如，河北省廊坊市固安县林城村通过林城企业家带头，着力生态宜居，打造京雄温泉谷，实现传统产业的转型升级，并先后被评为"全国生态文化村"和"全国文明村"，村人均收入超 3 万元。

第二，组织带动。村党组织和村集体经济组织等基层组织有着组织优势和凝聚合力的"领头雁"作用，一方面可以牵头创办合作社和企业等经营实体，开展集体经营；另一方面可以依托农业示范园、产业基地、农业协会、农民专业合作社、产业联盟等农村各类经营主体和"两新组织"，建立产业联盟党支部等新型党支部，大力发展创业致富带头人入党[①]，最大限度地挖掘和调动农民参与集体经济的主动性、积极性和创造性。例如，海南省海口市秀英区采取"党建+"模式，因地制宜开发挖掘自身优势，拓展壮大村集体经济，走出了一条建强村级党组织促发展、发展集体经济助党建的路子。

### 3.2.2.3 体制机制创新

第一，产业驱动。立足特色产业和特色农产品，考虑产业发展和规模经营需要，以农户庭院经济破题，逐步扩大经营规模，提高产品档次，形成区域性主导产业和拳头产品。对于靠厂、近城、农业产业集中的村，通过发展农产品精深加工，搭建电商平台，兴办交易市场，延长产业链条，在促进产业发展中增加村级集体经济收入。例如，河北省承德市隆化县七家镇西道村以西道村草莓产业为依托，打造以"草莓采摘、温泉沐浴、民宿体验"为主题的全新农旅融合品牌——草莓公社，彻底改变过去种大

---

① 张义博. 农村集体经济发展中能人作用机制研究：基于甘川三个村的田野调查 [J]. 贵州社会科学, 2021 (9)：155-161.

田、靠天收的传统农业结构，提高了产业层级，仅草莓种植安置辐射带动159人就业，人均收入达 2.5 万元，同时还带动种植大户，以房屋入股，每年每户最低收入 1.5 万元。

第二，数字生产力引领。在信息技术快速发展的今天，以科技创新为要义、以高质量发展为目标，融合人工智能、大数据等新技术、新要素的新质生产力已经成为至关重要的生产和生活要素。农村可以依靠和借助互联网传播与发展的时代机遇以及农村集体产权制度改革等相关改革政策，有效运用数字信息赋能新型农村集体经济的发展，增加集体经营收益。例如，山东省聊城市阳谷县西湖镇贯彻"互联网+农业"理念，大力发展电商产业，打造县域直播电商基地，并组织各村支部书记进行选品培训，帮助各村筛选产品 50 余种，在电商销售产品中增加了村集体收入，目前全镇已培育电商经营主体 60 余个，淘宝、京东等平台活跃店铺 80 余家，从业者 100 余人。

第三，开发联动。某些农村地区缺乏发展集体经济的区位、资产资源等优势，基于此现状，各地探索出多种形式的开发联动模式。一方面，农村集体经济组织打破自身区域界限，与其他发展好的集体经济组织合作，跨地区在本地或异地联合经营集体资产，由强村带动弱村，拓展集体经济发展空间；另一方面，对于村情相近、资源相连、产业相同的村，通过整合各村资源，依靠龙头企业等新型经营主体，形成"村+村+企业"多方抱团联结发展态势，增加集体收入。例如，四川省甘孜县利用县城东南部相对较好的地理条件，统筹各级投入资金、扶贫资金共 3.65 亿元，采取覆盖全县 128 个原贫困村抱团取暖的模式，依托格萨尔文化旅游品牌，打造集体经济实体——格萨尔王城百村产业基地，其产权和运营收益全部归 128 个村所有。目前入驻企业商铺 206 家，旺季提供就业岗位 678 个，128 个村每年房租收入达到 1 100 万元，村均 8.6 万元。

### 3.2.3 新型农村集体经济活力不断增强

#### 3.2.3.1 数字赋能新型农村集体经济

近年来，数字经济正在成为驱动经济社会发展的重要力量，各地集体抓住时代机遇，加快推进集体经济数字化转型。总体来看，我国乡村数字基础设施建设加快推进，截至 2022 年年底，5G 网络覆盖所有县城城区，实现"村村通宽带""县县通 5G"，累计支持 1 489 个县建成县级电商公共服务中心、物流配送中心近 3 000 个，村级电商服务站点超 15.8 万个，建立起覆盖县乡村的电子商务公共服务和物流配送体系，为农村集体经济打开外出大门。我国通过积极探索集体经济数字化管理系统，将农村集体资源、资产、资金纳入数字化管理系统，实现村集体对其进行信息化、制度化、规范化监管，助推农村集体资产保值增值；同时运用数字技术对新型农村集体经济进行全方位、全角度、全链条的数字化改造，加快推进集体经济组织的生产标准化、经营流通数据化、质量监管精准化、全程管理数字化，构建以数字化、精准化和智能化为基本特征的新型农村集体经济发展新形态，实现了传统农村集体经济的迭代升级。

### 3.2.3.2　加快培育新型农村集体经济人才队伍

人才队伍是新型农村集体经济发展的重要推动因素。2021 年，中共中央办公厅、国务院办公厅发布《关于加快推进乡村人才振兴的意见》，明确提出加强农业生产经营人员、创业创新人员、农村电商人员、村党组织带头人、经营管理人员、农业农村科技人员等农村集体经济相关人才队伍建设。据《"十四五"农业农村人才队伍建设发展规划》的数据显示，家庭农场主、农民合作社带头人达到 549 万人，农业科技研发人员和技术推广人员分别达到 7 万人和 51 万人，返乡入乡创业人员达到 1 010 万人，县级以上农业产业化龙头企业负责人达到 9 万人，成为引领乡村产业发展的重要力量，带动科技、项目、资金等资源要素下沉乡村，推动农村电商、休闲农业等农村新业态蓬勃兴起，为乡村产业发展注入了新要素、新动能、新活力。

### 3.2.3.3　农业全产业链拓展延伸

近年来，各地拓展农业多种功能，以农产品精深加工为重点、产业融合为主线拓展农业全产业链，引导和促进龙头企业、农民合作社、家庭农场和广大农民等新型产业链主体加强与科技、金融、互联网的有力衔接，推动乡村产业全链条升级，加速乡村种养业前后端延伸和上下游拓展，通过村集体进行就业带动、订单生产、股份合作等模式，发挥出产业融合发展的乘数效应，有效拓展农业增值增效空间[①]，让农民更多享受到产业融合发展的增值收益，共享"农业+"红利。据央视网报道，2023 年农业农村部支持各地建设多个优势特色产业集群，培育全产业链产值超 100 亿元

---

① 姬旭辉.推动乡村产业高质量发展［N］.光明日报，2024-02-01（5）.

的集群 156 个，实现从业农民人均收入提高 4 000 多元；培育乡村特色产业专业村镇 4 068 个，实现总产值 9 000 多亿元；全产业链发展、现代要素集聚的产业园已创建 300 个，带动各地创建了 8 000 多个省市县产业园，初步形成以园区引领驱动农业现代化的格局。

## 3.3　新型农村集体经济高质量发展困境

2024 年全国两会多次提及新质生产力，发展和融合新质生产力成为我国新型农村集体经济高质量发展的重要着力点。与传统农村集体经济不同的是，在新质生产力赋能的新型农村集体经济中，除了劳动联合外，还包括土地、人才、资金、信息、技术等要素的联合。近年来，全国各地都在积极推进和发展新型农村集体经济，取得了不少成效，但仍然存在着可供支配的人才、土地和资金资源要素不足，农村集体经营发展较为封闭，发展不均衡性突出以及村集体治理结构尚待优化等一系列问题。

### 3.3.1　新型农村集体经济高质量发展面临的主要困境

#### 3.3.1.1　可供支配的资源不足

第一，从劳动力角度看符合新质生产力要求的人才较少。新质生产力区别于传统生产力，是以科技创新为动力、以产业创新为先导，通过技术的革命性突破、生产要素的创新配置和产业深度转型升级而形成的现代先进生产力，新质生产力在数字经济时代表现为人才主导、科技赋能[①]。在此背景下，新型农村集体经济发展面临新质人才缺口的问题。一方面，新型农村集体经济发展的后备人才数量不足。我国长期存在的城乡二元结构，使得城市优越的生活和就业机会产生了虹吸效应，吸引着农村人口外流，导致新型农村集体经济人才队伍后备力量不足[②]。据国家统计局发布的 2022 年进城务工人员监测调查报告数据显示，2022 年全国进城务工人员总量 29 562 万人，比上年增加 311 万人，增长 1.1%，其中，本地进城务工人员 12 372 万人，比上年增加 293 万人，增长 2.4%；外出进城务工

---

① 徐军海. 人才驱动新质生产力的路径选择 [J]. 中国人才，2024 (2)：20-22.
② 高鸣，李祯然，雷泽. 人才支撑新型农村集体经济：模式探索、现实困境与优化路径 [J]. 农业现代化研究，2022，43 (4)：568-577.

人员 17 190 万人，比上年增加 18 万人，增长 0.1%。2022 年年末在城镇居住的进城务工人员 13 256 万人，同时在外出进城务工人员中，大专及以上文化程度的占 18.7%，比 2021 年提高 1.6 个百分点。另一方面，新型农村集体经济发展的多元化人才不足。与传统农村集体经济相比，新型农村集体经济对人才、技术等要求更高。而目前，我国农村集体经济人才队伍质量不高，整体素质偏低，远远不能满足新型农村集体经济的转型升级。调研发现，一些地区存在乡村干部队伍断层现象。村干部是农村发展的"领头雁"，新型农村集体经济能否高质量发展与其密切相关，而村集体领导班子老龄化，思想易僵化，抓不住时代发展机遇，无法最大限度地带给村集体经济创新活力。新型农村集体经济发展存在多元化人才短板。《2023 年全国高素质农民发展报告》显示，2023 年高素质农民发展指数为 0.522 8，高中及以上文化程度的占 60.68%，大专及以上文化程度的仅占 21.95%，整体素质偏低；大部分高素质农民从事传统的种养业，其中只有 20.86% 的高素质农民从事休闲业、社会化服务等农村新产业新业态，创新型人才缺乏。

第二，闲置土地、宅基地开发利用的限制较多。土地、宅基地作为农村发展的重要资源资产，对其进行合理开发利用是推进新型农村集体经济进一步发展的方式之一。《中国乡村振兴综合调查报告 2021》指出，当前我国农户户均承包土地约 10.58 亩，户均经营耕地约 21.41 亩；宅基地确权颁证比例 76.83%；约 7% 的宅基地处于闲置状态，近三成农户存在"一户多宅"现象，农村土地和宅基地流转限制较大。我国一些农村地区在土地和宅基地大量闲置、农田荒废、生态环境差等现状的基础上，由于自身缺乏各项闲置土地和宅基地利用的硬性条件，既无法走农业、生态、文化、旅游等融合发展道路，也无法走特色产业道路，难以对其进行规模开发利用。另外，土地和宅基地项目开发审批和经营许可难。由于大规模闲置宅基地进行改造不仅涉及宅基地本身，还要整合周边环境和资源，建设相应配套的生活服务配套设施，在改造过程中，可能涉及土地用途和规划调整、宅基地商业化，这就需要村集体重新申请，过程长，手续繁杂，且获得许可机会小。

第三，资金保值增值压力较大。随着农村集体经济 70 多年的发展，农村集体经济实力增强。据农村政策与改革统计年报数据，2023 年全国农村集体账面资产总额达到 9.14 万亿元，全国 55.3 万个村级组织实行财务公开，县乡两级共配备专兼职农经审计人员 6.2 万人，对 34.5 万个单位进行农村集体经济审计，审计资金总额达到 2.2 万亿元。然而，村集体面对大幅增长的集体存量资金，难有作为①。主观上，村集体资金存在"不敢用"的担忧。农村集体资产属全体村民共同所有，资产交易直接关系到广大村民的切身利益。因此，村集体经济组织在面对统一村民思想的阻力、组织生产经营的压力以及过往投资的质疑时，更多考虑的是资金的安全性，在没有十足把握的情况下，不会轻易使用这笔村集体资金。客观上，存在"不会用"村集体资金的困局。当前农村集体经济组织在市场地位中仍处于相对弱势地位，再加上农业自身的弱质性，农村集体经济组织成为主要的风险主体，替代小农户承担更大的自然风险和市场风险。面对农村集体经济发展的新业态、新理念、新模式以及对资金、人才、技术的高要求，村集体组织抓不住集体经济发展方向，容易踌躇不前、心中无底。

### 3.3.1.2 集体经营发展趋于封闭

第一，资源整合不足。长期以来，农村资源大部分掌握在农民手中，资源分散细碎，现有的农村土地管理制度还有较大的局限性，致使农村最主要的经济资源未能充分、有效融入生产体系，难以发挥出集体优势。一方面，部分农村集体经济的基础设施不足，资源整合的基础条件缺失。因为区位条件不足，导致农村集体经济存在制约性，一些村级的道路、水利、电网、宽带接入等相关基础设施不完善。这些公共基础条件的不足，阻碍了农村集体资源的整合速度。另一方面，未充分有效盘活闲置资产资源。部分农村没有把交通、地理、矿产、生态、产业、旅游等资源优势转化为发展动力，较多闲置资产和可开发资源无法产生经济价值，不能为村集体所用，难以形成高价值的新业态，造成了资源资产的闲置浪费。

第二，优势主导产业难以形成。农村集体经济发展，是产业化的形态。打造农村优势主导产业，是发展村集体经济的必由之路。目前，绝大多数乡村产业结构单一、基础薄弱且农业产业仍占据主导地位，乡村特色产业规模小，"一村一业"形成难。村集体经济发展多以传统的种植业、养殖业和资源租赁为主，没有结合自身实际，制定产业规划，只是照搬别人的模式发展。大多数产业规模比较小，产业链比较短，抵抗市场风险能力较弱。同时，产业融合程度不深，农产品加工精细程度不够，即使加工

---

① 褚国英. 村集体存量资金保值增值的"金融路径"［N］. 吕梁日报，2023-05-04（6）.

都处于初级阶段，产品档次较低，产业链较短，附加值较低，知名品牌不多，致使产品的价值低，集体和农民难以实现大幅增收。

第三，合作经营主体的利益调节机制不完善。随着市场化深入发展，"村集体+农户+企业/公司"模式逐渐出现契约不稳定和违约率高等现象，缺乏专业法务人员和资本支持的村集体与农户在利益分配中常常处于被动的不利位置。在这种模式发展中，契约双方势力悬殊。公司相对于农户而言，资金实力、人才聚集、市场垄断力、产品定价等方面都处于绝对的优势地位；而农户家庭经营规模偏小、居住分散、资金技术力量薄弱，必然处于劣势地位。利益双方主体地位不对称、信息不对称，造成谈判地位和决策权力不对称，最终导致利益分配的不平等。部分龙头企业与村集体、农户没有充分协商，往往是龙头企业的意见起主要作用，农民和村集体只能被动接受。目前，当地政府在指导龙头企业和农户构建利益共享体系的过程中，常常忽略了构建利益保护机制，尤其是对违约方没有形成有效的约束，处罚手段和力度尚不能形成制约作用①。

### 3.3.1.3 发展的非均衡性突出

第一，"空壳村"数量仍然较多，农村集体经济组织间发展不平衡。集体经济"空壳村"多指一些农村集体经济薄弱、财政亏空的村，主要表现为集体资产少、集体经济实体少、无集体创收渠道甚至拖欠外债。相关数据显示，截至 2020 年年底，全国共有村集体经济组织 53.2 万个，其中有经营收益的村集体组织 41.9 万个，所占比例达到 79%，相较于 2016 年的 49% 有了明显提升；但年收益超过 50 万元的村集体占比不到 9%，仍有超过 45% 的村集体组织经营收益为零或小于 5 万元②。这一现象表明，虽然农村集体经济组织的建设取得了一定的进展，"空壳村"转变为"艺术村""旅游村""网红村"，但仍然有大量的农村存在集体经济起步困难、经济活力不足等问题。

第二，区域间农业新质生产力发展不均衡。我国不同区域发展的基础和条件参差不齐，在农业新质生产力驱动下的新型农村集体经济同样也面临发展的不均衡性。新质生产力集中分布在具有较强创新能力和较高经济发展水平的发达区域，东部地区凭借发达的经济基础、完善的基础设施、

① 钟真，涂圣伟，张照新. 紧密型农业产业化利益联结机制的构建 [J]. 改革，2021 (4)：107-120.

② 魏建. 以新型集体经济促进农村共同富裕 [N]. 光明日报，2022-09-20 (11).

优越的区位条件、丰富的创新资源等优势，新质生产力发展水平高于中西部地区①。以农业机械动力为例，在 2020 年我国主要农作物耕种收综合机械化率已超过 70%，三大主粮生产已基本实现机械化，但农业的不同产业间、不同区域间机械化发展水平还很不平衡，主要表现在丘陵山区和平原地区差距巨大，丘陵山区农作物耕种综合机械化率只有 48%，比全国平均水平低 22 个百分点；设施农业机械化水平只有 30%，不到种植业机械化水平的一半②。不均衡的区域农业新质生产力水平必然导致不同地区农村集体经济形成规模、速度和质态发展上的不均衡，相比之下，欠发达地区（尤其是偏远农村地区）的科技水平、人才存量、创新能力、数字技术和战略性新兴产业发展水平较低，这必然给新型农村集体经济发展带来新的难题。

第三，中西部地区农村集体经济资源底子薄。在全国范围内，中西部地区集体经济高质量发展条件尚不充分。一方面，村集体发展配套基础设施不健全。位于偏远山区的村庄缺乏关键的水利、交通等基础条件，农业基础设施薄弱，村集体收入来源单一。同时，大部分的村集体在很大程度上依靠政策资金，如征地、拆迁、项目资金等，对于村集体收入没有动力和渠道，造成了村集体经济组织缺乏可持续发展的动力。另一方面，村集体资源资产专业化管理较弱。由于缺少专业人才，部分村级集体经济组织经营管理相对混乱，导致村级集体经济发展滞后。此外，目前我国农村集体经济的产权还存在着权利不完全、主体虚假等缺陷，加之政府对其监管不力，极易造成集体资产的大量流失。

农村集体资源资产是保障农民财产权益和壮大集体经济的重要来源。农业农村部统计，到 2020 年全国已经建立乡、村、组三级集体经济组织近 90 万个，除土地等资源性资产外，集体资产达 7.7 万亿元，其中经营性资产 3.5 万亿元。然而，农村集体资产在地域与村域之间分布极不均衡。从地域分布看，农村集体资产大体呈现出东部高、中西均衡的格局，东部、中部、西部地区资产总额分别为 5.0 万亿元、1.4 万亿元、1.3 万亿元，占资产总额比例分别为 65.5%、17.6%、16.9%；东部、中部、西部地区村

① 卢江，郭子昂，王煜萍. 新质生产力发展水平、区域差异与提升路径 [J]. 重庆大学学报（社会科学版），2024（4）：1-16.

② 乔金亮. 不同产业、不同区域间发展不平衡：农业机械化瞄准三大领域补短板 [N]. 经济日报，2020-10-12（5）.

级集体资产总额分别为 3.90 万亿元、1.24 万亿元、0.84 万亿元，占村级集体资产总额 65.2%、20.7%、14.1%。东部地区的集体资产总额、村级集体资产总额是中部地区的 3.57 倍和 3.15 倍，是西部地区的 3.85 倍和 4.64 倍。农村地区资源禀赋天然不均，导致农村地区致富能力差异较大、农村集体经济发展不平衡、不充分①。

### 3.3.1.4 治理结构尚待优化

第一，村民参与集体治理程度有限。随着大量农村青壮年劳动力外流，部分传统农区农村空心化、老龄化问题尤为严重，村集体治理中坚力量缺失，农村剩余劳动力对新型农村集体经济建设难以提出有效见解。农民在集体经济组织中应享有的治理权利不明晰，导致农民和农村集体经济组织内部之间的法律关系无法理顺，农村集体经济组织治理出现公开透明度不高、形式化严重等问题。具体来说，在新型农村集体经济组织法人意志的形成与行使中，存在基层自治权与乡镇政府的权力相互渗透现象。村民委员会对农村集体经济组织的经营自主权进行控制，或是村民委员会成员直接向农村集体经济组织机构的工作人员转变，或是村党委书记兼任农村集体经济组织的理事长，利用农村集体经济组织的决策权，来传达自治组织和乡镇政府的权力意愿，导致集体村民由于先天弱势性与信息不对称性，难以有效参与管理②。

第二，治理主体趋于模糊。目前，大部分农村集体经济组织借鉴现代企业法人治理结构，构建其治理框架。但就现实情况来看，新型农村集体经济组织与其他村级组织权能关系仍然模糊，管理和运行方式并未发生实质性变化③。部分地区仍存在村"两委"与集体经济组织"一套人马统一管""一肩挑"的现象，未能实现"政经分离"，村党支部书记、集体经济组织主理人任职混乱，权责不明，导致以成员代表大会、理事会和监事会为基础的治理机制流于形式，难以对集体资产发挥监管作用。同时，"政经合一"的组织结构容易导致村干部集权与越位，滋生利用权力寻租、腐败现象。

---

① 陆雷，赵黎. 共同富裕视阈下农村集体经济的分配问题 [J]. 当代经济管理，2022，44（10）：1-8.

② 王洪广. 农村集体经济组织的实践考察与立法回应 [J]. 前沿，2023（3）：79-86.

③ 赵黎. 新型农村集体经济高质量发展：内涵特征、现实困境与应对策略 [J]. 农村金融研究，2024（2）：14-27.

### 3.3.2 新型农村集体经济高质量发展困境的成因分析

#### 3.3.2.1 主体错位：各组织结构职能不清晰

第一，村委组织引领作用不强。目前，多数农村集体经济组织管理人员老龄化严重，文化程度较低，村级党组织部分成员甚至出现"小富即满、小富即安"的思想。在实际推进新型农村集体经济发展的过程中，部分村干部思想不统一，对村集体经济发展的认识不足，存在"等、靠、要""守摊子"的错误思想，主动谋划的观念淡薄，缺乏敢闯敢干的担当精神和创新创业激情，影响村集体经济发展的进程和实效。同时，部分村干部缺乏改革创新精神，未发挥领导核心作用，主要表现在观念陈旧，带头表率作用不强，没有树立经营农村的理念，缺乏创新思维，不能因地制宜培育集体经济增长源，难以认清当前农村集体经济发展方向，并且过多依赖上级相关政策性补助或把有限的集体资源通过一次性发包，一次性收取承包费。短期来看，集体收入会大幅增加；长期来看，会造成只顾眼前利益，严重制约集体经济的可持续发展。

第二，合作组织示范作用未充分发挥。由农民自愿以土地入股等方式参与的新型农民合作组织，是新型农村集体经济发展的重要途径。充分发挥新型农民合作组织的示范带动作用，可以促进农民和村集体大幅增收。当前，现有农民合作组织虽取得一定成效，但规模仍较小、带动能力弱，多数合作组织仅在村组及本乡镇范围内组建，服务功能较弱，组织化程度较低，带动能力有限，且较多地集中在生产、销售环节，缺乏从事电子商务、休闲农业和乡村旅游等新产业、新业态的农民合作组织。以农民专业合作社为例，截至 2023 年 10 月底，全国登记在册的合作社数量为 221.6 万家，而组建农民专业合作社联合社（以下简称"联合社"）仅 1.5 万家；2022 年在全国 500 强合作社中加入联合社的数量为 268 家，刚过半数[①]。在全国范围内尚未完全实现合作组织规模化经营，单个合作社"小、散、弱"问题仍然存在，不能充分发挥示范带动新型农民集体经济发展的作用。

第三，农民参与积极性不强。总体上看，我国农村集体经济发展尚未达到发达水平，集体经济虽存在一定成效，但缺乏示范带动其进一步发展

---

① 高杨，关仕新，魏广成，等. 2023 中国新型农业经营主体发展分析报告（一）：基于中国农民合作社 500 强的调查 [N]. 农民日报，2023-12-27 (6).

的能力，导致农民参与感、获得感和积极性不高。一方面，体现为农民生存理性制约。多数小农户仍然是将"安全"作为首要考虑因素，对土地有较强的依赖性，属于风险厌恶者，对于新型农村集体经济这一新生事物具有畏惧和胆怯心理，使得在新型农村集体经济发展过程中激发小农户参与积极性受限。另一方面，体现为农民需求与村集体收入分配间存在矛盾。目前，大多数村集体收入优先用于村务管理和基本福利保障等基础性建设，以满足集体经济的再生产和发展，而在扣除集体再生产和公共支出之后，剩余部分收益少，村民能获得的分红几乎没有，不能有效满足小农户获得实质性增收的需求。新型农村集体经济表象上的数量增长与农民需求的现实形成矛盾，使得农民无法充分参与到农村集体经济发展中来。

### 3.3.2.2 市场缺位：资源转化资本的效益低

第一，数字金融助农服务不深。伴随新质生产力驱动，在发展新型农村集体经济过程中，数字金融支持占据着举足轻重的地位。截止到2023年年底，主要农村金融机构（农村信用社、农村合作银行、农村商业银行）人民币贷款余额为29.36万亿元，比2023年年初增加2.64万亿元[①]。我国关于支农惠农的金融支持方面取得显著成效，但有关新型农村集体经济的数字金融服务内容有限，不能充分满足其多元化发展。从村集体的金融承载能力来看，部分村集体由于区域间、城乡间存在信息壁垒，在获取数字金融服务时，传统土地、房屋等难以成为有效的贷款融资抵押物。同时，村集体贷款还面临法人个人与集体偿还责任不清的问题，制约着村集体金融贷款融资的承载能力。从数字金融服务来看，一些偏远山区和刚脱贫地区数字金融的相关技术设施薄弱，降低了金融服务的可获得性，给村集体贷款融资带来一定困难。对于发展较好的村集体来说，数字金融服务尚不能满足其更多差异化、精细化以及人性化的要求，较难疏通农产品交易、农村电商等场景金融服务断点堵点，数字金融服务深度和宽度均有待扩展和创新。

第二，村集体经济较难适应市场竞争。新型农村集体经济本质上是整合多种资源资产、具有多种实现方式的现代合作经济，但大部分农村集体经济还未实现创新升级，难以从事高风险的市场活动，联合多方主体、参与市场能力较弱。一方面，农村集体经济组织存在信息不对称和适应市场

---

① 数据来源：《中华人民共和国2023年国民经济和社会发展统计公报》。

能力不对称。信息不对称主要表现在欠发达地区的农村集体经济由于其不利的地理位置和不良的信息交通设施，使得其获取外界经济变化的有效性难以得到保障，极易形成信息扭曲，较难与大市场接轨；适应市场的能力不对称主要表现在与其他一般市场经营主体相较而言，农村集体经济组织整体规模小、抗风险能力弱，难以形成规模效应，"政经合一"集体组织结构在对市场规则的把握与运用、专业化运作、投资决策以及适应市场变化上，都难以与激烈的市场竞争相适应。另一方面，农村集体经济组织缺乏现代化市场经营管理理念。目前，在农村集体经济发展中，大多由村委干部担任村集组织法人，产业形式和经营方式较为单一，缺乏懂经营、会管理的新型人才。同时，现阶段的农村集体经济发展还不足以培育本地现代化人才，且人才回流缺乏吸引力，现代化管理人才队伍建设面临着资金、政策、技术等制约，导致村集体进入市场的成本较高、交易能力较弱。

### 3.3.2.3　集体失位：经济的社会性逐渐弱化

第一，非农集体经济产业中去劳动化现象严重。20 世纪中期以来，我国农村劳动力就以生产队为基本单位从事集体农业生产，但随着农村集体经济的转型发展，从事非农集体经济的比例逐渐增加。尤其是租赁型集体经济盛行起来，在"理性经济人"的驱使下，村集体土地和相关资源资产往经济利益最大化方向流动，即向非农产业转移，农村集体经济逐渐转变为非农集体经济。而在非农集体经济逐渐成为主流的同时，农村劳动力被挤出，集体成员的知情权、监督权部分丧失，使得多数集体成员退出农村集体劳动领域，外出从事非农产业，农村集体经济"社会性"呈现出弱化甚至流失的趋势。有学者研究指明，在发育成熟的租赁集体经济中，成员可参与内部就业者大致在 3%左右，基本不超过 10%[1]，非农集体经济去劳动化现象严重，集体话语权逐渐减弱。

第二，新型农村集体经济产业发展形式趋同。新型农村集体经济应是符合本村发展现状的、科技赋能的、产业融合的创新发展，而大部分农村集体经济尚未形成产业特色，发展形式单一，品牌影响力弱，农产品附加值低，模仿、趋同化严重，产业可持续性发展不足。一方面表现在基础产业产业链扩展延伸有限。目前，大部分农村集体经济仍然是以第一产业为

---

① 蓝宇蕴. 非农集体经济及其"社会性"建构 [J]. 中国社会科学，2017（8）：132-147.

主体，但由于受其环境、地理位置、资源禀赋等因素影响大，基础性产业在农村集体经济发展初期没有能力发展壮大起来，只能聚焦于产业链的某一环节，全产业链条较难成型，经济效益提升缓慢。另一方面表现在产业创新发展不足。新型农村集体经济发展形式百花齐放，但发展模式众多而重叠，主要集中在网红经济、租赁经济等。部分村集体盲目追随市场上依托集体经济组织的产业形式和政府扶持项目，不能依据本村资源禀赋和特色，因地制宜地发展特色产业，村集体资源形成闲置和浪费。

截至 2022 年 5 月底，全国登记在册的农民合作社数量为 222.7 万个。农民日报社连续 5 年评价中国 500 强合作社，统计分析其发展情况。相关数据显示，尽管 500 强合作社获得专利、植物新品种数量逐年增加，但 2022 年获得专利、植物新品种的合作社数量只有 117 家，在 500 强合作社中仅占 23.4%，主要集中在种植类合作社，养殖类合作社和服务类合作社研发和创新投入较为欠缺。同时，500 强合作社里获得专利、植物新品种的数量合计只有 486 件；500 强合作社中获得绿色有机等质量认证证书的也只有 238 家合作社，其中，仅有 53.59% 的种植类合作社获得了绿色有机等认证。全国 500 强合作社的产业产品创新成果都较低，其他合作社创新发展能力可见一斑。

# 4 发展模式与效果评价

2023 年，中央一号文件明确提出探索资源发包、物业出租、居间服务、资产参股四种模式发展新型农村集体经济。在此基础上，我国各地区围绕上述四种模式展开积极探索，因地制宜创新适合本地区的新型农村集体经济发展模式，取得了显著成效，新型农村集体经济成为促进农民增收致富、推动乡村全面振兴的重要抓手。

## 4.1 资源发包模式

### 4.1.1 概念

资源发包是指将农村集体所有的资源，如土地、荒山、荒沟、荒丘、荒滩，通过一定的程序和方式，交给农村集体经济组织或村民委员会进行管理和经营。这种发包方式可以是家庭承包，也可以是招标、拍卖、公开协商等方式。发包的目的是充分利用和开发农村资源，增加农民的收入，推动农业和农村经济发展。

### 4.1.2 主要优势

#### 4.1.2.1 整合优势资源，形成规模效益

村集体整合村内优势资源，在形成规模优势的基础上，通过合规合理的流程方式将资源发包出去，从而获得规模优势带来的更高效益。尤其是通过公开招标、公开竞价等方式的资源发包，不仅能够保护农民的权益，还能进一步增加集体经济收入。此外，将土地等资源发包出租之后，落地的企业和产业会给当地带来可持续发展的经济动力，带动村集体经济不断

发展壮大。例如，2013 年，河南省安阳市滑县老爷庙乡左庄村整合村内 170 余亩集体土地，并根据区位特点、资源优势等实际情况将其划分为 7 个地块，采取公开竞标的方式发包上述地块。最终，左庄村的 170 余亩集体土地全部成功发包，为村集体带来 160 余万元收入。贵州省铜仁市印江土家族苗族自治县合水镇土洞村借助上级扶持资金修建了养猪圈舍，2019 年，土洞村将新修建的圈舍发包给温氏集团，以此赚取租金的同时，又以"党支部+专业合作社+大户+脱贫户"的发展模式，引回外出能人，参与发展生猪代养项目，在发包基础上再次拓宽了农户以及集体的经济收入。

#### 4.1.2.2 有效盘活闲置资源，提高利用效率

随着城镇化、信息化的发展，农村劳动力不断流入城市，导致农村地区房屋、土地等资源闲置甚至荒废。一方面，村集体统一整治改造闲置宅基地，并统一流转、发包给第三方经营机构开展民宿、农家乐等业务运营，促进农户与村集体经济增收。另一方面，针对村集体所有的荒山、荒地等荒废资源以及农户因外出务工而闲置荒废的土地，村集体通过发包方式对外出租给企业等其他经营主体赚取租金，既避免了闲置资源的浪费，充分发挥资源自身的价值，又进一步提高了集体经济组织与农户的收益，实现双赢局面。以四川省攀枝花市盐边县昔格达村为例，该村房屋闲置率超过 3/4，村集体在引进第三方公司发展康养民宿过程中，组织村民将闲置房屋出租给第三方公司获取租金。村委会集体流转农户土地 83 亩，然后统一流转给第三方公司推进文化田园项目。此外，昔格达村有一大片闲置荒山，村集体积极开发荒山价值，将其发包给光伏公司赚取租金。凭借宅基地、耕地、荒山等资源的发包，昔格达村农户每年可获得三万余元租金收入，村集体每年可获得 25 万元租金收入。新型农村集体经济在合理开发利用闲置与荒废资源的基础上对资源进行发包，不仅避免资源浪费、最大限度发挥资源的价值，同时探索出一条提高农民收入、发展壮大集体经济的致富道路。

#### 4.1.2.3 解放劳动力，促进农民增收

村集体资源发包意味着将部分劳动力从土地中脱离出来，进入其他生产部门，即解放农村劳动力。从土地中脱离出来的剩余劳动力选择进入城镇其他生产部门务工，或者在政府引导下就地就业。因此，资源发包能使农民以及集体的收入增加，并在此基础上解放劳动力，推动农民向二三产业转移，获取更多务工收入。例如，广东省阳江市阳东区大八镇周亨村

2023 年集体发包土地面积达到 5 000 亩，土地发包后村内部分劳动力，如妇女、年长劳动力等从土地中解放出来。这些剩余劳动力被周亨村种植养殖基地所吸纳。资源发包不仅意味着农户与集体经济组织实现租金收入的增加，土地资源发包解放出来的劳动力就地就业还拓宽了本村村民增加收入的路径。

#### 4.1.2.4 厘清集体资产，保护集体资产

首先，通过开展空闲宅基地整治，进一步落实"一户一宅"政策，收回农户因"一户多宅"占用的集体土地，并将这些全部纳入村集体资产，进行资源管理，有利于保护集体资产，规范农村宅基地分配和管理，保障群众合法权益。村集体收回被占用的土地后，通过统一流转、发包等方式充分盘活集体土地资源，实现集体经济创收。其次，厘清村集体所有的荒山、荒地等闲置资源，通过资源发包将闲置资源流转出去，既有效合理地盘活了资源，又避免了资源浪费。例如，山东省临清市魏湾镇后张官营村自 2019 年以来按照"依法合规、群众自愿"的原则，累计清理盘活低效闲置土地 72.4 亩，收回农户多占的宅基地 77 处，在充分盘活集体土地资源、发包土地资产的基础上引入第三方公司，累计为集体经济创收 15 余万元[①]。

### 4.1.3 局限性

#### 4.1.3.1 发包主体与流程不合规

首先，对于资源发包尤其是土地发包来说，集体经济组织成员有权依法自主决定土地承包经营权是否流转和流转方式。但在实践中，部分基层组织在未经本集体经济组织成员授权的情况下就与他人订立土地流转协议，"强制流转"或"被流转"的行为剥夺了本集体经济组织成员的参与权、协商权、监督权。另外，早期签订土地等资源发包时约定期限过长，租金标准固定的情况也经常存在[②]。其次，集体经济组织成员间土地流转信息渠道不畅，采用口头协议居多，未签订书面流转合同，亦未到村集体经济组织备案，导致集体经济组织成员之间及与村民小组之间纠纷增多。

---

① 杨威，张爱诚，王刚，等. 为乡村闲置资源按下"重启键"：临清市魏湾镇后张官营村农村空闲宅基地盘活利用 [J]. 农业知识，2024（1）：5-6.

② 刘飞. 村组资产资源发包法律适用问题探析 [J]. 法制与社会，2020（28）：40-41.

发包主体与发包流程的不规范容易造成集体经济组织带头人以权谋私、优亲厚友、低价发包、超过承办期限、低价拍卖资源、承包费长期不兑现、承包费不足额入账等腐败问题，侵害了集体经济组织与成员的合法权益。例如，2023年，湖北省咸宁市鱼岳镇陆码头村时任党支部书记违反议事规则，在未召开村民代表大会的情况下，私自将村集体建设用地发包给他人，严重损害了村集体的经济利益。

### 4.1.3.2 基层资源利用认知受限形成集体利益受损

在新型农村集体经济发展过程中，选择资源发包路径的村庄都离不开以下几个先天条件：交通好、基建好、风景好。但满足这些条件的村庄，只靠发包则不划算。资源发包收益虽然稳定，但集体经济无法从中获得资产资源的增值部分。因此，如果集体经济为规避风险与麻烦，不花费心思探寻自身资源的可开发价值，仅仅选择将所有的资产资源发包出去获得固定收益，就会导致集体利益受到一定损失。而且从长远看，固定资产实际还存在折旧、磨损、审美改变等导致的损失。所谓的资源发包，核心在打造村庄，本质在争取项目，因此，如果基层认知受限，对于资源发包的理解仅仅停留在获取资金的层面，无法挖掘资源发包带来的资产增值与带动经济发展，那么在一定程度上可以说认知受限造成了集体利益的受损。

### 4.1.3.3 发包后续经营不善导致集体资源浪费

土地等资源集约化、规模化是建设现代农业的必由之路，但承包经营者对自身能力估计不足，盲目追求经营规模，缺乏技术管理能力，部分村组集体对承包经营者的经营能力、经营范围、信用资质没有进行严格审查，进而引发一系列经营风险①。在集体经济资源发包过程中，若发包方未能对承包经营者的资质和能力进行严格审查，可能会导致承包经营者因管理不善、技术落后或市场判断失误等原因，无法有效利用集体资源，进而引发资源浪费的问题。这种情况不仅影响了农业生产的效率和可持续性，也损害了集体经济的利益。例如，江苏省常州市金坛区薛埠镇罗村村是一个集体经济薄弱村，该村村集体经济的主要收入就是村集体资产资源发包，但由于承包人后续经营不善拖欠租金，导致罗村村常年在账户上累积大量应收款项，村集体账户上资金不足，村集体经济后续发展乏力，严

---

① 刘飞. 村组资产资源发包法律适用问题探析 [J]. 法制与社会，2020（28）：40-41.

重损害村集体资产收益。2021 年 6 月开始，薛埠镇针对这一现象开展集体资源租金集中清缴专项行动，经调查，罗村村欠租合同达 31 份，合计拖欠租金 184.24 万元，数额相当于其村集体经济年收入的 41.67%，村集体经济利益严重受损。

### 4.1.4 效果评价

资源发包是新型农村集体经济发展壮大过程中常见的发展模式之一。近年来，各地纷纷探索新型农村集体经济资源发包模式，并取得了显著成效。资源发包依托于集体经济所有的资产资源，在产权关系明晰的基础上，根据自身优势和市场需求采用灵活的经营方式将集体资源发包出去，从而获得稳定的资金。同时，有能力、有条件的村集体通过资源发包引进第三方机构。第三方机构带来的项目同时带动周围经济的发展，村集体以合作、入股等方式与公司企业合作，可以进一步促进集体经济的发展壮大。一方面，资源发包模式使农村集体经济组织能够更好地发挥组织优势，整合资源，推动集体经济发展。另一方面，通过发包收入，集体经济组织可以扩大再生产，提高经济实力，为农民提供更多服务。通过资源发包，农村集体资产得以充分利用，避免了资源浪费和闲置。同时，发包项目往往结合当地资源和市场需求，有助于推动农业产业结构调整和升级。

新型农村集体经济资源发包模式在推动农村集体经济发展、提高农民收入、优化资源配置等方面具有显著效果。然而，在实际操作过程中，仍存在一些问题和挑战，如发包过程中的公平性问题、发包项目的风险控制等。因此，笔者建议进一步加强政策引导和支持，完善发包机制，提高发包项目的质量和效益。同时，通过加强对农民的培训和教育，提高农民的经营能力和市场意识，推动新型农村集体经济持续健康发展。

## 4.2 物业出租模式

### 4.2.1 概念

物业出租是指将集体经济拥有的物业或房地产出租给其他人使用，以获得租金收入。

### 4.2.2　主要优势

#### 4.2.2.1　盘活集体固定资产，扩大经济增长点

第一，集体经济组织将村民的空闲宅基地收归集体，以集体的名义统一出租或承包给企业、商户等经营主体，村民获得稳定的租金收益。第二，集体经济组织收归村民闲置的土地统一经营管理，在依法依规、自愿有偿的原则上，修建厂房、仓库等固定资产进行出租。第三，村集体经济组织利用村集体闲置的厂房、校舍等资源以及村集体土地，通过翻新、改造原有固定资产，或者依靠自筹资金、引进企业、自主经营等模式利用村集体土地建设仓储仓库、标准厂房、农贸市场、办公大楼等，以招商引资、转包租赁等方式实现村集体资产的物业租赁增收，持续增加新型农村集体经济收入，不断扩大经济增长点。例如，广西壮族自治区贵港市港北区港城街道旺岭村全面推广、实施物业型集体经济项目，在将村集体所有的商贸大楼、闲置的旧村委办公楼等资产以物业租赁的形式进行公开招租的基础上，拓宽物业经济发展路径，结合车间帮扶模式，通过抱团发展、流转土地、自建仓储仓库、新建产业基地等形式，开办制衣车间、产业车间等，以"物业经济+服务创收"模式激活村集体经济"造血"功能，集体经济收入由 2016 年的 16.5 万元增加到 2022 年的 60.59 万元。旺岭村充分利用集体建设用地、存量资产，陆续建成仓储仓库、农贸市场等，以转包租赁的方式实现物业租赁增收和集体资产的保值增值。同时，旺岭村还采取村村抱团、资金整合的方式，将原有产业园打造成物业型经济的新增长点，进一步做大做强"物业"经济[①]。

#### 4.2.2.2　确保资产所有权，规避市场风险

集体经济物业出租的主要形式就是将现有的土地或房地产资源出租给第三方机构赚取资金，这种方式无论收益如何，固定资产所有权始终属于村集体，最大程度保障了资金安全。资产所有权在村集体说明集体经济的固定资产不会因市场变化受到损害，即使租金在物业出租过程中因合同、市场变化等因素受到影响，集体经济的固定资产依然不会受到影响，保护集体经济资产免受市场风险，保障集体经济的资金安全。例如，广东省珠海市三灶镇鱼月村村集体经济现金资产较少，但土地资源较多，因此，鱼

---

① 周珂. 港北区：盘活物业壮大集体经济 [N]. 贵港日报，2023-07-12 (12).

月村集体经济便利用现有土地资源大力发展物业经济，鱼月村与企业合作建设产业园，全村村民每年共获得运营权益转让费约 673 万元[①]。通过这种方式，土地的所有权仍属于村集体，村集体经济组织与村民不需要出资，只是将土地出租就可以获得租金，集体与个人的资金安全得到保障。

#### 4.2.2.3 物业出租操作简便

对于固定资产的物业出租，村集体经济组织将固定资产租赁给经营主体，只需要协商签订租赁合同（协议），不需要村集体经济组织自行运营管理，操作简便快捷，同时还可以规避自我管理中因制度不健全、管理不当、监督不到位等问题带来的利益受损。例如，内蒙古自治区包头市兴胜镇沙尔庆村整体搬迁安置后，形成了共 2 900 平方米的底层商铺和村委会闲置办公楼，村集体将部分村委会闲置的办公楼改造为旅店，并建设小商铺 51 间对外招租，经过改造建设后的旅店与小商铺统一出租给第三方机构运营，村集体不负责旅店、小商铺的运营，只是根据合法合规的流程与承租方签订租赁合同（协议），不仅容易操作，也极大方便了村集体经济的工作开展。

#### 4.2.2.4 增加就业岗位，促进农户就地就业

新型农村集体经济组织将集体拥有的物业或房地产出租给第三方机构，意味着吸引新的产业入驻本村，这些公司、企业等第三方机构落地的同时带来新的就业岗位，可以推动本村农户就地就业。利用土地和房地产资源招商引资吸引到公司、企业等，这些机构产业的发展不仅带动当地经济的发展，还促进了本村集体经济的发展壮大，同时吸纳农户就地就业，实现村集体经济和农户"双增收"。例如，2023 年，广西壮族自治区贵港市港北区根竹镇新民村、三民村充分盘活村集体经营性建设用地和闲置物业，通过物业出租的方式建设了制衣车间等，有效吸纳了本村闲置劳动力120 多名，在促进本村村民工资性收入增加的同时还促进村集体增收近5 万元[②]。

#### 4.2.2.5 有利于集体经济资产保值增值

一方面，为更好发展新型农村集体经济物业出租的模式，村集体选择对出租的土地或者房地产进行适当改造或翻新，甚至直接建设符合市场需

---

① 金璐.三灶镇鱼月村党委书记邓俊海：发展特色物业经济弘扬鱼月红色文化 [N].珠海特区报，2023-12-27（3）.

② 周珂.港北区：盘活物业壮大集体经济 [N].贵港日报，2023-07-12（12）.

求的厂房、办公楼、仓库等固定资产。村集体通过"资源变资本、资本变股本"等方式，深入挖掘这些资源的潜力，实现了村集体资源和资产保值增值的目的。另一方面，城市下乡资源秉持强强联合的考虑，使用联合、联营、"公司+村集体+农户"等方式与农村集体经济进行各种形式的合作。集体经济与这些下乡资源相结合，获得了生产技术、市场渠道和产品品牌等稀缺资源，提高了村集体资产保值增值的能力，进一步促进了村集体经济的发展壮大。例如，近年来湖北省宜昌市猇亭区集体经济依托工业园区大力发展物业经济，以工业企业发展需要为导向，投资建设标准化工业厂房；依托农业产业，建成特色农业基地，发展三产融合项目，持续促进集体资产保值增值①。

### 4.2.3 劣势

#### 4.2.3.1 管理制度缺少易造成集体资产贬值

首先，在租赁流程方面，集体资产租赁管理不到位以及相关管理制度不健全容易造成集体资产在出租过程中被压价贬值。其次，部分村级物业存在容积率低、管理水平差、配套设施落后等问题，在安全生产、市场监管等方面带来隐患，也为落后产能提供了生存空间，不利于集体经济的发展。湖南省常德市武陵区岩坪社区在避免集体资产贬值方面，专门组织力量，对集体资产情况进行梳理，建立健全集体资产登记管理台账，明确专人管理，确保租赁合同管理规范有序；按照相应的租赁管理办法，明确集体资产租赁须制定招租方案，采取公开招租形式展开租赁工作；对公开招租工作流程、合同履约、保证金设置、合同格式文本等做了进一步规范和细化，确保集体资产招租工作有章可循、公开透明。

#### 4.2.3.2 受地区区位与土地规模限制较大

一方面，稳定的物业收入依赖发达的工业或商业基础，租金价值取决于土地价值，和村庄的区位条件相关，偏远山村难以享受物业经济的红利。另一方面，物业建设及出租以村或社区为主体，土地开发利用较为分散，相邻地区间资源难以整合和共享，影响土地的整体利用和招商引资。以浙江省为例，2012年浙江省确定经济薄弱村213个，这些村主要分布在山区或半山区，当地工业经济基础薄弱，村集体没有稳定性收入来源，由

---

① 李花鸣. 依托工业园区发展集体经济 [J]. 农村财务会计，2022（5）：20-21.

于地理位置的限制，这些村依靠自身能力难以发展物业经济①。

### 4.2.4　效果评价

新型农村集体经济物业出租模式在充分利用闲置的集体物业，实现资产的盘活，提高资产的使用效率的基础上，实现了资产的增值利用，提高了集体资产的运营效率。物业出租为集体经济带来了稳定的租金收入，有助于保障集体经济的持续发展。但是，相较于其他发展模式来说，物业出租模式风险相对较低，收益稳定化，不需要投入大量的人力和物力成本，不需要考虑组织运行的路径，降低了经营压力。物业出租模式对新型农村集体经济发展壮大最重要的助力在于：通过物业出租招商引进外部产业资源，推动乡村产业的多元化发展，吸引外部投资，提升乡村的整体发展水平。

物业出租模式虽然在盘活集体资产、增加农民收入、促进乡村振兴等方面具有明显效果。但是，该模式也存在可能导致过度商业化、收益分配问题和市场风险等劣势。因此，在推广物业出租模式时，应充分考虑当地实际情况，加强政策引导和支持，加强市场监管和风险防范，制定合理的政策措施，完善收益分配机制，以确保该模式能够发挥最大的作用。

## 4.3　居间服务模式

### 4.3.1　概念

居间服务本质上是一种中介服务，具体指农村集体经济组织作为居间人向委托人提供包括生产居间、资源居间、劳务居间、公共服务居间等在内的中介服务，以赚取中介费用。居间服务以农村集体经济组织为中间媒介，高效连接农业农村需求侧与供给侧，充分挖掘集体资源经济效益，实现集体增收与农民致富。

---

① 王天洪. 村级物业经济提质升级难点及对策：以江北区庄桥工业集聚区为例 ［J］. 宁波经济（三江论坛），2023（9）：22-24.

### 4.3.2 主要优势

#### 4.3.2.1 实现途径广泛，可发展项目多

乡村可开发项目众多，尤其是在乡村振兴背景下很多项目进村，为村集体经济开展居间服务提供了更多机会。村集体具有的组织优势能够高效地为产业发展提供必要的居间服务，包括但不限于提供农资代理服务、农业经营服务、农业社会化服务等农业生产居间服务，为市场主体提供劳动力的劳务中介居间服务以及围绕农村日常生活开展包括养老托幼、环卫保洁、快递物流等在内的农村生活居间服务。新型农村集体经济组织探索居间服务过程中，涉及农业农村农民问题的方方面面都具有提供居间服务的机会，实现途径广泛，可发展项目众多。湖北省荆州市毛家港镇塘咀村村集体经济组织向村民提供包括生产居间、资源居间、劳务居间、公共服务居间的服务。首先，村集体在重新整合资产、资源基础上，组织生产居间服务，将村民的零散水田予以整体打包，交付市场主体规模经营，集中生产资料与农业经营服务，打造品种、配方施肥、配方施药、机械耕种、机械收割等"八统一"，不仅初步化解了农村人口老龄化、劳动力不足的难题，还有效降低了农业物化成本和生产作业成本，提高了农产品的质量和品质，实现了农业节本增效，达到了农户、村集体、市场主体三方受益的效果。其次，塘咀村村集体通过组织资源居间服务，将农户零星耕地、闲置农房、闲置菜地等土地资源流转集并，小田变大田，以有偿服务形式对接市场主体，不仅解决了闲置土地抛荒问题，提升了土地利用效率，而且为村集体和农户增加了收入。最后，为了让老年人"老有所养、老有所依、老有所乐"，村集体开展了公共居间服务，组织成立"老年协会"，完善、改造原老年服务中心，共建"幸福食堂"，包含厨房、食堂、老人休息室、老人娱乐室、阅览室等，让老人集中休闲、集中就餐，满足老年人"微心愿"。

#### 4.3.2.2 生产居间推动规模经营

生产居间服务围绕农业发展，延长农产品产业链，在农资采购、技术指导、生产托管、农产品加工、品牌培育、保鲜储藏、运输销售等环节，发挥其居间服务优势，密切联结村民与市场、企业，实现集体增收与农民致富。生产居间以农村集体经济组织有偿服务为中间媒介，高效连接农业农村需求侧与供给侧，充分挖掘集体资源经济效益，形成集约化、规模

化、标准化农业生产，推动农业规模化种植与经营。湖南省安仁县在大力推进"农业强县"的实践中，创新打造农机社会化"升级版"居间服务：县委县政府创新"整合"模式，把全县农机合作社与村集体组织+农户"整合"成利益共同体开展居间服务，由基层组织做纽带，农机合作社提供服务，实行统一布局、统一订单、统一协调、统一监管，使产前、产中、产后每个生产环节，做到无缝对接不脱节。安仁县农机社会化居间服务通过统一耕作，推动全县农业生产规模化发展。截至2023年年底，安仁县水稻耕种收综合机械化率达85.6%，油菜生产机械化率达75.61%，无人机统防统治率达99%，农民每年种植粮食作物达60万亩，亩产增收300元；种植油菜达20万亩，亩产增收100元。同时，村合作社收取农机服务费用，2023年，全县农机专业合作社农机作业年创收入达4 120万元，村集体经济增收近100万元。

4.3.2.3 劳务居间带来多元化向好效果

农村集体经济组织积极发展劳务中介，开展用工组织等服务，畅通招工方和务工者之间的信息沟通渠道，匹配用工需求和应聘意愿，让用工方招工更有效率，让农民群众找工作更便捷，促进农村劳动力特别是老人、妇女得到更多务工机会，增加集体的经济收入和农民务工的收入。而且，随着劳务居间业务的成熟，工人的入职培训、技能培训以及后期管理也逐渐开始依托劳务中介。村集体提供劳务中介服务在信任、信息和组织方面具有较大优势：首先，相较于用工企业和中介服务公司，农民更信任村集体；其次，相较于用工企业和中介服务公司，村集体能获得更多关于务工者的详细信息，而相较于农民，又能获得更多用工信息；最后，通过基层党组织以及各村村委会之间的联系，村集体具有大范围组织农民的优势。新型农村集体经济提供劳务居间服务不仅能够发展壮大自身力量，还能产生多元效果。一是有利于增加农民收入。在村集体的协调下，农村劳动力特别是老人、妇女等能得到更多务工机会。二是有利于缓解招工难题。通过对乡村人员信息的充分掌握，加强信息沟通和组织协调，可以增加外出务工的劳动力数量，缓解劳动力季节和地区分布不平衡问题。三是在推动村集体经济增收的同时，也有利于加强基层党组织建设，推进乡村善治，有利于做好群众工作、凝聚人心。例如，湖北省公安县章庄铺镇铜桥村集体在劳务居间服务助力新型农村集体经济壮大方面做出了成功探索。铜桥村先后成立公安县赶康农村劳务专业合作社、润农杂交水稻制种专业合作社、韵详农机股份专业合作社等，鼓励村民以劳力或机械入股合作社，享受优先工作权，同时为市场主体提供劳务输出、环境整治、垃圾清运、维护管护等有偿居间服务，村集体按照劳务费的 2% 收取居间服务费，每年为集体经济创收 4.8 万元。

### 4.3.3 局限性

#### 4.3.3.1 起步晚，服务不完善

相对于资源发包、物业出租、资产参股这三种集体经济发展的传统路径，居间服务起步较晚，服务相对来说不够完善。因集体经济组织作为居间人，对社会化服务机构和小农户签订的合同没有实际介入权，在合同执行过程中社会化服务机构和农户难免会出现道德风险，继而引发矛盾纠纷。如果村集体经济组织在出现矛盾纠纷时处理不及时、不恰当，加上居间服务不完善，会给后续村集体经济组织开展居间服务带来负面影响，继而影响村集体居间服务收入。

#### 4.3.3.2 基础机制体制不完善

一方面，农村资源丰富，居间服务可以开展的内容很多，如乡村振兴中的项目。原本乡村振兴的一些项目是通过招投标形式将项目和工程交给乙方完成，现在是给乙方一定的限制，要求其拿出收益的一部分反馈给村庄，或者是村庄可以留存一部分。这种规划很大胆，但如何在法律框架下完善居间服务，很考验新型农村集体经济组织的智慧。另一方面，鉴于村集体开展居间服务这一发展模式起步较晚，所以基础的体制机制并不完善，实际操作中存在一些规则漏洞，容易给村集体经济或者村民带来损害。

### 4.3.4 效果评价

新型农村集体经济居间服务模式以市场需求为导向，根据农村社区的实际需求和外部市场变化，灵活调整服务内容和方式。居间服务特别是生产居间服务引入专业化的服务提供者，提高服务的专业性和质量，满足农民多样化、个性化的需求。该模式通过市场机制的引入，实现资源的有效配置，避免资源的浪费和重复建设，有助于增加农村集体经济组织的收入，通过收取服务费或参与利润分成，实现集体资产的增值。

居间服务的发展模式虽然在提升服务效率、促进资源优化配置和增强

集体经济实力等方面具有显著优势。但是该模式也面临着服务质量监管、收益分配和市场风险等挑战。新型农村集体经济组织为了充分发挥该模式的优势，首先，应该加强服务质量监管，建立健全服务质量监管机制，确保提供优质服务；其次，要完善收益分配机制，制定合理的收益分配方案，确保集体经济组织和农民能够公平、合理地分享服务收益；再次，应该提高市场适应能力，根据市场需求的变化灵活调整服务内容和方式；最后，应加大对新型农村集体经济居间服务发包模式的引导与支持力度，提供政策扶持和资金支持，推动该模式的健康发展。

## 4.4 资产参股模式

### 4.4.1 概念

资产参股是指将集体经济所有的资金或其他所有物投入某些企业或项目，以获得其股份或股权，从而分享其收益。

### 4.4.2 主要优势

#### 4.4.2.1 整合资源优势，合作共赢

首先，农村集体经济组织整合利用政府帮扶资金、集体积累资金，以及土地等资源的经营权、房屋使用权等，与其他市场主体开展股份合作，合作发展特色种养业、休闲旅游、民宿康养等乡村产业，推动集体资产盘活利用，实现集体有效增收。其次，地域相邻或产业相近的村庄联合发展，统筹利用农村土地等资源，集中投入财政扶持资金和村集体资金等要素，开展村与村之间的股份合作，统一规划、实施产业项目，经营收益按照股份比例分红，实现强村带弱村，村村联合发展，放大集体经济发展效应。农村集体经济组织发挥资源、生态和文化等优势条件，与企业开展合作经营，充分利用企业的资金、技术和经营管理等有利条件，发展规模种养、农产品加工、农旅融合等产业，实现优势互补，互利共赢，促进农村一二三产业融合发展，把更多收益留在农村，促进集体增收。新型农村集体经济组织通过合理利用、开发已有的优势资源，让资源变资产、资产变资本、资本变资金，不断发展壮大集体经济。例如，贵州省铜仁市印江土家族苗族自治县土洞村依托集体经营性资产，推行由村民一次性出租让渡

土地经营权向入股经营、合作经营等共享土地经营权方式转变。

#### 4.4.2.2　政府引导支持，收益稳定、风险小

政府引导支持农村集体经济以现有资产资源入股增收，鼓励基层探索设立农村集体经济组织控股的混合所有制平台，努力实现多方共赢、风险分担、利益共享。政府搭建平台，将乡村振兴中的项目向集体经济入股的公司企业适当倾斜，助力集体经济获得稳定的分红，规避市场风险。以四川省攀枝花市为例，在市委、市政府的引导支持下，各县（区）成立以政府单位为背书、各级村集体经济组织入股的公司，承接乡村发展项目，村集体经济组织年底根据收益获得分红。米易县乡村建设发展股份有限公司由 73 个村级集体经济组织共同持股 97.3%，米易县城乡发展集团有限公司持股 2.7%，公司自 2022 年成立以来，统筹整合各村资源和力量，承接村庄建设项目 59 个，已完工 51 个，合同总金额含税合计 8 800 万元，预计含税收入 456 万元。仁和区大田镇成立由各村集体经济组织持股 51% 的四川榴金时代农业发展有限公司，利用区域内产业集群优势，统筹提升石榴等特色农产品议价能力，2023 年农资、农产品销售额合计超 1 000 万元，各集体经济组织分红收益乐观。

### 4.4.3　局限性

#### 4.4.3.1　受多因素影响，不确定性较大

一方面，集体经济资产入股要受入股企业经营状况、市场变化以及政策调整等多种因素的影响，存在一定的投资风险；入股企业或者项目的盈利情况与集体经济的分红息息相关，如果集体经济组织不具备足够的风险意识和应对能力，资产入股后可能造成集体经济利益的损失。另一方面，基层干部的行为、村民行为等因素也会对集体经济资产入股产生影响，如乡镇干部或村"两委"干部的变动可能对项目产生影响，导致项目变动。

#### 4.4.3.2　收益分配与监管机制不健全

如何公平、合理地分配参股项目的收益，以及加强对参股项目的监管，确保集体资产的安全和增值，是资产参股模式面临的重要问题。例如，四川省绵阳市响岩镇同心村集体经济抓住市场机遇，联合邻村投资建立生猪代养场。为避免自主经营运行不善、运行收益分配不均的问题，该代养场采取村集体经济组织法人负责制，村集体经济组织聘请有经验的管理人员负责代养场日常管理；同时，建立合理的收益分配机制，收益的

50%用于村集体公益事业和扩大生产，另外50%用于村集体经济组织成员分配，按照户数进行量化。相对完善的收益分配与监管机制，助力同心村集体经济顺利发展壮大，带动农户持续增收。

### 4.4.4 效果评价

新型农村集体经济资产参股模式注重集体资产的增值，通过投资具有发展潜力的项目，实现资产的长期增值。同时，集体经济组织通过参股方式与其他市场主体共同承担投资风险，可以降低单一主体面临的风险压力。有能力的集体经济通过资产参股将闲置或低效的资产转化为经营性资产，参与多个项目的经营和收益分配，不仅提高了资产的使用效率和经济效益，拓宽了收入来源，还增强了集体经济的整体实力。成功实施资产参股模式的关键在于选择合适的参股项目、建立科学的收益分配与监管机制以及加强风险管理和市场洞察能力。

资产参股模式在促进集体资产增值、推动集体经济蓬勃发展等方面具有诸多优势，但该发展模式也存在一定的不足。例如，不同地区农村集体经济组织的发展水平和资产状况存在差异，资产参股模式的推广需要考虑到地区特点和差异性、项目筛选难度大、收益分配不公、监管不到位等。因此，在发展资产参股模式的过程中，集体经济组织应提高市场洞察力和风险评估能力，加强项目筛选与评估能力，选择适合自身情况的参股项目。另外，集体经济组织要通过完善收益分配与监管机制，确保集体经济组织和农民能够共享参股项目的收益，确保集体资产的安全和增值。集体经济资产参股是一种具有积极意义的发展模式，通过不断完善和调整其中存在的不足，可以更好地发挥其在促进农村经济发展和农民增收中的作用。

## 4.5 共性特征

### 4.5.1 党建引领发挥作用

党的领导是加强基层治理体系和治理能力现代化建设的根本保证。新型农村集体经济发展壮大过程中要注重发挥党建统领作用，突破行政壁垒、格局制约、要素限制，走出一条党建引领共同富裕新路径。在市场经济中，合格的市场主体应该有能力充分调动自身的生产资源，具有完全的决策权和支配权，而村集体生产资源的决策权和支配权掌握在村"两委"手中，通过党建引领"党政经一体"的领导模式能使集体经济更好地适应市场经济。"党政经一体"的领导模式是发展新型农村集体经济的应有之义。集体经济发展的好坏事关村民的切身利益，村"两委"参与到集体经济的决策过程中，把握好集体经济的发展大方向，处理好集体经济收益的分配问题①。回顾新型农村集体经济蓬勃发展的历程，离不开党建引领发展方向与政府统筹协调资源。

### 4.5.2　产权结构明晰

四种新型农村集体经济发展模式透露出的核心特征就是新型农村集体经济的"市场性"。一是具有"开放式"的产权结构。集体产权的根本特征是封闭性，无论是集体成员还是集体产权都具有明确的边界②。但是部分学者指出，阻止乡村衰落，促进乡村振兴需要打破村社封闭性，增强对外开放性。二是鼓励市场竞争的各类主体进行优势互补、相互依存。从部分案例的经济发展来看，采取共同投资、参与运营等形式表明了封闭的打破以及开放的构建。三是鼓励资源要素的充分流动与探索。在市场化的背景下，农村集体经济逐渐打破城乡资源要素的流动壁垒，通过"组团式""抱团式"等模式带动要素流动。

### 4.5.3　收益分配合理

在将新型农村集体经济的所有权、经营权和分配权"三权"分立后，经营权和分配权都应该适度让渡给新加入的非公有制经济。一方面，村集体并没有经过市场考验，他们的集体资产也并非个体奋斗而来，是历史的产物。既然如此，经营就应该交给会管理的股东，收益应该跟经营挂钩。当前的集体资产大多是存量资产，不使用也不会流失，使用或许也不会有很大的损失。例如，村里的山川湖泊，不做旅游一分钱收益没有，做旅游考虑周到也不会造成过大的损失，但是做和不做之间，就相差了不少收

---

①　张弛. 中国特色农村新型集体经济的理论基础、新特征及发展策略 [J]. 经济纵横，2020（12）：44–53.

②　高强. 农村集体经济发展的历史方位、典型模式与路径辨析 [J]. 经济纵横，2020（7）：42–51.

益。这部分收益却是实打实的增量。与其资产闲置，不如获得收益。这就要求村里不要贪心，要按照自愿的原则划分收益权。非公有制经济成分也要考虑到村庄在这里发挥的作用，考虑到整体的长远发展，要给予村集体经济充分的保障。另一方面，不同于传统集体经济时期非正式约定的平均主义默认方式，目前新型农村集体经济均按照合法的程序，通过正式规则（章程）制定了分配和退出机制。就分配机制来看，实现了"按劳分配"和"按股分红"相结合的方式，针对参与农村集体经济组织运行、管理等人员采取按劳分配的方式，对于入股的股民（集体成员）按照股本分红的形式。

### 4.5.4　专业运行队伍

一方面，新型农村集体经济组织的成立让乡村形成了"一核两翼"的组织架构。也就是说，在党组织的领导下，村委会和经济组织并驾齐驱、各司其职，初步实现了由专门的组织承担经济发展职能。另一方面，专业化的分工还体现在聘请以职业经理为基础的专业化队伍来运营，在有条件的村庄，村集体经济组织引入现代化的运营管理模式，通过职业经理人提升管理效率以及市场竞争力。

### 4.5.5　因地制宜发挥比较优势

新型农村集体经济选择其中一条或几条发展路径，主要取决于自身具有的比较优势，即对于发展模式的选择并不盲目，新型农村集体经济组织根据自身的资源优势，因地制宜选择适合自身发展的模式，这就在一定程度上避免了错误发展路径带来的风险。

## 4.6　个性区别

### 4.6.1　资源发包对产权明晰与专业性要求严格

进行资源发包的资产资源需要具有清晰的产权界定，即产权所有人必须是明确的，否则，产权将不能充分发挥作用，特别是在产权分割背景下，各项权利的权属界定必须明确和合理。因此，选择资源发包模式的集体经济组织必须明确界定产权属性。不论是耕地、宅基地还是荒山荒地等资源资产的产权明晰是资源对外发包的前提条件，因为只有产权界定明确的资源，才会避免发包主体、发包流程等方面的争议。在清产核资基础上，把农村集体资产的所有权确权到不同层级的农村集体经济组织成员集体，并依法由农村集体经济组织代表集体行使所有权。同时，资源发包往往涉及特定领域或行业的专业知识。发包方需要具备相应的专业知识和经验，以确保所发包资源的准确性和有效性。

### 4.6.2 物业出租受地理位置影响大

物业出租主要是将村集体所有的房地产或者流转村民的资产统一出租给公司企业等机构以赚取资金，而场地资源能吸引到公司企业的因素包括地理位置优越、交通便利、资源丰富等。因此，物业出租对地理位置要求较高，只有地理位置优越、经济条件较好的新型农村集体经济才更加适合物业出租模式，如城中村、城郊村、经济发达村等具有区位优势的村发展物业经济，通过全面盘活，改造提升，投资新建厂房、门面房、扶贫车间、老校舍、旧村部、仓储设施、停车场、温室大棚等①，将其出租以获得稳定的租金收入。

### 4.6.3 居间服务更依赖组织协调与风险管理能力

新型农村集体经济在提供居间服务的过程中，需要对接被服务者与市场，因此居间服务的提供者必须具备出色的组织协调和沟通能力，通过平衡好各方之间的关系达到协调各方利益、推进合作进程的目标。例如，对于提供劳务居间服务的新型农村集体经济组织来说，他们必须协调好劳动者、用人单位以及市场三方之间的关系，通过按市场需求提供相应的劳动者、建立劳动者与用人单位之间的信任关系、维护好劳动者的应得利益等促进各方共赢。因此，提供居间服务的集体经济组织需要通过搭建平台、组织活动、提供咨询等方式，促进供需双方的交流与合作。在居间服务过程中，新型农村集体经济需要关注风险管理与控制，这包括对市场风险的预测与应对、对合作方信用的评估与管理、对服务质量的监控与提升等。新型农村集体经济组织提供劳务居间服务，在一定程度上意味着集体经济加入了市场经济，必须在市场机制的作用下运行，也就必须面对市场变化

---

① 翟媛媛. 河南省农业农村厅印发《河南省新型农村集体经济发展导则》［J］. 乡村科技，2023，14（22）：3.

带来的机遇与风险，因此集体经济应该具备出色的风险管理能力。通过有效的风险管理，新型农村集体经济能够降低居间服务过程中的风险，保证居间服务的稳健运行。

### 4.6.4 政府引导支持资产参股发挥成效

农村集体经济组织资产参股的资产主要包括政府帮扶资金、集体积累资金、土地等资源的经营权、房屋使用权等。一方面，有些村庄资产资源薄弱，地理位置、经济水平等处于劣势地位，集体经济的自身条件较差，这一类村庄可以利用政府帮扶资金开展资金入股，以此获得企业或者项目的收益分红，达到发展壮大集体经济的目的。另一方面，与资源发包等其他收益相对稳定的发展模式相比，资源参股的风险性更高，由于参股的收益取决于企业或项目的经营情况，因此存在亏损的可能性。在这种情况下，新型农村集体经济组织资产参股需要政府的引导，在政府适当的指导下入股收益相对高、发展潜力大且风险较低的项目或企业。除此之外，部分地区的地方政府探索出由政府牵线背书，成立新型农村集体经济组织与政府单位共同持股的农业企业，这些农业企业通过承接乡村振兴建设项目获取盈利，集体经济组织获得分红。在政府的引导与支持下，资产参股在一定程度上规避了市场风险，获得相对稳定且回报率高的收益。

# 5 典型案例分析

在乡村振兴战略的大背景下，新型农村集体经济作为推动农村经济发展的重要力量。本书选取了四川雅安名山区、陕西安康石泉县、山东乳山白沙滩镇、广西桂林窑头村、重庆华溪村、海南万宁六连村以及江苏苏州灵湖村多个具有代表性的新型农村集体经济案例进行分析。这些案例的选择标准涵盖了地理位置的多样性、经济发展水平的差异性以及集体经济发展模式的创新性。它们分布于我国东西南北不同地域，既有西部山区的集体经济实践，也有东部沿海地区的成功经验，充分展现了新型农村集体经济在不同地域背景下的丰富形态和鲜明特色。其中，四川雅安名山区为四川省十大创新集体经济发展案例，陕西安康石泉县为陕西省农业农村厅发布的优秀案例，山东乳山白沙滩镇为威海市农业农村局发布的优秀案例，后四个案例均为农业农村部发布的第一批全国集体经济发展村级典型案例。通过对这些案例的研究，我们可以更加全面地了解新型农村集体经济的发展现状、存在问题及未来趋势，为乡村振兴提供有益的参考和借鉴。

## 5.1 四川雅安名山区

雅安市名山区，坐落于四川盆地的西南部，是一个典型的丘陵农业区（县）。该区拥有得天独厚的生态环境，在发展上，雅安市名山区秉承"茶业立区、工业强区、城市兴区、开放活区"的总体发展思路，其中茶产业是其主导产业。

### 5.1.1 雅安市名山区新型农村集体经济发展现状

雅安市名山区的新型农村集体经济，以茶产业为主导。名山区围绕这一核心产业链，开展了一系列富有成效的发展实践和服务创新。2022 年，骑龙村项目《依托优势产业深化多元合作实现联合发展》荣获四川省新型农村集体经济发展的十大优秀案例。骑龙村，这一因四川省村级行政区划调整改革而诞生的新村，由原骑龙村、金狮村和延源村合并而成，拥有约 13 平方千米的土地，其中耕地 7 937 亩、林地 1 760 亩。特别值得一提的是，骑龙村茶叶种植面积高达 5 500 亩，茶叶产业已成为村民收入的重要支柱，占村民年收入的近四成。骑龙村拥有的集体资源资产包括 38 亩的集体建设用地和 36 亩的集体茶园，这些资源资产为村集体经济的发展提供了坚实的物质基础。2022 年，骑龙村充分利用这些资源，实现了集体经济增收达 131.8 万元。其中，资产租赁收入贡献了 51.5 万元，资产自营收入达到 56.7 万元，旅游服务收入亦有 19 万元入账，股份合作收入则为 4.6 万元。这些多元化的收入渠道不仅提升了村集体经济的整体实力，也为村民带来了更多的就业机会和收入来源。骑龙村在依托茶产业发展方面，展现出了两大亮点。第一，积极推动茶叶产业的升级，通过引进先进的种植技术和管理经验，提高了茶叶的产量和品质，进一步巩固了茶叶产业在村集体经济中的核心地位。第二，骑龙村创新性地植入了民宿新业态，利用茶园景观和闲置宅基地等资源，引入特色精品民宿项目，不仅为游客提供了独特的休闲体验，也为村集体经济注入了新的活力。这一举措不仅丰富了产业发展的内涵，也为骑龙村未来的可持续发展奠定了坚实的基础。

### 5.1.2 雅安市名山区优势产业及其发展现状

#### 5.1.2.1 茶产业比较优势

名山区，以其卓越的绿茶品质与产量，享有"中国绿茶第一县"的美誉。名山区不仅被认定为"全国茶树良种繁育基地县"，更拥有西南地区规模最大的茶树基因库和国内领先的良种茶苗繁育基地。这一系列的荣誉与成就，如"全国现代农业（茶叶）基地强县""全国绿色食品原料（茶叶）标准化生产基地""全国首批无公害茶叶生产示范基地县"，都充分展示了名山区在茶叶生产领域的领先地位。名山区的茶园面积达到了 35.2 万亩，农民人均茶园面积更是高居全国榜首。这里的鲜叶和干茶年产量以及茶产业的综合产值均名列前茅，为四川省的茶叶产业作出了巨大贡献。并且，名山区还拥有全国唯一的茶叶大宗商品交易平台——蒙顶山茶叶交易所，这一平台的建立不仅促进了茶叶的流通与销售，也提升了名山区茶叶的知名度和影响力。此外，名山区在茶文旅资源方面同样独具优势。名山区荣获"全国农村产业融合发展试点示范县"称号，充分证明了该区在茶产业与文化旅游产业的融合发展方面所取得的显著成效。而蒙顶山国家茶叶公园，作为全国唯一以茶叶为主题的休闲农业公园，不仅为游客提供了一个领略茶文化、体验茶生活的好去处，也为茶文旅产业的发展奠定了坚实的基础。

### 5.1.2.2 茶产业发展现状

名山区，作为文献记载中最早的人工种植茶树的区域，拥有逾两千年的植茶历史。改革开放之前，该地区已拥有2.5万亩的集体茶园。随着农业产业结构的调整，名山区的茶产业逐渐发展壮大。2000年，名山县实施了"茶业兴农、茶业富县"战略，标志着茶产业进入了一个快速发展的阶段。2012年，名山县升格为名山区，采取了"茶业富区、旅游兴区"的发展策略，积极推动茶产业与旅游业的融合，促进了茶产业的转型与升级。在新的发展征程上，名山区遵循"茶业立区、工业强区、城市兴区、开放活区"的总体发展思路，致力于推动茶产业的高质量发展。

第一，茶叶基地建设基础坚实。名山区建有5 000亩的良种茶苗繁育基地，每年可出圃近15亿株茶苗。茶园面积稳定在35万亩以上，茶树良种化率达到100%，其中27万亩茶园被认定为"全国绿色食品原料标准化生产基地"。

第二，茶叶园区建设成效显著。名山区成功打造了四川省唯一的茶叶类五星级现代农业园区——雅安市名山区茶叶现代农业园区，并建成了蒙顶山茶"1+3"茶叶集中加工园区。其中，黑竹和新店茶叶集中加工园区已实现满产运行，红星和永兴茶叶集中加工园区也已完工交付。

第三，茶旅融合活力四射。名山区打造了百千米"中国至美茶园绿道"，成功创建了蒙顶山国家茶叶公园，并加快推进蒙顶山生态旅游康养产业园的建设。该区被评为"世界最美茶乡"，并入选"天府旅游名县"候选县。2022年，名山区接待游客超过800万人次，实现旅游综合效益66亿元。

第四，茶产业综合实力显著。2022年，名山区干茶产量达到5.9万吨，产值高达25.4亿元，同比增长10.4%，茶产业综合产值超过80亿元。"蒙顶山茶"区域公用品牌连续六年跻身全国十强，稳居四川省首位。2022年，名山区被评为"茶业百强县域"，并成功入选"国家农业现代化示范区"创建名单。

### 5.1.3 雅安市名山区新型农村经济发展模式

雅安市名山区以茶产业作为县域经济的核心，成为特色农业县在新型农村集体经济发展中的典型案例。茶产业不仅为该地区带来了丰富的外部经济资源，而且构成了新型农村集体经济发展的关键外部比较优势。

#### 5.1.3.1 利用集体茶园进行资源发包

集体茶园作为雅安市名山区新型农村集体经济发展的关键性资源资产，在区域经济发展中扮演着举足轻重的角色。目前，该区集体茶园总面积达到 8 056.6 亩，覆盖镇（街道）、村、组等多个层级，其中包括双河茶园、中峰茶园、蒙阳关口茶园、廖场茶园、茅河"一把伞"茶园、解放茶山以及万古东岳山茶园等具有代表性的茶园。改革开放之前，名山区的集体茶园面积曾达到 2.5 万亩。1983 年，随着家庭联产承包责任制的全面实施，集体茶园开始实行分户承包和联产承包，以提高农户种茶的积极性。改革开放之后，为了进一步激发农户种茶热情，当地农村集体积极开辟荒山、荒坡和荒地用于集体茶园的建设。例如，1987 年，茅河乡人民政府在"一把伞"地区开发荒坡并成功建成良茶基地，该茶园占地超过 1 000 亩，归乡所有，成为名山区第一个规模达千亩的连片茶园，对全县茶叶大面积连片种植起到了示范和引领作用。然而，在农村集体产权制度改革之前，由于管理不善，许多集体茶园的生产经营陷入混乱，部分茶园失管，有的被农户擅自占用，还有的以远低于市场价的价格长期承包，导致集体茶园未能充分发挥其应有的经济效益。农村集体产权制度改革实施之后，通过收回集体茶园、废除不合理的低价长期承包合同以及对低产茶园进行改造等一系列措施，当地政府重新对集体茶园进行了发包。到了 2022 年，全区 89 个行政村（不包括永兴街道）中有 43 个行政村通过集体茶园的发包活动，共获得集体经济收入 226.7 万元。具体来看，蒙顶山镇关口村通过集体茶园发包获得了 21.5 万元的收入，红星镇金鼓村通过集体茶园发包获得 54.6 万元的收入，而中锋镇甘河村则通过茶园集体发包获得 21.9 万元的收入。

#### 5.1.3.2 依托茶产业比较优势发展生产和提供服务

雅安市名山区茶产业的竞争优势主要体现在以下四个方面：茶叶种植业的优势、茶叶生产与销售的优势、茶文化旅游资源的优势以及茶产业科技的优势。目前，名山区新型农村集体经济正依托这些比较优势，发展相关生产和提供服务，主要涉及茶苗繁育、茶叶交易、茶产业社会化服务、茶文化旅游资源开发以及茶产业科技合作等领域。例如，茅河镇的香水村利用其作为"中国茶苗第一村"的产业优势，结合中央和省级财政对集体经济发展的支持资金，成立了香水村集体经济公司。该公司建立了一个占地100亩的高标准良种茶苗繁育示范基地，2022年为该村带来了55.9万元的集体经济收入。千尺村位于百丈镇中心，其依托原有自发形成的茶叶交易市场，通过规范市场交易行为，为茶农和茶商提供了一个有序的市场环境。这一举措在2022年为村庄带来了30万元的茶叶市场租金和管理费收入。蒙顶山镇的蒙山村作为"蒙顶山茶"的核心产区，通过实施"蒙顶山茶"原真性保护和核心茶园的管理与维护，2022年获得了12.3万元管理服务费。红星镇的白墙村依托其独特的"茶园梯田"景观，以茶文化旅游融合发展为策略，不断提升旅游基础设施，并引入民宿业务来发展乡村旅游。2022年，白墙村通过乡村旅游民宿合作开发项目获得了10.5万元的收入。同样位于茅河镇的香水村集体经济公司，与四川农业大学合作，依托该校在茶产业科技方面的优势，共同建设了"雅安名山省级农业科技园区现代茶产业关键技术集成研究与示范"项目，并在2022年获得了15万元的项目资金支持。

### 5.1.3.3 紧扣茶产业发展稳慎开展对外投资入股

雅安市名山区的茶产业发展得益于区域资源和市场需求的双重驱动。该地区成功地将资源、环境、技术及区位等比较优势转化为竞争优势，从而实现了较高的经济效益。基于此，雅安市名山区新型农村集体经济通过参与对外投资和股权合作，能够获取可观的分红收益。在分红机制上，既有保底分红也有非保底分红两种形式，但无论采用哪种形式，都伴随着一定的风险。一旦投资的企业面临破产，作为股东的集体经济组织将位于破产清偿的最后阶段。在雅安市名山区，新型农村集体经济在对外投资入股时普遍选择了较为稳健的保底分红方式。例如，百丈镇高岗村动用中省财政提供的集体经济发展扶持资金整治了"三湾塘"周边的70亩集体建设用地，并以这些土地入股雅丽源旅游发展有限公司，共同开发"三湾塘"茶主题特色民宿。2022年，该村从合作中获得了80万元的保底分红。同样，红星镇土墩村投入中省财政扶持资金100万元入股雅优源农业发展有限公司，持有12.5%的股份，并提供茶园生产托管及产销服务，2022年获得了 11 万元的保底分红。蒙顶山镇官田村则围绕"酒香茶香田园综合体"的发展目标，利用中省财政资金建设"官田藏酒库"，并以此入股川贡酒业，2022 年获得了 10 万元的保底分红。这些实践表明，雅安市名山区的新型农村集体经济通过对外投资入股，有效地实现了资产增值和收益稳定，为地方经济的持续健康发展提供了有力支撑。

### 5.1.4 雅安市名山区新型农村集体经济发展面临挑战

当前，在利用内在资源方面，雅安市名山区新型农村集体经济主要关注于农村集体的财政资金、物质资源以及财产等可见的内在资源。在利用外部资源方面，雅安市名山区主要实施了以茶叶产业特色为核心的发展策略，并通过变革扶持资金进行实践。

#### 5.1.4.1 特色产业发展与新型农村集体经济发展协调度不够

特色农业县的特色产业发展与新型农村集体经济之间存在正向互动的关系。特色产业发展为新型农村集体经济提供了外部资源，而集体经济的壮大又能积极促进特色产业的进一步发展。以茶产业为主导的雅安市名山区为例，该地区的茶产业为新型农村集体经济发展提供了优质的产业资源和社会化服务需求。尽管如此，名山区新型农村集体经济在利用茶产业资源、发展生产和提供茶产业社会化服务方面尚处于初级阶段，对茶产业比较优势所带来的发展机遇认识不足，重视不够。这种对可利用资源有限的认知制约了新型农村集体经济的发展潜力，导致其实践经验不足，在茶产业的价值创造和服务支持方面参与度较低，对茶产业资源的利用率有待提高。因此，新型农村集体经济在推动茶产业规模化发展、降低产业发展成本、促进茶业科技成果转化以及保护茶产业生态环境等方面的作用尚未得到充分发挥。

#### 5.1.4.2 部分集体经济组织管理者发展动力不足

雅安市名山区新型农村集体经济的管理团队主要由村"两委"的干部构成。然而，部分管理人员持有一种保守的心态。他们面临的村级事务繁重且复杂，容易产生逃避困难的情绪，这影响了他们的自信心和责任心，并缺乏创新的思维和策略。具体而言，一些村干部表达了对于集体资产保值增值任务的压力，指出财务管理受到诸多限制，同时审计监督严格，担心集体经济发展会带来政治和经济双重风险。此外，村干部们还提到，他们需要同时承担行政工作和集体经济发展的双重职责，这使得他们难以在日常的党务、政务，以及应对上级单位的报表和群众来访问题上，分配足够的时间和精力给集体经济的发展。市场经济的不确定性也是村干部们担忧的问题之一，他们担心无法成功推动集体经济的发展，并且如果集体经济出现亏损，他们作为本地村民，可能会受到周围人的批评。这些观念和认识上的障碍造成了新型农村集体经济发展中的一种现象：上级政府积极推动，而基层干部则反应冷淡，管理人员的发展动力不足。这种状况不利于新型农村集体经济的健康和可持续发展。

### 5.1.4.3　集体经济组织管理人才短缺

人才是推动新型农村集体经济发展的关键因素。然而，雅安市名山区的农村地区面临着本土人才大量流失的问题，导致新型农村集体经济在发展过程中缺乏具备市场经济意识、经营管理能力的人才。目前，雅安市名山区的新型农村集体经济发展主要依赖村"两委"的紧密合作，实行"两套班子，一套人马"的工作模式。这种模式在降低决策和组织成本的同时，也加大了村"两委"干部的工作压力。村"两委"干部作为行政职务，他们在工作中具有自身的优势，如在政策传达、服务村民等方面，他们对政策和村情民情有着深入了解。然而，他们在市场生产经营管理方面的能力还有待提高。在实际工作中，村"两委"干部要兼顾新型农村集体经济发展工作，但他们只能领取一份工资。这导致了一部分基层干部存在"小富即安"的心理，缺乏开拓进取的精神，对接受新事物、新思路、新理念的主动性不强。综合来看，村"两委"干部在市场生产经营管理能力方面与新型农村集体经济发展的要求存在一定的差距。同时，雅安市名山区新型农村集体经济的发展状况难以吸引专业的生产经营管理人才，当前的农村集体经济也难以承担专业生产经营管理人才所需的费用，规定的绩效激励难以落实落地，制约着外来人才的进入。

### 5.1.4.4　制度优势发挥不充分

在新型农村集体经济的发展过程中，制度优势被视为一种独特的内在隐性资源。这种制度优势主要表现在资源整合、统筹协调以及多方认可三个方面。第一，资源整合优势在雅安市名山区的新型农村集体经济中得到了较为充分地体现。在农村集体产权制度改革的背景下，通过清产核资，该区域成功地明确了农村集体的"三资"（资金、资产和资源），并通过租赁、自营、投资入股等多种方式将其盘活，从而显著增加了集体经济的收入。第二，统筹协调优势和多方认可优势的发挥尚显不足。尽管关口、山娇等 9 个村在 2022 年开展了土地、茶园、山林的流转协调服务和企业投资项目建设的居间协调服务，但作为典型特色农业县的新型农村集体经济，其在小农户与种养大户、家庭农场、农民合作社、农业企业等新型农业经营主体之间的桥梁和纽带作用尚未得到有效发挥。第三，新型农村集体经济也未能与特色农业产业链上下游的市场主体构建起既突出各自优势又充分衔接的紧密协作关系，在促进特色农业产业规模化发展、降低特色农业产业发展交易成本等方面的作用尚不明显。当前雅安市名山区新型农村集体经济主要依赖于争取政府财政扶持、承接政府购买的公益性服务和小型涉农项目。然而，其尚未有效发挥集体成员和社会企业对新型农村集体经济的认可优势，为他们提供各类社会化服务。

## 5.2　陕西安康石泉县

石泉县，坐落于陕西省安康市的西北部，占地面积广阔，达到 1 516.4 平方千米。截至 2022 年 10 月底，该县下辖 11 个镇，户籍人口达到了 18.05 万人。值得一提的是，2021 年 12 月 29 日，石泉县因其独特的自然环境和清新的空气，被中国气象局授予了"中国天然氧吧"的殊荣。石泉县地理位置优越，北靠巍峨的秦岭，南接连绵的巴山，汉江这条长江的巨大支流，从西向东贯穿全境。县域地形特色鲜明，南北两侧山峰重叠，中部河流交织，宛如"两山夹一川"的壮丽画卷，是秦巴山地不可或缺的一部分。气候方面，石泉县属于亚热带季风湿润气候，四季分明。冬、春季节降雨较少，气候相对温和；夏季气温较高；而到了秋季，则湿润多雨。此外，石泉县享有"鎏金铜蚕·丝路之源"的美誉，作为西北地区的蚕桑产业领军县，正积极打造"石泉蚕丝"这一地理标志产品品牌，推动产业链的完善与发展，让蚕桑产业成为当地人民奔向小康生活的重要支柱。

### 5.2.1　安康市石泉县新型农村集体经济发展现状

石泉县坚定不移地以党建为引领，充分发挥村级党组织在推动村集体经济壮大中的核心作用，积极构建与农业农村现代化进程相匹配的新型农村集体经济长效机制。目前，石泉县已成功消除了所有薄弱村，集体经济发展取得显著成效。石泉县在集体经济发展模式上进行了大胆探索，如借鉴旬阳市铜钱关镇的社企联合模式，以及汉滨区忠诚村、石泉县明星村等地的创新实践。这些模式旨在进一步增强村集体经济实力，其中一些成功案例已被列为陕西省乡村振兴的首批典型案例。石泉县注重发挥村集体的主导作用和农民的主体地位，通过民主决策、民主管理和民主监督机制，实现了集体增实力、农民增收益和产业增效益的有机统一，从而实现了集体利益与个人利益的共赢。为了促进新型农村集体经济组织的发展，石泉县出台了一系列政策措施，例如，《石泉县财政扶持村集体经济发展资金管理办法（试行）》和《石泉县农村集体资产管理办法（试行）》等文件。这些文件旨在创新政策支持方式，聚焦农村产业发展、农业龙头企业和村级集体经济资金短缺等问题。这些政策通过发挥财政资金的"药引子"作用，强化财金联动，有效推动了村集体经济的发展。同时，石泉县还建立了县镇村"银农直联"三级网络体系，明确了资金使用权限，确保村集体经济的经营管理规范有序。石泉县通过运用财政资金绩效管理评价体系，严格控制项目事前评估、目标管理、运行监控、绩效评价和结果应用等环节，进一步提高了资金使用效益，并保障了联农带农效果的实现。

在蚕桑产业方面，石泉县作为西北蚕桑产业的领军县，继续深化蚕桑产业的发展。通过优化产业结构、提升技术水平、加强品牌建设等措施，推动蚕桑产业向更高层次迈进。具体到石泉县明星村的实践，该村遵循"支部引领、产业支撑、三产融合、旅游兴村"的发展思路，创新采用了村集体经济股份合作社控股的村旅游公司开发模式，通过盘活资源、土地流转、民宿改造等手段，实现了闲置房屋、土地等资源的有效转化。村民通过土地、房屋、资金入股集体经济合作社，成为股东参与分红，从而实现了资源变资产、资金变股金、农民变股民的华丽转身。目前，明星村的旅游综合收入已突破 3 000 万元大关，超过一半的村民被纳入产业链之中，50 多名外出能人纷纷返乡投身农家乐、民宿等产业发展，从业人员家庭年均收入达到 5 万元以上。明星村的村集体经济也实现了从无到有、由弱变强的历史性跨越。

### 5.2.2　安康市石泉县优势产业及其发展现状

#### 5.2.2.1　蚕丝产业比较优势

石泉县在蚕桑领域的规模位居西北地区之首，拥有超过七万亩的桑园，服务于近一万户养蚕农户。2021 年，石泉县共分发了 72 000 张蚕种，生产了 3 302 吨蚕茧，使得全县蚕桑产业的年产值高达 18 亿元，其中，农民从蚕桑产业中获得的综合收入达到了 4 亿元，而规模较大的丝绸工业企业则贡献了 14 亿元的产值。对于石泉居民而言，蚕桑产业的重要性日益凸显，正在逐步成为该县最为关键的经济支柱。随着石泉县的"鎏金铜蚕"文化在国际舞台上的推广，金蚕小镇也因此受到了外界更多的关注。金蚕小镇的建设地点位于国家一级文物"鎏金铜蚕"的发现地——池河镇。这个镇子历史悠久，是西北地区首屈一指的蚕桑大镇，具备坚实的蚕桑产业基础和丰富的蚕桑文化传统。近年来，池河镇利用"鎏金铜蚕"历史文化品牌，致力于打造中国金蚕小镇，建成了明星村、五爱村两个农旅融合示范村，以及最美桑海博览园和荷塘月色丝路风情度假区两大旅游景区。近年来，随着文旅行业的迅猛发展和文化创意产品的广泛流行，石泉蚕桑产业迎来了新的发展机遇。石泉县顺应时代趋势，抓住产业发展的新契机，有效地将蚕桑产业与文旅产业进行了特色融合，使得蚕桑产业发展驶入了快车道，展现出更加旺盛的生命力。

### 5.2.2.2 蚕丝产业发展现状

2018 年 7 月，石泉县"石泉蚕丝"获得了地理标志产品的认证，并于 2021 年 3 月 1 日被纳入"中欧地理标志协定"的官方名录。截至目前，石泉县拥有 80 个重点蚕桑村和 5 000 户大型生产家庭，这些重点村庄和大型生产家庭的养蚕产量占到了全县总产量的 60% 以上。借助龙头企业的带动作用，全县共发展出 12 家涉及蚕种繁育、茧丝绸加工及相关副产品开发的企业，以及 4 家蚕桑领域的龙头企业。在龙头企业和养蚕重点村的引领下，石泉县目前拥有超过 4 600 公顷的桑园，每年养蚕规模达到 8 万张，形成了从制种、养蚕、缫丝、织造、制衣到副产品开发的完整产业链。农民从蚕桑产业中获得的综合收入为 4 亿元，而规模较大的丝绸工业产值达到了 12 亿元。在此过程中，石泉县委和石泉县人民政府投入了约 3 000 万元的奖励和扶持资金，以支持蚕桑产业的发展和产业能力的提升，确保奖励和扶持措施全面覆盖，包括种植桑树、蚕种繁育、小蚕共同饲养、蚕室建设、蚕桑机械等多个方面。石泉县还制定并实施了《石泉县蚕桑产业发展风险金管理办法》，创新了鲜茧价格议价监督机制，签订了蚕茧订单合同，并执行了鲜茧最低保护价收购政策，将涉蚕项目资金聚焦于支持关键环节，不断优化夏季蚕品种结构，并大力发展蚕桑循环经济等六个方面的政策措施，以保护和激发蚕农对养蚕的热情。同时，《石泉蚕丝地理标志产品系列生产技术规程》通过了专家审核并开始实施。继而，由石泉县市场监管局领导的《地理标志产品石泉蚕丝》地方标准在 2020 年发布并实施。随着标准的不断提升，石泉县蚕丝产业技术得到了全面进步。以标准为导向，依靠县、镇、村、社四级技术服务队伍，石泉县建立了蚕桑网络远程视频系统和蚕桑气象服务短信预警平台，组建了远程教育蚕桑专家团队实施了针对全体蚕桑技术人员的培训工程，出台了蚕桑科技特派员制度，成立了蚕桑技术小组。全县 11 个镇均配备了技术干部负责桑蚕工作，实行了包括培育养蚕大户、提供小蚕共同饲养技术服务以及鲜茧收购站点监督等一系列专门的定向工作机制。

### 5.2.3 安康市石泉县新型农村经济发展模式

石泉县把发展壮大村级集体经济作为巩固拓展脱贫攻坚成果同乡村振兴有效衔接的重大工程，创新实施"县抓统筹、镇抓推进、村抓落实；镇村联动、村企（社）联动、村户联动；政策支持保障、考评考核保障、风险防控保障"的"三抓三联三保障"工作机制，辅以特色农业发展，有效推动了脱贫地区村级集体经济发展。

#### 5.2.3.1 党建引领完善运行机制

石泉县将发展壮大村级集体经济视为巩固和拓展脱贫攻坚成果同乡村振兴衔接的关键任务，创新实施了"三抓三联三保障"的工作策略。这一策略包括县级统筹、乡镇执行、村级落实的三级责任体系，以及镇村、村企（社）、村户三方面的联动机制，同时确保政策支持、考评考核和风险防控三大保障措施到位[①]。通过这种方式，党的政治、组织和人才优势被转化为推动村集体合作社发展的强大动力。在组织管理层面，石泉县建立了符合现代企业制度的法人治理结构，选拔政治素质高、德才兼备、具备经营管理能力的人才进入农村集体经济组织的领导团队，以促进集体经济的发展。同时，石泉县建立了多元化的运营机制，包括独立自营、资金与资源合作、村企结对等模式，激励企业通过投入资金、设备、技术和原料来支持村集体经济，实现互利共赢。在收益分配方面，石泉县坚持合理分配与积累、服务与发展并重的原则，优先发展具有良好前景和强烈辐射带动力的产业项目，确保资产的保值增值，并实现共建共享的目标。为了防

---

① 何得桂，韩雪. 引领型协同治理：脱贫地区新型农村集体经济发展的模式选择：基于石泉县"三抓三联三保障"实践的分析 [J]. 天津行政学院学报，2022（4）：67-77.

范风险，石泉县定期组织相关部门对村集体经济组织的发展和收益状况进行分析研判，及时协调解决存在的问题。此外，石泉县还建立了法律援助机制，鼓励村集体经济组织聘请法律顾问，或邀请政法、司法、公安等部门提供专业法律服务，帮助规避法律风险，保障资金安全。

### 5.2.3.2 拓展激活多元化资源资产

石泉县积极发掘并利用农村的闲置资源，稳步推进农宅及宅基地的活化运用项目，激励村集体采取自营、出租或入股等多元化途径，对旧村委会、废弃学校和空置工厂等村级不动产进行翻新改造，将这些资产转变为能产生经济效益的营运资产。同时，石泉县严格执行产业发展奖励补贴政策，根据县级出台的集体经济发展奖励政策，积极推进"五十百千万"产业振兴计划，对于年收益达到补贴标准的村集体经济组织，全额发放奖补资金，并在评选表彰活动中给予优先权，以此激发干部和村民的积极性。此外，石泉县还增加财政税务的支持力度，全面执行国家关于支持农村集体产权制度改革的相关税收优惠政策，确保扶持村集体经营或参股的项目在税收方面能够享受到最大限度地减免和优惠。同时，石泉县优化金融服务环境，发挥金融机构在农村集体经济发展中的重要作用，推出创新金融产品，如"特色产业贷款"，以解决发展过程中的资金问题，促进产业的进一步发展。石泉县完善风险补偿和担保机制，通过政府出资设立风险补偿基金，以及财信担保公司或新型的政府银行合作担保方式，为缺乏有效抵押物的农村集体经济组织提供必要的融资担保服务。

### 5.2.3.3 多措并举强化产业基础

石泉县积极实施产业驱动战略，重点推动"五十百千万"项目，支持各村发展以桑蚕、畜牧、蔬菜为主的主导产业，同时促进具有地方特色的魔芋、茶叶、渔业和中药材等产业。石泉县通过确保产业广泛覆盖、利益有效联结和示范带头作用，将加速集体经济的增长与农业园区建设提升及现代农业水平提高相结合，进而增加村集体的经济收入。

首先，在村企合作方面，石泉县鼓励村集体利用其资产、资源、生态和文化等优势，与企业的资本、技术、信息和市场优势结合，共同开展种植养殖、乡村工业化、产销协作、农产品加工、农旅融合和综合开发等多样化的合作模式。此举的目的是打造以龙头企业为引领、合作社为纽带、小农户积极参与的农业产业化集群，让群众紧密融入产业链条，实现集体经济的长期和稳定增长。此外，石泉县鼓励村集体根据产业发展需求成立农民专业合作社、专业协会、劳务中介和服务公司等组织，创建运输队、装卸队、物业管理公司等，提供农资供应、农产品购销、科技指导、信息咨询、电商销售和劳务中介等服务，既解决了农户就业问题，又增加了集体的收入。

其次，在乡村旅游方面，石泉县引导村集体充分发挥自然资源、林果、渔业和水域等资源优势，积极发展休闲住宿、农家乐、体验种植和手工艺等旅游经济活动，并参与乡村旅游项目的建设，培养农旅融合产业，延伸农业产业链，提高产值，扩大增收途径，从而促进村集体经济的发展并最大化收益。

最后，在主体带动上，石泉县强调集体经济组织的引领功能，支持建立或领办各类合作经济组织、专业合作社和家庭农场，鼓励基于集体的"三资"（资产、资源、资本）参与农民合作社的股份，加强新型农业经营主体如家庭农场、农民合作社与农民的利益联结机制，推动合作经济和集体经济的协同增长，实现合作共赢。

### 5.2.4 安康市石泉县新型农村集体经济发展面临的挑战

当前，陕西省安康市石泉县新型农村集体经济在利用其内在资源方面，主要创新实施了"三抓三联三保障"的工作策略，进一步推动农宅和宅基地流动。而在外部资源方面则主要实施了以"鎏金铜蚕·丝路之源"为核心的发展策略。但是，石泉县新型农村集体经济的发展也面临不少挑战。

#### 5.2.4.1 发展思路不明确

一方面，大部分村庄受到地理位置或资源缺陷的限制，在寻找符合自身实际情况的发展路径时显得尤为困难。有的村庄位于偏远地区，交通不便，信息闭塞，难以有效吸引外部投资和资源；有的村庄则因资源匮乏，难以形成具有竞争力的产业体系。在这种情况下，村庄往往缺乏明确的发展方向和目标，无从下手，发展动力不足。另一方面，具备一定优势的村庄，在前期规划时也面临着诸多挑战。有些村庄过于追求大而全的规划，忽视了自身的实际承载能力和市场需求，导致资金无法得到有效保障。有些村庄的规划不尽合理，缺乏科学性和前瞻性，使得项目在实施过程中频频受阻，难以达到预期效果。这些问题不仅影响了村庄的发展，也损害了村民的切身利益，甚至可能引发一系列社会问题。

### 5.2.4.2 发展启动资金缺乏

石泉县大部分农村集体经济状况较为薄弱，集体积累几乎为零，这成为制约农村集体经济发展的重要因素。尽管一些村庄有发展集体经济的明确思路和想法，但由于缺乏必要的资金和资源支持，使得这些想法难以落地实施。这些村庄往往地处偏远，交通不便，资源匮乏，难以吸引外部投资。同时，由于历史原因和体制机制问题，村级集体经济长期以来缺乏有效的发展模式和经营手段，导致集体经济规模偏小，效益不佳。此外，一些村庄的村民对集体经济的发展缺乏信心，参与度不高，也制约了集体经济的发展。

### 5.2.4.3 村干部发展信心不足

在当前市场环境下，社会因素和各种规定的制约使得发展新型村级集体经济面临诸多挑战。部分村干部认为推进这一工作困难重重，短期内难以看到明显的成效，因此在推动力度上显得相对保守。他们担心投入大量资源后，可能无法获得预期的回报，甚至可能面临失败的风险。同时，一些村庄的村情相对复杂，村民之间的利益关系错综复杂，村干部担心在推动新型农村集体经济发展的过程中可能会引发村内矛盾，导致工作难以顺利进行。他们担心一旦触及某些敏感话题或损害部分村民的利益，可能会引发不满和冲突，因此在推进工作时显得犹豫不决。此外，还有一些村干部虽然具备一定的发展思路，但对于项目的效益前景却心存疑虑，担心即使付诸实践，最终也可能无法实现预期的经济效益，反而因为投入大量资金而增加村里的债务负担。这种担忧使得他们在面对发展新型农村集体经济的机会时显得犹豫不决，缺乏足够的信心和决心去推进相关工作。

### 5.2.4.4 样板示范引领作用不明显

目前，石泉县的集体经济面临着结构单一的问题，主要以传统农业为主导。由于长期以来对农业的高度依赖，许多村庄在经济发展上显得力不从心，形成了所谓的"空壳村"现象。这些村庄缺乏多元化的经济收入来源，难以支撑起村级的可持续发展。为了打破这一困境，石泉县积极培育了几个"三变"改革试点村，试图通过改革来探索新的经济发展路径。然而，这些试点村目前仍处于探索状态，尚未形成稳定且可持续的发展模式。同时，由于地域、资源等的限制，这些试点村的成功经验在其他村庄中的可复制性较差，难以直接应用于更广泛的范围。

## 5.3 山东乳山白沙滩镇

白沙滩镇，隶属于山东省威海市乳山市，地处乳山市区南部偏东，东接徐家镇，南濒黄海，西连乳山口镇，北邻大孤山镇，行政区域面积122.43平方千米。白沙滩镇境内地势北高南低。北部、东北部为低山丘陵；南部为滨海平原，地势平坦，间有缓丘散布。白沙滩镇属暖温带半湿润季风气候，多年平均气温12.3℃，年平均降水量790.4毫米。白沙滩镇花岗岩为主的棕壤土和湿润的气候条件非常适宜蓝莓生长。随着蓝莓种植规模的不断扩大，乳山市的蓝莓产业已发展成继牡蛎、大姜、茶叶之外的又一乡村振兴支柱产业。

### 5.3.1 乳山市白沙滩镇新型农村集体经济发展现状

白沙滩镇突出产业振兴，将农业与农产品加工、乡村旅游和电子商务产业深度融合，让农业"接二连三"，催生新产业新业态新模式，下好三产融合这盘大棋。

一是做优一产。白沙滩镇以推进农业供给侧结构性改革为主线，立足区域生态环境优势，重点打造生态地瓜、蓝莓、设施农业三大板块；采取强村带弱村模式，以翁家埠为中心带动周边村发展生态地瓜500亩，建立可追溯质量体系，统一注册商标进行营销管理，并引入地瓜干生产线，形成以地瓜种植、加工、销售为一体的产业链；按照产学研一体、全链条打造的发展思路，引进北国蓝莓产业项目，以董格庄为中心带动周边村发展蓝莓1 000亩，配套建设蓝莓冷链物流配送中心、产品研发展销中心及游客接待中心，打造区域蓝莓产业销售集散地；桃村李家、翁家埠村发展"农超对接"青艺果蔬、龙泽苑等高效大棚300余亩，白沙滩、翁家埠等村发展苗圃及苹果产业1 000亩。同时与温喜生物公司合作，投资800万元成立农业综合服务中心，采取公司化运营模式，提供土地托管流转、农业机械作业、电子商务等服务业务，推动土地规模化流转和特色产业连片开发，构建起小农户与大市场的新型利益联结机制，实现农业生产的规模化、机械化、专业化和品牌化发展。

二是做大二产。白沙滩村成立松海集团，先后发展松海驾校、松海物业、鲁酱酒业、三宝酵素等产业项目，实施东方田园文旅综合体项目，推动"一产"高效农业由平面扩张向立体拓展，以规模促发展，以特色增效益；提升"二产"鲁酱酒业、三宝酵素等企业的科技含量，依靠科技调优，促进成果转化；搭建"三产"文化、健康、养生、休闲等领域配套载体，多点开花激活营销模式；翁家埠村以130亩土地入股，与青岛海大生物集团合作，成立山东温喜生物有限公司，利用浒苔、牡蛎壳等废弃物生产生物肥，实现经济效益和社会效益共赢。该公司"海状元"系列产品荣获"中国有机肥十佳品牌"，成为依靠科技变废为宝、循环利用的典范。同时，白沙滩村注册成立了龙泽苑农业科技开发有限公司，投资550万元建设了5 300平方米智慧农业生态智能大棚，采用农业生产智能化、管理水平专业化、信息服务全面化等新技术手段发展智慧农业。桃村、李家村与财富直通车（北京）投资管理有限公司共同投资建设山东泓联特种纸科技有限公司，规划建设面积4万平方米，总投入3 500万元，年生产水转印纸1万吨，年销售额近7 000万元。

三是做活三产。白沙滩镇紧扣建设滨海文旅融合发展引领区的目标，以银滩旅游度假区为依托，立足古村落宗祠文化、自然风貌等旅游资源，坚持全域一体打造乡村旅游区，大力发展乡村旅游、休闲体验农业和电商服务。白沙滩镇按照"农业+旅游"的思路，重点打造了东方田园文旅综合体、"千年古邑"翁家埠田园综合体、"一泊花港"民宿、益天生态观光园4个集生态观光、民俗体验、田园采摘等功能于一体的乡村旅游综合体。徐家塂村"一泊花港"完成13套民宿改造；翁家埠村以"千年古邑"翁家埠为依托，发展农家乐项目，打造亲子拓展基地，建设凤凰山田野公园；董格庄村休闲垂钓中心已完成升级改造；玉前庄村深度打造国家3A级旅游景区益天生态旅游观光园；白沙滩村建成休闲采摘园、体验馆等，成立乳山碧海旅游发展有限公司，围绕潮汐湖周边开展健康养生、旅游观光服务；徐家塂村探索农产品电商新模式，打造"威海女支书"网红人设，联系华信集团、铭洋酒业等乳山本土企业，运营两个抖音号，粉丝达到9万多人，成立村花直播小分队，在线上打造徐家塂村"淘米姑娘农产品全家福"特色品牌，结合线下的体验馆、小酒坊，推出线上宣传、线下线上同时销售，高峰时期，日带货量达到1 000多单，增加村集体经济收入20多万元。

### 5.3.2 乳山市白沙滩镇产业优势和发展现状

#### 5.3.2.1 蓝莓产业比较优势

白沙滩镇位于山东半岛的南部，拥有得天独厚的地理位置和适宜的气候条件，这些都非常适合蓝莓的生长。蓝莓需要一定的低温时期来满足其休眠期的需求，而白沙滩镇的冬季温度适中，能够满足蓝莓的低温时期需求。白沙滩镇的土壤肥沃，有机质含量高，这为蓝莓的生长提供了良好的土壤环境。蓝莓树喜欢酸性土壤，而白沙滩镇的土壤恰好符合这一要求，有利于蓝莓根系的发展和营养物质的吸收。白沙滩镇已经将蓝莓产业作为重点推进的三大主导产业之一，并且在蓝莓板块上引进了北国蓝莓产业项目，大力发展蓝莓种植。此外，该镇还建立了年生产300万株的组培工厂化育苗基地，以及配套的蓝莓冷链物流配送中心，这些都为蓝莓产业的发展提供了强有力的技术支持和市场保障。白沙滩镇政府对于蓝莓产业给予了政策上的扶持，如以股改"第一村"翁家埠村为引领，带动周边村集中流转土地，大力发展生态地瓜，打造了千亩生态地瓜示范基地。这种政策扶持有助于吸引更多的资金和技术进入蓝莓产业，推动产业的快速发展。同时，随着消费者对健康食品需求的增加，蓝莓作为一种富含抗氧化剂的水果，市场前景广阔。

#### 5.3.2.2 蓝莓产业发展现状

白沙滩镇的蓝莓产业势头强劲，取得了显著的发展成果。2022年以来，白沙滩镇的蓝莓种植面积已扩大至1.3万亩，涵盖了多个优质品种，如蓝丰、北陆、杜克、都兰、雷格西、H5和优瑞卡。乳山地区更是蓝莓产业的璀璨明珠，拥有9个300亩以上的大型蓝莓种植基地，如胶东伯瑞蓝莓和蓝山庄园蓝莓基地，吸引了32家蓝莓种植企业及合作社的入驻。因此，乳山被中国小浆果协会誉为"最优蓝莓基地"，其万亩蓝莓基地不仅为深加工提供了丰富的原材料，还促进了休闲采摘业的蓬勃发展。白沙滩镇在蓝莓产业的发展上展现了前瞻性和创新力，成功注册了地理标志商标"乳山蓝莓"，并成立了蓝莓产业协会。目前，白沙滩镇的蓝莓企业已拥有6个自有品牌，包括胶东伯瑞、伯格利、吉农、野人、格林宏卓和丹东蓝友，彰显了产业的品牌化趋势。

为了进一步推动蓝莓产业的可持续发展，白沙滩镇构建了"企业+村党支部领办合作社+农户"的区域链条发展体系，实现了从种植到管理的全面一体化。白沙滩镇通过发挥党建的引领作用，组织各方力量"抱团取暖"，共同打造出独具特色的蓝莓产业模式。经过多年的精心耕耘，蓝莓种植已遍布乳山市午极镇、白沙滩镇、诸往镇、下初镇等，种植面积稳定保持在1.3万亩。32家蓝莓企业及合作社的积极参与，特别是9处300亩以上的规模化种植基地，为当地农户创造了万余个就业机会。此外，多家蓝莓企业已与数十个村党支部签订种植协议，发展订单农业，进一步稳固了产业链。

为了提升乳山蓝莓的品牌影响力，乳山市还成立了蓝莓产业协会，并积极开展新品种的繁育、推广和种植工作。同时，乳山市与京东、天猫、顺丰优选等电商平台以及沃尔玛、麦德龙、百果园等线下大型商超建立了稳定的合作关系，充分利用线上线下资源，将乳山蓝莓的品牌知名度和影响力推向新的高度。"乳山蓝莓"不仅荣获国家地理标志证明商标和国家名特优新农产品的称号，更被中国小浆果协会评为"最优蓝莓基地"。此外，"胶东伯瑞"牌蓝莓也荣获省级知名农产品企业产品品牌，园吉家庭农场、胶东伯瑞农业等经营主体也相继获得"有机食品""绿色食品"等权威认证，充分展现了乳山蓝莓产业的卓越品质和市场竞争力。

### 5.3.3 乳山市白沙滩镇新型农村集体经济发展模式

乳山市白沙滩镇致力于推动村级集体经济的繁荣发展。通过严格选拔和培训干部，激发改革创新的活力，强化特色产业的培育，白沙滩镇成功推进了组织联建、产业联带、利益联结等工作。这一举措不仅促进了农业的规模化、产业化、链条化发展，还盘活了各类资源，振兴了实业，实现了村级集体经济的多元化融合发展，为当地的经济社会进步奠定了坚实的基础。

#### 5.3.3.1 凝聚乡村合力发展

白沙滩镇以翁家埠村为核心，联合周边五个村庄共同发展生态地瓜种植，总面积达到1 000亩。白沙滩镇探索并实行了统一的种植、加工、品牌和销售策略，初步建立了一个包括育苗、加工和销售在内的完整产业体系，有效带动了周边村庄的共同富裕，增收超过500万元。此外，白沙滩镇以董格庄村为中心，引进了北国蓝莓产业项目，建设了一个500亩的高端蓝莓基地，并配套了冷链物流配送中心、产品研发和销售中心以及游客接待中心，年产值超过8 000万元。白沙滩镇还成立了农业综合服务中心，采用公司化运作，提供土地托管、农业机械作业和电子商务等服务，建设了 300 余亩的高效大棚，并发展了苗圃及苹果产业 1 000 余亩。

### 5.3.3.2　以工业思维发展农业

在深化农村产业链延伸的过程中，白沙滩、翁家埠以及港头村三个示范村扮演着至关重要的角色，它们通过一系列创新和尝试，为农村经济的持续发展注入了新活力。具体来看，白沙滩村在产业链延伸方面取得了显著成效，该村投入 200 万元资金，新建了 2 400 平方米的苹果加工分拣车间，有效提升了苹果产业的附加值。同时，该村还充分利用海边闲置的 15 亩土地，投资 440 万元建设了一个高标准的便民海鲜市场。村民们通过"入股分红+打工收入"的方式，人均年增收达到了 2 万元，生活水平得到了显著提高。翁家埠村则通过土地入股的方式，成功引进了投资 1 亿元的温喜生物二期海洋生物产业园项目。该项目利用浒苔、牡蛎壳等废弃物生产生物肥，不仅实现了资源的循环利用，还带来了显著的经济效益和社会效益。这一创新举措为农村经济的绿色发展提供了有力支撑。港头村同样在产业链延伸方面取得了不俗的成绩。该村投资 2 000 余万元，建设了牡蛎融合发展示范基地，致力于打造一个集绿色养殖、精深加工、产品销售和品牌推广于一体的全产业链。这一项目将提供 100 个就业岗位，人均年增收可达 1 万元，为当地村民带来了实实在在的收益。

### 5.3.3.3　"农业+文旅"激活发展活力

白沙滩镇坚定致力于建设滨海文旅融合发展引领区的宏伟目标，精心策划并重点打造多个乡村旅游综合体，其中包括东方田园文旅、"一泊花港"民宿等四个特色项目。这些综合体集生态观光、民俗体验、田园采摘等功能于一体，为游客提供丰富多样的乡村体验。2023 年白沙滩村海鲜市场投资超过 200 万元，全力打造一个独具特色的大型露天夜间经济集聚区。这个集聚区不仅提供烧烤美食，还设有儿童游乐区、演艺娱乐场所，并成为网红打卡的新地标。这一举措进一步丰富了镇域文旅业态，为游客提供了更加多元化的夜间休闲选择。此外，白沙滩镇依托潮汐湖得天独厚的资源优势，投资建设了水上户外运动基地，配备了浮码头，购置了桨板、皮划艇、帆船等水上运动器材，致力于发展水上休闲国民运动中心项目。值得一提的是，白沙滩镇已经成功举办了全国桨板 U 系列赛，不仅提升了镇域的文化旅游品牌影响力，也进一步丰富了镇民的文体生活。在文旅推介方面，白沙滩镇启动了"好客白沙滩旅游大使"计划，邀请网红达人担任文化旅游推介官，通过他们的影响力提升白沙滩镇的知名度。同时，白沙滩镇还举办了"古韵焉家百年大集"农民丰收节等特色活动，吸引了大量游客前来体验乡村风情。这些努力取得了显著成效。截至目前，白沙滩镇已接待游客量超过 40 万人次，带动了旅游综合收入超过 500 万元，并于2023 年荣获了"山东省精品文旅名镇"的荣誉称号。

### 5.3.4 乳山市白沙滩镇新型农村集体经济发展面临的挑战

白沙滩镇注重产业振兴，将农业与农产品加工、乡村旅游和电子商务产业深入融合，催生新产业新业态新模式，下好三产融合"一盘棋"。目前，白沙滩镇整体发展态势向好，但发展过程中仍然面临了一系列挑战。

#### 5.3.4.1 农产品深加工较为滞后

党的十九大报告提出，要实施乡村振兴战略，促进农村一二三产业融合发展。2018 年中央一号文件进一步强调，产业兴旺是乡村振兴的重点，需要构建农村一二三产业融合发展体系，培育新六产，即"产业是1+2+3，利润是 1×2×3"。然而，从各村的产业格局来看，虽然已经初步形成了生产农业和休闲农业相结合的一三产业相辅相成的业态结构，但在农产品"深、精、尖"加工方面仍存在滞后问题。大部分试点村尚未涉及农产品深加工产业，导致农业产业链条断裂，多形式利益联动机制不健全，农民难以享受产业链条中的附加收益。为了解决这一问题，需要进一步推动农产品的深加工产业发展，完善产业链条，建立健全的利益联动机制，使农民能够更好地参与到产业链中并获得更高的收益。同时，也需要加强科技创新和管理创新，提高农产品的质量和竞争力。

#### 5.3.4.2 农村年轻劳动力流失严重

目前，一些地区面临农村劳动力的流失、"三留守"问题的凸显以及农村社会的空心化现象，其中留守妇女儿童及空巢老人更是成为农村普遍存在的现状。目前，在村内常住人口中，40 岁以下的青壮劳动力严重不足，这些年轻人大多数都有自己的小本生意，几乎不参与村级事务的管理和运营。类似的情况在其他村也普遍存在。农村年轻劳动力的匮乏，以及那些愿意为村庄发展贡献力量的年轻劳动力的短缺，使得农村知识储备和新观念的引进变得异常艰难。与此同时，城乡之间在就业环境、生活环境和工资薪金方面存在巨大差异，使得许多专业人才难以被吸引到农村，并且农村还缺乏能够留住人才的产业平台基础。

### 5.3.4.3 农村发展资金短缺

在当前的经济形势下，"三农"领域的投资回报率普遍偏低，社会资本的参与度也相对有限，这使得该领域成为投资的"洼地"。此外，集体资金投资的风险性较高，这使得村"两委"在推动农村集体经济发展时显得格外谨慎，担心承担过大的风险。这些因素共同导致了农村集体经济发展面临着较大的资金缺口。以贾家庄村、望海庄村为例，如果没有综改财政专项资金的大力扶持，这些村庄很难完成从无到有、由有到优的集体产业转型。

### 5.3.4.4 技术创新与产业升级

白沙滩镇在农业板块已经取得了一定的成绩，但要持续领跑市场，必须不断进行技术创新和产业升级。当前，白沙滩镇的蓝莓产业已形成一定规模，但面临的挑战包括如何引进更先进的种植技术、提高蓝莓品质、增强产品深加工能力以及如何利用现代信息技术手段提升整个产业链的效率。此外，随着市场的不断变化，消费者对农产品的品质和健康要求越来越高，这要求白沙滩镇不断提升产品的附加值，通过技术革新来满足市场需求。

## 5.4 广西桂林窑头村

窑头村位于广西壮族自治区桂林市雁山区柘木镇，地处雁山北部，东临漓江，南接柘木街，西连草坪乡，北依阳朔县。全村总面积约为10平方千米，拥有丰富的自然资源和独特的地理位置。窑头村气候属于中亚热带季风性湿润气候，气候温和，雨量充沛，适宜农作物生长。全村地形以丘陵为主，地势起伏较大，土壤肥沃，适宜种植多种作物。窑头村拥有丰富的旅游资源，如漓江山水、田园风光、民族文化等。近年来，该村积极发展乡村旅游，推出了多条旅游线路和特色活动，吸引了大量游客前来观光游览。同时，村内还注重生态保护和可持续发展，加强对自然景观和生态环境的保护。

### 5.4.1 桂林市窑头村新型农村集体经济发展现状

窑头村党支部坚定地将发展壮大村级集体经济作为推动农村发展与农

民增收的核心策略，结合村情实际，持续增强村集体经济实力，确保农民能共享发展成果。2019 年，窑头村村级集体经济年收入跃升至 51 万元，人均收入较上年增长显著，达到 1 500 元。窑头村紧抓集体经济发展的黄金时机，创建了以场地、门面出租为主导的创收模式，稳固村级集体经济的基础。同时，窑头村充分利用现有资源及扶持资金，不断拓宽增收渠道。

窑头村在 2010 年筹集了超过百万元的资金，对柘木市场进行了全面升级改造，并引入专业的物业公司进行规范管理。这一举措不仅提升了市场的整体功能，也改善了市场环境，为农产品打开了更广阔的销路，吸引了众多客商和村民前来交易，每年稳定地为窑头村带来 8 万元集体经济收入。窑头村发挥毗邻市区和雁山工业园区的地理优势，于 2011 年筹集 200 万元资金，与村民小组合作新建了创业服务综合楼及门面，用于出租。这一项目目前每年为窑头村贡献超过 16 万元的集体经济收入。此外，在 2017 年，窑头村还利用自治区扶持资金，新建了服务大楼并出租用于开办幼儿园，2019 年为村集体经济带来了 6 万元的收入。在夯实村级集体经济基础的同时，窑头村还注重为全村农业发展注入新的活力和动力。柘木市场的升级改造不仅提升了市场功能，还解决了农产品销售难题，吸引了更多交易活动。

通过稳定的集体经济收入，窑头村不断完善基础设施，硬化道路，建设农田水利灌溉渠道，提升水资源利用率，促进水稻产量的增长。窑头村还充分利用其地理位置优势，积极发展乡村旅游。窑头村在漓江西岸规划建设了桃园，并充分利用桃花林旁的闲置农田种植油菜花，成功打造了"窑头村油菜花海"品牌。这一举措不仅丰富了乡村旅游的内容，也为村民提供了新的增收途径。通过持续推动村级集体经济的发展，窑头村在乡村振兴的道路上取得了显著成效，柘木市场和创业服务综合楼的市场影响力日益扩大，吸引了众多餐饮、住宿、零售等产业的入驻，为村民提供了更多的就业机会。同时，连续举办的"油菜花节"不仅为村集体经济带来了可观的收入，还为村民提供了临时性的就业岗位和增收机会。此外，窑头村还不断完善基础设施，解决了农产品销售和耕地灌溉等问题，确保了农民农业收入的稳步增长。

### 5.4.2 桂林市窑头村产业优势和发展现状

#### 5.4.2.1 旅游产业比较优势

窑头村紧邻漓江，拥有得天独厚的自然景观资源，这为发展以自然风光为基础的旅游提供了良好条件。同时，窑头村临近阳朔县，可与阳朔的旅游资源形成互补，共同吸引更多游客。在村党总支部的引领下，党员干部和广大群众积极响应，采用"闲置资产+村集体"的创新模式，有效激活了农村闲置资产，通过土地入股或流转的方式，共同投入到村集体经济的发展之中。窑头村巧妙利用750亩流转土地，在漓江西岸精心规划并建设了150亩的桃园和600亩的油菜花园，成功打造出了"窑头村油菜花海"这一响亮的品牌。窑头村以花为媒，以节圈粉，不断拓展产业链，创新旅游形式，通过门票销售和停车收费等方式，实现了"一亩地、两收益"的经济效益，为村民致富提供了更为有利的条件。这些举措不仅壮大了村集体经济，更为村民增收致富打下了坚实的基础。

#### 5.4.2.2 旅游产业发展现状

窑头村以村级集体经济为引擎，全力推进乡村振兴，实现集体发展与农民个人收入的双提升。至2019年，全村已实现了100%的脱贫目标。其中，柘木市场与创业服务综合楼的市场影响力日益扩大，吸引了众多餐饮、住宿、零售等产业的入驻，为村庄带来了15名个体创业者及35个新增就业岗位。另外，窑头村连续两年成功举办了"油菜花节"，2019年更是为村集体经济贡献了12万元的收入。在节日期间，窑头村设立了多个临时性就业岗位，为未脱贫农户提供了优先上岗的机会，人均收入达到1500元。同时，现场还设有惠民摊点，为农户提供了展示和销售当地美食及工艺品的平台，人均增收约1200元。此外，为配合"油菜花节"的耕地需求，185户村民得到了租赁耕地农机的统一服务，每户平均节省了500元的生产成本，从而间接增加了村民的收入。

在农业发展方面，窑头村不断完善基础设施，解决了近800户农户的农产品销售问题以及近500户农户的耕地灌溉用水问题，从而确保了全村农民农业收入的稳步增长。此外，窑头村还充分利用其优越的地理位置，在万福路通过土地流转形式，开发了"共享菜园"项目。该项目将土地划分为小块，并推出了多种套餐服务，使客户能够享受到城市田园的新体验。为了增强项目的吸引力，窑头村还定期向租地客户邮寄新品种蔬菜种子和主题活动资讯。这一项目不仅为村民带来了近 4 万元的收入，还初步构建了一个集生态采摘、农业观光、休闲娱乐于一体的城郊农业体验园，进一步推动了集体经济的发展。因此，在 2023 年，窑头村成功入选了第一批全国农村集体经济发展村级典型案例，成为乡村振兴的典范。

### 5.4.3 桂林市窑头村新型农村集体经济发展模式

自 2018 年开展农村集体产权制度改革工作以来，窑头村紧紧抓住这次契机，摸清"家底"，用好现有集体资金、资产和资源，大力发展村集体经济，带动广大村民致富。窑头村大力推行"党建+文旅"的模式，由村党总支部牵头，广泛发动党员干部和群众，采取"闲置资产+村集体"的模式，盘活农村闲置资产，以土地入股或土地流转的形式参与村集体经济发展。

#### 5.4.3.1 坚持党建引领，建立人才发展根基

窑头村一直将人才振兴视为乡村振兴的首要任务，借助"柘漓"党建联盟的力量，成功吸引并登记了 21 名乡村致富能手、返乡创业者、种植大户、养殖大户以及农技人员等各类人才。通过整合多元化的资源和力量，窑头村构建了一个各具优势、协同联动的党建工作新体系。以产业项目的实施为平台，窑头村创新探索出"村党组织+专家人才+本土人才+特色产业"的循环发展模式。这种模式鼓励各类人才通过文旅结合、产教融合的方式，积极投身于农业种植业和休闲旅游业的发展中，有力推动了一二三产业的高质量融合发展，为乡村振兴奠定了坚实基础。同时，窑头村以党支部为核心，搭建了一个培养本土人才的平台。通过"传帮带"的形式，窑头村成功就地培育出 20 余名在农机、畜牧等领域具有专业技能、熟练操作和良好口碑的农技人才，以及 10 余名擅长致富、精通产业、富有创新精神的实训讲师。这些新鲜血液的注入，为乡村的持续发展和建设注入了强劲动力。

#### 5.4.3.2 抓好资源开发，发展精品乡村旅游

首先，窑头村充分盘活旅游资源，巧妙地将十余亩土地划分成小块，每块面积约 12 平方米，开发了独具创意的"共享菜园"项目。此项目壮大了集体经济，为村民带来了近 4 万元的收入增长。其次，窑头村积极做好土地流转服务工作，引导村民以土地入股或流转的方式参与村集体经济的发展。利用流转的 750 亩土地，窑头村在漓江西岸精心规划并建设了

150亩桃园和600亩油菜花园，成功打造了独具特色的"窑头村油菜花海"品牌，为乡村旅游增添了新的亮点。最后，窑头村立足"油菜花海"的旅游特色，吸引了近十万游客前来观赏，通过门票、停车收费等方式，为村集体带来了持续的收入增长。

### 5.4.3.3 坚持集体引领，村强民富获双赢

窑头村以发展壮大村级集体经济为强大引擎，为村民开辟了一条增收致富的新路径。首先，在农副产品销售方面，窑头村充分利用村办农贸市场，为村民提供了20个免费交易平台和临时摊点，有效解决了近800户农户的农产品销售难题。马蹄、草莓等特色产业在市场的推动下不断壮大，村民的收入也稳步上升，生活水平得到显著提升。其次，在就业岗位的增设上，窑头村连续两年在举办"油菜花节"期间设立25个群演、安保、保洁等临时性就业岗位，这些岗位优先安排给村中的低收入农户，使他们在节日期间获得了可观的收入，人均达到了1 500元。同时，窑头村还设置了45个临时性惠民摊点，免费提供给村民销售当地美食和工艺品，进一步增加了村民的收入，人均增收约1 200元。最后，在帮助村民创业方面，随着农贸市场和创业服务综合楼的市场影响力逐渐扩大，餐饮、零售等行业纷纷入驻。窑头村始终坚持优先承租给本村村民的原则，使得8间门面以及80%的市场固定摊位都被窑头村村民承租。物业租赁不仅为村民提供了稳定的收入来源，更成为他们创业致富的有力助手。

## 5.4.4 桂林市窑头村新型农村集体经济发展面临的挑战

窑头村大力推行"党建+文旅"的模式，由村党总支部牵头，广泛发动党员干部和群众，采取"闲置资产+村集体"的模式，盘活农村闲置资产，不断推进乡村旅游带动地方经济。

### 5.4.4.1 资源利用与环境保护的平衡

随着窑头村乡村旅游的蓬勃发展，其集体经济也呈现出喜人的增长态势，同时对自然资源的利用需求也在不断增加。过度开发可能导致生态平衡被打破，资源消耗速度超过其再生能力，进而对窑头村的可持续发展构成威胁。因此，如何在推动经济发展的同时，保持生态平衡和资源的可持续利用，成为窑头村面临的一大挑战。窑头村在追求经济发展的同时，必须注重生态平衡和资源的可持续利用，才能确保窑头村的乡村旅游和集体经济持续健康发展。

### 5.4.4.2　产业结构调整和升级的挑战

窑头村目前以农贸市场、门面出租以及乡村旅游为三大主导产业，这些产业一直是村集体经济的重要支柱。然而，随着市场的不断变化和消费者需求的日益升级，产业结构的调整与优化已成为刻不容缓的任务。窑头村需要在保持传统产业优势的同时，不断调整和优化产业结构，积极引进和发展新兴产业，以提升集体经济的质量和效益。

### 5.4.4.3　人才引进和培养的问题

窑头村在推动集体经济发展的道路上，面临着专业人才匮乏的困境。当前，随着市场竞争的加剧和集体经济的不断壮大，对专业管理人才和技术人才的需求日益迫切。然而，窑头村的人力资源相对有限，缺乏具备丰富经验和专业技能的人才来支撑集体经济的发展。吸引和培养专业人才、提高村民整体素质是窑头村实现可持续发展的重要保障，只有不断加强人才队伍建设，才能为集体经济的发展提供持续的动力和保障。

### 5.4.4.4　资金筹措和投入的压力

窑头村在推动新型农村集体经济组织发展的过程中，面临着资金筹措与有效利用的双重挑战。无论是基础设施的建设、产业的升级还是人才的引进，都离不开大量的资金投入。因此，如何有效地筹措这些资金，并确保其能够用于支持集体经济的稳定发展，成为窑头村当前面临的一大难题。筹措和有效利用资金是窑头村发展新型农村集体经济组织的关键所在，只有通过科学的筹资和用资方式，才能确保集体经济的稳定发展，为窑头村的乡村振兴贡献力量。

### 5.4.4.5　村民参与利益分配的困境

在发展集体经济的过程中，确保村民的广泛参与和公平受益，是窑头村必须高度关注的重要方面。集体经济作为全体村民共同的事业，其发展的成果应当惠及每一个村民，而不仅仅是少数人。因此，窑头村需要采取一系列措施，确保每个村民都能公平地分享到集体经济发展的红利，确保村民的广泛参与和公平受益是窑头村发展集体经济的重要任务。通过建立健全的参与机制，制定合理的利益分配机制和关注弱势群体的利益保障，窑头村可以推动集体经济的健康发展，实现全体村民的共同富裕。

## 5.5 重庆巴南华溪村

重庆市华溪村位于武陵山区深处,是石柱土家族自治县中益乡所管辖的一个行政村。华溪村距石柱土家族自治县县城40千米,距重庆主城区260千米,全村海拔在800至1400米,面积22.36平方千米,户籍人口1400多人,属于典型的"两山夹一槽"地形地貌。华溪村依靠"黄精+蜂蜜"的特色农业产业和农业旅游的模式实现新型农村集体经济高质量发展。

### 5.5.1 重庆市华溪村新型农村集体经济发展现状

2018年,华溪村积极践行"三变"改革,成功组建了村集体股份经济联合社,并探索出"1+1+N"的"三变"改革新模式。这一模式的核心在于,以村集体经济股份合作社为主导,携手一家公司,并联合多个合股联营项目,共同推动村集体经济的蓬勃发展。

在"三变"新模式的基础之上,华溪村股份经济联合社与16位村民携手,共同出资成立了中益旅游开发股份有限公司。其中,联合社占据了93.6%的股份,而村民则持有6.4%的股份。这一举措不仅实现了全村1088亩可用地的统一规划与产业种植、经营的标准化,更为村集体经济的可持续发展奠定了坚实基础①。

华溪村不仅种植了黄精、木瓜、脆桃、脆李等特色农产品,还发展了华溪大米、黄精面条、华溪盐竹笋等农产品加工产品。同时,村集体对于利润分配有着明确的承诺和规划,确保每一分钱的利润都能得到合理的利用。每年,村集体利润的93.6%将用于分红给村集体经济联合社,并进一步按照6∶3∶1的比例进行二次分配。这样的分配机制不仅确保了全体村民的切身利益,还为村级公益事业提供了有力支持。

华溪村紧紧围绕"中华蜜蜂小镇"的主题定位,不断调整和优化产业结构,逐步形成了"一蜂两黄"等多基地的产业格局。这一战略转型不仅提升了村集体经济的整体竞争力,也为村民带来了更多的就业机会和收入

---

① 本刊编辑. 重庆石柱县华溪村"三变"改革激发乡村活力 [J]. 农村工作通讯,2021 (Z1):37-38.

来源。通过资产出租、土地流转、自主经营、电商销售等多种方式，华溪村在 2022 年实现了村集体经济总收入的显著增长，达到了 201 万元，较 2019 年增长了 23%。同时，脱贫人口的年人均收入也实现了大幅增长，达到了 19 415 元，较 2019 年增长了 34%。

### 5.5.2 重庆市华溪村优势产业及其发展现状

#### 5.5.2.1 中药材资源比较优势

石柱土家族自治县在中药材种植领域取得了显著成就，其种植面积高达 2 万公顷，涵盖了众多品种，产量亦颇为可观。特别值得一提的是，该县在中药材的精深加工方面亦展现出强劲的发展势头，年加工量超过 6 万吨，综合产值更是突破 10 亿元大关，为当地经济贡献了可观的收入。华溪村作为石柱土家族自治县的重要中药材种植基地，尤其以黄精的种植闻名。近年来，该村积极探索新的育苗技术和种植方法，使得黄连、黄精等中药材的种植加工基地得到了显著的发展。目前，华溪村的黄精种植面积已达 46.7 公顷，华溪村围绕这一特色药材，研发出多种医药制品，进一步丰富了产品线。这不仅促进了当地中药材产业的健康发展，也为村民带来了更加稳定和可持续的收入。

#### 5.5.2.2 "黄精+蜂蜜"产业发展现状

华溪村的黄精种植面积已跃升至令人瞩目的 730 亩，其中村集体承包了 250 亩土地，村企合作社合股共植 480 亩。除了种植，华溪村还引进了黄精面条与黄精桃片的加工车间，不仅满足了市场需求，更为当地农民提供了多样化的致富路径。政府出资兴建的黄精加工车间，为农民们提供了优质的加工条件。同时，政府还设立了黄精发展基金，减轻了农民种植黄精的经济负担。专业人员的技术指导和培训，更是帮助农民们提升了种植技术和管理能力，使得黄精的产量与质量双提升，经济效益显著。重庆市石柱土家族自治县中益乡华溪村因地制宜，大力发展特色农业与农产品加工，助力乡村振兴。当地流转土地，套种黄精 700 余亩，并与企业合作，开发出"中益黄精面"和"黄精桃片"等特色产品，打造"中益黄精"这一独特品牌，甚至将部分产品出口至澳大利亚、新加坡等国家。中蜂养殖已成为当地脱贫致富的关键环节，尤其在"中华蜜蜂小镇"的主题下，政府大力推动中蜂产业的发展，将其定位为当地的三大支柱产业之一。华溪村的中蜂产业也得到了精心管理和运营，村集体养殖中蜂 496 群，村民自主养殖更是多达 900 多群,规模较 3 年前翻了一番。此外,华溪村还计划将黄精产业与中蜂产业融合,研发新产品,实现两者的协同发展。同时,华溪村还积极布局乡村旅游,通过发展农家乐等方式吸引游客,进一步增加村民收入,壮大集体经济。

### 5.5.3 重庆市华溪村新型农村集体经济发展模式

华溪村新型农村集体经济的发展模式,采用一种深度结合地方资源特色与市场需求的创新路径。该模式以"三变"改革为核心,通过整合村集体资产,成立股份经济联合社,引导村民参与产业发展,实现了资源的优化配置和效益最大化。华溪村充分利用自身的地理位置和生态资源,发展了以黄精和蜂蜜为主的特色农业产业。华溪村通过成立中益旅游开发股份有限公司,将农业与旅游业相结合,打造出具有地方特色的旅游品牌。同时,华溪村还注重调整和优化产业结构,逐渐形成了多基地的产业格局,为村集体经济的持续发展注入了新动力。在利润分配方面,华溪村采用了科学合理的分配机制,确保村民能够享受到集体经济发展的红利。村集体利润的绝大部分用于给村民分红,一部分作为专项基金用于村民的基本生活保障,剩余的则用于支持村级的公益事业。这种分配方式不仅激发了村民参与集体经济的积极性,也增强了村集体的凝聚力和向心力。

#### 5.5.3.1 乡村宜居宜业宜游

华溪村地理位置偏僻,道路交通条件落后,村村通公路尚未触及。为了改变华溪村的困境,让村民们的生活有所改善,当地政府决定从改善交通条件开始。现今通往华溪村的外界公路得到了拓宽,比过去更加宽阔、更加顺畅,为华溪村与外界的交流与联系打开了新的通道。在乡村治理的过程中,华溪村不仅注重基础设施的改善,还积极开展村容村貌的整体提升工作。为了激发村民参与农村人居环境整治的积极性,华溪村别出心裁地组织开展了"清洁户"和"美丽庭院"评选活动。这些活动不仅让村民们有了展示自己家庭环境卫生的机会,还通过环境卫生评比结果的积分兑换制度,让村民们感受到了实实在在的实惠。现在华溪村村子里设置了垃圾分类投放点,村子整体清洁程度大幅提升,整个村落环境变得干净整洁,村民生活习惯也逐步改善,华溪村正在逐步发展成宜居宜业的新农村。

#### 5.5.3.2 大力发展生态旅游

随着道路与环境的提档升级,华溪村深入挖掘当地得天独厚的山水生态资源，将原有的绿水青山转化为了村民口中的"金山银山"。华溪村坐落于海拔 800 至 1 400 米的秀美山川之间，森林覆盖率高达 83%，全年空气质量优良，成为避暑胜地中的佼佼者。更为难得的是，这片土地赋予了华溪村养殖蜜蜂的天然优势。为了充分发挥这一优势，华溪村紧扣"中华蜜蜂小镇"的主题定位，积极行动，栽植了五倍子、乌桕等特色蜜源植物共计 6.6 万株，成功建立了中蜂标准化养殖场和成熟蜜基地。基于此，华溪村成功打造了以"中华蜜蜂谷"为品牌的特色生态旅游目的地，吸引了越来越多的游客前来探访。随着游客的增多，村民们也看到了商机，纷纷开办民宿、经营农家乐，极大促进了华溪村的发展，切实提高了当地村民的收入。

### 5.5.3.3 生态农业打开致富道路

得益于华溪村得天独厚的生态环境，华溪村中蜂标准示范场的每箱中蜂产蜜量已经从最初的 3~4 千克显著提升至大约 6 千克，而蜂蜜的价格也从最初的 180 元/千克稳步上涨，最高时甚至达到了 360 元/千克。中蜂养殖已成为华溪村村民增收的重要途径。除了中蜂养殖，华溪村还大力发展黄精产业。华溪村里的黄精种植面积已达 730 亩，每亩地可收获黄精超过 2 500 千克。为了进一步提升黄精的价值，华溪村还积极延伸产业链，开发出了黄精面条、黄精桃片、黄精茶、黄精果脯等一系列深加工产品。这些新颖的加工方式，不仅让黄精走出了大山，还远销海外，为村集体经济带来了可观的收入。华溪村的村集体领办企业营业额已累计突破 2 600 万元，利润超过 350 万元。随着村集体经济收入的持续增长，村民们的分红也越来越多，生活水平得到了显著提升。华溪村正不断发展生态农业，推动"农文旅"融合发展，巩固拓展脱贫攻坚成果，与乡村振兴有效衔接，努力实现"农业更强、农村更美、农民更富"的美好愿景。

## 5.5.4 重庆市华溪村新型农村集体经济发展面临的挑战

当前，华溪村通过实施农村资源变资产、资金变股金、农民变股东的"三变"改革，已经初步建立了"村办企业盈利、集体经济壮大、广大村民增收"的良性经济发展格局，并且打响了黄精和蜂蜜的名号。但是，华溪村的新型农村集体经济在发展中也面临不少挑战。

### 5.5.4.1 产业结构单一

黄精产品的开发为华溪村带来了新的经济增长点，但其他农产品如脆桃、脆李的销售模式较为传统，主要以销售原始果实为主，缺乏深加工和品牌建设。这种状况限制了产品的市场竞争力，降低了消费者认知度，农产品的潜在价值没有得到充分利用和体现。首先，产业链的不完整意味着从生产到销售的各个环节没有形成有效的协同作用。农产品从田间采摘后直接销售，缺少了加工、包装、储藏、物流等中间环节的优化和整合，这些环节的缺失降低了产品的市场适应性和消费者体验。其次，缺乏品牌意识和营销策略也是导致农产品附加值不高的重要原因。华溪村没有建立起自己的品牌形象，使得产品在激烈的市场竞争中难以脱颖而出。再次，华溪村没有有效的市场推广和营销手段，导致消费者对华溪村农产品的了解不足，影响了产品的销售量和价格。最后，技术支持和创新能力的不足也制约了产业的发展。由于缺乏先进的加工技术和设备，华溪村无法生产出多样化和高附加值的产品来满足消费者的需求。同时，对新品种、新技术的研发投入不够，限制了产业的可持续发展潜力。

### 5.5.4.2　市场规模小，布局分散

华溪村的产业规模较小，且产业布局分散，导致无法形成规模化经营。这种局面使得产业难以吸引足够的投资，限制了生产效率的提升和成本的降低。以中蜂养殖为例，尽管通过改良技术和管理方法，产量有所增加，但由于缺乏统一的市场营销策略和品牌推广，产品往往只能在本地或周边市场销售，难以进入更广阔的区域市场。市场规模的扩大对于提升产业竞争力至关重要。华溪村的农产品若想在国内外市场占据一席之地，就必须提高产品的市场占有率，这需要村集体或企业制定明确的市场拓展计划，通过参加农产品展览会、建立线上销售平台、与大型零售商合作等方式，增加产品的曝光率和销售渠道。同时，提高产品的市场占有率还要依赖产品质量和差异化竞争。华溪村应注重提升农产品的品质，确保食品安全，满足消费者对健康食品的需求。此外，通过开发具有地方特色的深加工产品，打造独特的品牌形象，可以在激烈的市场竞争中脱颖而出。

### 5.5.4.3　多种资源使用困境

华溪村在资源利用和环境保护方面面临挑战。随着集体经济的不断发展，对资源的需求也将不断增加。如何在保障经济发展的同时，实现资源的合理利用和环境的保护，是华溪村必须面对的问题。此外，华溪村在人才吸引和培养方面也面临挑战。随着集体经济的发展，对人才的需求也将不断增加。然而，由于地理位置偏远、交通不便等因素，华溪村在吸引和留住人才方面存在困难。

## 5.6 海南和乐镇六连村

海南省万宁市和乐镇六连村是著名的红色革命老区，位于六连岭山脚下，有 11 个自然村，8 个村民小组，共 380 户 1 475 人，总面积 1.5 万亩，生产用地面积 1.3 万亩，耕地面积 8 000 亩，有水旱田面积 1 618.8 亩、坡地面积 8 617.35 亩、林地面积 2 701.65 亩。六连村的农业主要以种植业和养殖业为主。2012 年 10 月，司法部、民政部确定六连村为第五批全国民主法治示范村（社区），2022 年 11 月，六连村被认定为第十二批全国"一村一品"示范村镇。

### 5.6.1 和乐镇六连村新型农村集体经济发展现状

近年来，六连村依托红色文化资源，按照"支部带头、先锋带动、培育产业、打造品牌"的发展思路，创建"1+1+N"的党建品牌，通过一个支部、发展一个产业、形成上级支持、镇级倾斜、村级发力、企业帮扶、群众联结等多方合力发展产业的局面，做好"一中心二阵地三培育（六连村党支部中心+六连岭食品加工厂二阵地+集体产业家庭农场新农人三培育）"产业发展布局，告别集体经济"空壳村"，同时聚合力量促增收。六连村发挥村党支部领导作用，成立村集体股份经济合作社，采取"党支部+合作社+公司"的运作模式，成立万宁市禄禄红食品有限责任公司，发展集鸭蛋加工、特色粽子加工、海产品加工、农产品展销中心和电子商务于一体的特色产业项目。万宁市禄禄红食品有限责任公司投产运营后，不仅解决了六连村鸭蛋的销路问题，还解决了 50 多名村民的就业问题，同时村集体每年固定创收 3 万元，并获得 20% 的分红。六连村统筹使用各类发展资金，提供 1 200 平方米的食品加工厂厂房并购买部分生产设备，租赁给公司使用获得租金。2022 年六连村实现由空壳村到集体经济收入 12 万元的突破，较 2021 年增加 37.5%。六连村先后荣获第十二批全国"一村一品"示范村镇、市级五星级基层党组织等称号。通过发展乡村产业，六连村实现了消除"空壳村"的目标，集体经济得到了进一步的发展。六连村打造出"六连红"跑海鸭蛋、"莫小粽"乐粽品牌和"e 路向党"党建品牌，进一步延伸品牌效应。后续，六连村将充分利用现有资源优势，进行多元化的产业拓展，把更多更好的产品推向市场。

### 5.6.2 和乐镇六连村优势产业及发展现状

和乐镇土地肥沃，资源丰富。随着近年来城镇建设初具规模，六连村逐渐成为万宁市北部乡镇农民集市贸易中心和农副产品集散地，该镇被列入全省 26 个建设示范镇之一，当地的交通便利与市场繁荣为六连村发展提供了基础条件。万宁市和乐镇六连村位于六连岭山脚下，是海南省著名革命老区，遗存着六连岭烈士陵园、红军洞、红军操场等红色遗迹及革命传奇历史事件，是全国红色村的试点之一。2021 年年初，该村还是集体经济"空壳村"，产业基础薄弱。乡村振兴工作队和村"两委"针对六连村的实际情况，因地制宜，科学谋划特色产业项目，最后确定以咸鸭蛋深加工产业为切入点，在村里新建食品厂，带动本村村民发展壮大现有产业，辐射周边地区。同时，六连村利用中央下拨的 300 万元产业发展资金，在村里新建起了一栋四层楼高、1 200 平方米的食品加工厂，并与和乐镇港北返乡创业青年莫泽锦创办的公司合作，共同出资创立万宁市禄禄红食品有限责任公司，生产加工咸鸭蛋和乐粽以及海产品等万宁特色食品。六连村靠着鸭蛋入选第十二批全国"一村一品"示范村镇。截至 2023 年 5 月初，禄禄红公司订单已突破 200 多万元，2023 年六连村集体经济收入达到了30 万元。

### 5.6.3 和乐镇六连村新型农村集体经济发展模式

#### 5.6.3.1 党建引领，推进共赢发展

2023 年，六连村村委会和镇农场采取"党支部+村集体+公司"的模式，引进海南华牧农业科技发展有限公司发展蛋鸡养殖。该项目 2023 年投资 3 000 万元，一期投产后年产值约 5 400 万元，有效带动和乐镇周边近100 户养殖户发展增收。项目建设过程中，六连村党支部积极探索以"党建+"理念谋划产业多元发展路径，同时成立村集体股份经济合作社，采取"党支部+合作社+公司"的运作模式，实现了资源的有效利用和村集体经济的增收。2021 年 11 月，六连村的村集体经济迎来了一次显著增长。其中，厂房租赁带来的收入达到 5 万元，而保底分红也贡献了 3 万元。两项收入合计为村集体经济带来了 8 万元的增收。六连村党支部在基层实践中，不断增强政治定力、担当魄力、干事能力、实践脚力，以党建引领乡

村振兴，按照"支部带头、先锋带动、培育产业、打造品牌"的发展思路，接连不断引入新产业，壮大村集体经济。

### 5.6.3.2 因地制宜，谋划产业发展

2021年6月，六连村党委选定在六连红色广场新建一个食品厂。该厂以生产加工咸鸭蛋、蛋黄、粽子以及海产品为主导，不仅为本村村民提供了就业机会，更通过辐射效应带动了周边村民共同发展产业，推动了乡村经济的整体提升。六连村明确了发展复合型产业作为推动乡村高质量发展的核心动力，紧密围绕当地特色的鸭蛋产业，积极开展联合合作，努力延伸产业链条，从而在市场上提升竞争优势。

在旅游产业领域，六连岭革命纪念地于2021年成功获批为国家3A级旅游景区，同时六连村入选"红色美丽村庄"试点村之一。这成功吸引了大量游客前来观光，极大地推动了六连村红色旅游的发展。

在种养产业方面，六连村致力于巩固和提升原有菠萝、荔枝等产业的规模与质量，同时积极打造六连村小黄牛品牌，以丰富多样的产品满足市场需求。为了进一步增强产业发展活力，六连村还积极引进市场主体，努力争取优质企业的入驻。这些企业带来了先进的理念和技术，与六连村合作发展生态农业、观光农业、特色药用植物等产业，为乡村经济的多元化发展注入了新的动力。

### 5.6.3.3 聚集合力，培育人才发展

由村集体与港北老渔民有限责任公司合作，成立万宁市禄禄红食品有限责任公司，发展集鸭蛋加工、特色粽子加工、海产品加工、农产品展销中心和电子商务于一体的特色产业项目，村集体出资50万元，占股20%，港北老渔民有限责任公司出资100万元，并负责管理、技术和运营。双方约定，不论盈亏，村集体每年可获得保底分红3万元。同时六连村党支部还积极培育本土人才，扶持壮大"新农人"群体，帮助"新农人"盘活"沉睡"资源，发展垂钓休闲业，做优做强休闲农业，为乡村产业发展提供新模式、新样板。此外，六连村积极发挥由离退休镇村干部、现职村干部、优秀企业代表、有威望的群众代表、退休教师组成的六连村"五老"红色宣讲团传帮带作用，深挖红色资源，大力培养六连村传承红色文化人才队伍。六连村在本村定期举办鸭蛋加工技术培训、粽子裹绑技术培训班、真空打包培训班等，给本村创造就业岗位，优先解决当地脱贫户等低收入群体就业难题。六连村引进莫泽锦等3名年轻优秀党员和入党积极分

子，发挥党员先锋模范带动作用，培育"土专家"，帮助村民提升专业技能，带领村民增收致富，走出了一条集体经济与农户增收双赢的发展之路。

### 5.6.4 和乐镇六连村新型农村集体经济发展面临的挑战

近几年来，和乐镇六连村新型集体经济发展取得了一定成绩，同时被列为村级集体经济发展典型示范村，取得了一定的成就。但在集体经济发展过程中仍然存在诸多问题，导致集体经济发展存在一定的障碍，主要体现在发展缺乏人才、政策支持不足两个方面。

#### 5.6.4.1 发展缺乏人才

习近平总书记强调，发展是第一要务，人才是第一资源，创新是第一动力。在推动农村新型集体经济持续、健康、稳定发展的进程中，人才的作用显得尤为关键，他们是集体经济不断壮大和持续进步的坚实保障。农村新型集体经济的发展，离不开一支高素质、有能力的发展队伍，他们的素质和能力水平将直接决定集体经济发展的质量和成效。

就六连村目前的状况而言，村委干部无疑是这支队伍发展的中坚力量，他们的能力和素质直接影响着农村新型集体经济的发展走向。然而，随着城镇化的推进，六连村面临着优质劳动力大量外流的问题，外出务工人员多为文化水平较高、身体健康的年轻人，这在一定程度上削弱了村集体经济的发展潜力。

更为严峻的是，六连村在吸引高素质人才方面也存在诸多困难。受限于经济条件和地理环境，六连村在人才引进政策方面存在不足，甚至缺乏相关的政策支持，这使得六连村在吸引外地高素质人才方面处于不利地位。同时，集体经济组织内部也面临着人才短缺的问题，缺乏具备技术专长和管理经验的专业人才，这直接制约了新型农村集体经济的发展速度和发展质量。

此外，当地干部在专业知识吸收方面速度较慢，且普遍存在着"等、靠、要"的思想问题，这导致他们在参与集体经济的决策、生产和交易过程中难以发挥有效作用。这些因素共同构成了六连村在人才方面的短板，严重制约了新型农村集体经济的进一步发展。因此，为了推动六连村新型集体经济的持续健康发展，必须高度重视人才问题，加强人才队伍建设，提升干部素质能力，同时积极出台相关人才引进政策，吸引更多高素质人才投身到农村集体经济的发展中来。

### 5.6.4.2 政策支持不足

国务院多次发布关于发展壮大集体经济的指导性文件，强调在政府的积极引导下，推动金融资本与村级集体经济组织实现合作共赢的发展模式。这充分显示了中央对村级集体经济发展的高度重视。然而，在县乡两级层面，相关政策尚待进一步完善，特别是在环保、土地等方面缺乏具体的操作办法，这在一定程度上制约了村级集体经济的健康发展。

目前，针对集体经济的帮扶措施主要集中于对特定项目的专项拨款，这些资金往往专款专用，限制了村集体对资金的综合利用能力。因此，大多数村集体在推动集体产业发展时面临资源和资金的双重困境。同时，基层政府对村级集体经济的发展重视程度不足，缺乏统一的规划指导，未能因地制宜地引导村集体明确发展方向。此外，政府部门的申报流程烦琐、审批周期长等问题也影响了村里发展集体经济的积极性。

村集体自身资金实力有限，且由于初期效益不明显，对企业吸引力不足，导致真正愿意投资集体经济的企业数量较少。同时，受传统思想和自身素质的限制，当地村民在集体经济方面的投入意愿较低，这使得六连村在融资方面面临较大困难，即使有前景良好的村集体经济项目，也常因资金短缺而在实施过程中陷入困境，发展后劲不足，此时，往往需要政府发挥桥梁作用，协助村集体获得融资支持。然而，目前政府在这方面的关注和支持相对较少，村集体经济往往只能依靠自身力量艰难发展，一旦项目失败，不仅无法为村里增加集体收入，反而可能增加集体负债。

单纯依赖镇村两级的投入，资金缺口巨大，难以支撑集体经济的持续发展。而仅仅依赖社会资本的注入，由于农户的信任度和参与度不高，也难以实现集体经济的健康发展。因此，只有通过政府部门、金融机构、社会资本等多方共同参与，形成合力，才能推动金融支农取得实际成效，进而促进新型农村集体经济的繁荣发展。


## 5.7 江苏苏州灵湖村


灵湖村地处吴中区西太湖之畔临湖镇，全村占地面积约 4.3 平方千米，由吴舍、塘桥、舍上等 9 个自然村组成，辖 11 个村民小组，全村共有 894

户、3 550 人，绿化覆盖率达 35%以上，核心区域拥有 600 亩水稻综合功能示范区（其中稻虾结合共养 100 亩）。近年来，先后成功创建成为江苏省四星级乡村旅游区，江苏省特色景观旅游名村，江苏省特色田园乡村首批试点。

### 5.7.1 苏州市灵湖村新型农村集体经济发展现状

优越的地理位置与生态资源，灵湖村位于沿太湖一公里生态保护区内，享有得天独厚的自然资源和优美的生态环境，这为其发展绿色产业和生态旅游提供了极好的条件。第一，突破发展限制。尽管灵湖村面临着生态保护红线的限制，但其并未被这些限制所束缚。灵湖村通过"资本联合抱团发展"和"资源整合融合发展"的模式，成功地打破了产业结构单一的局限，将原本的生态发展限制转化为生态发展优势。第二，集体经济显著增长。2010—2022 年，灵湖村集体经济总收入实现了显著的增长，从200 万元大幅提高到 1 488 万元。这一增长不仅体现了该村经济总量的提升，更显示了其经济结构的优化和质量的提升。第三，农民持续增收。随着集体经济的发展，灵湖村的农民也实现了持续增收，这既得益于产业结构的优化，也得益于该村对绿色产业的重视和投入。第四，明确的产业定位。灵湖村充分利用其沿湖生态禀赋优势，将发展目标定位为发展绿色产业，这不仅符合当前的可持续发展理念，也符合该村的实际情况和长远发展的需要。第五，良好的发展前景。从灵湖村目前的发展态势来看，其未来发展前景广阔，随着绿色产业的深入发展和生态保护意识的日益增强，该村有望在保持经济增长的同时，实现生态环境的持续改善。灵湖村通过创新发展模式，充分利用自身优势，成功实现了经济的转型升级和农民的持续增收，展现出良好的发展潜力和前景。

### 5.7.2 苏州市灵湖村优势产业及发展现状

#### 5.7.2.1 比较优势

灵湖村的产业比较优势体现在其得天独厚的自然环境上。这里山清水秀，气候宜人，为农业生产提供了得天独厚的条件。灵湖村的农产品以其绿色、有机、高品质而享誉市场，尤其是当地的特色水果和有机蔬菜，深受消费者喜爱，而这些正是现代都市人追求的健康生活方式的完美体现。通过文化产业的开发，灵湖村成功地将传统文化转化为经济优势，实现了文化与经济的双赢。更值得一提的是，灵湖村还积极引进和发展现代科技农业。通过引进先进的农业技术和管理经验，灵湖村的农业生产效率得到了大幅提升，同时也为村民提供了更多的就业机会。这种传统与现代的完美结合，让灵湖村的农业产业焕发出新的生机与活力。此外，灵湖村还注重生态旅游的开发。借助得天独厚的自然景观和丰富的文化资源，灵湖村打造了一系列生态旅游项目，吸引了大量游客前来观光旅游，这不仅提升了灵湖村的知名度，也为当地的经济发展带来了可观的收益。另外，灵湖村通过民主决议成立村级合作社，租赁村民的闲置房屋，并改造成"旅居养老""候鸟式养老"等"能造血、能富民"的村级项目。

### 5.7.2.2　发展现状

灵湖村 80% 的辖区面积位于沿太湖一公里生态保护区内。近年来，灵湖村通过"资本联合抱团发展""资源整合融合发展"发展模式，双轮驱动，打破了产业结构单一和"沿太湖生态保护红线"的藩篱，逐步将"生态发展限制"转化为"生态发展优势"，有效实现了经济量质双升和农民持续增收，助推村级集体经济高质量发展，灵湖村集体经济总收入从 2010 年的 200 万元提升到 2022 年的 1 488 万元。

灵湖村主动抢抓"薄弱村帮扶重点村"机遇，与镇内"工业强村"采莲村、"养殖强村"前塘村共同出资，联合成立苏州众村联合投资发展集团有限公司，并分别成立永飞制衣、群雄景观绿化、众隆物业管理、众垚文化旅游发展四大子公司。通过资本联合，解决了单个村"做不了、做不好"的难题，实现了合作共赢，推动了集体经济发展壮大，盘活闲置资产，增强造血功能。众村集团积极开展异地资产收购、抱团合作，先后收购了苏州永飞制衣有限公司、苏州聚嘉机械制造有限公司、远利服饰厂房等优质资产。

一是实施政策倾斜，推进富民强村。众隆物业管理公司承接临湖镇 22.1 万平方米的动迁安置小区、4 个公园和 7 个行政村的安保业务，为提高三个村的经济收入开辟了新途径，也为本地村民特别是"40""50"人员提供了就业岗位 170 多个。另外，灵湖村在做大资产夯实村级家底的同时，还着力探索集体经济融合发展新路径。

二是唤醒沉睡资源，统一集中经营。灵湖村积极发挥基层民主议事作用，探索"333"乡村治理新模式，挖掘闲置资源，通过民主决议成立村级合作社，租赁村民的"空关"房屋。"空关"房屋经村合作社统一修缮装修后，改造成"旅居养老""候鸟式养老"等"能造血、能富民"的村级项目，避免了同质化竞争。

三是创新经营思路，不断增加经济效益。灵湖村坚持上门招商、以商引商的工作思路，不断提升集体经济发展质效。灵湖村对原有规模小、管理混乱的项目租户予以清退，改为"先付后租、先投资后经营"的租赁合作模式，杜绝以往"收租慢、收租难、欠账多"等财务风险及合同纠纷，保障集体经济效益。

四是发展农文旅项目，增强发展活力。灵湖村以 2019 年入选苏州市级共享农庄为契机，不断放大共享效应，明确了"一馆三车三园"的集体经营发展思路，节假日旅游高峰期，黄墅田园小火车单日平均营收超 1.4 万元。2022 年，灵湖村乡村旅游收入占集体经济比重超 22%，逐渐走出一条旅游富民、生态富民、产业富民的集体经济发展新路径。

### 5.7.3  苏州市灵湖新型农村集体经济发展模式

#### 5.7.3.1  利用激活存量资产，提高造血能力

众村集团通过对外来资产的积极收购和抱团发展，现已拥有 168 亩的土地，2020 年度的租金收入达 838 万元，使其发展的空间得到了极大的拓展，同时也提高了自身的造血能力。要想企业焕发生机，就必须激活那些沉睡的资产，提升它们的价值，从而增强企业的自我造血功能。在这一点上，众村集团展现出了独到的眼光和策略。众村集团通过积极而稳健地收购外部资产，不仅扩大了自身的业务范围，而且实现了资源的有效整合。通过这种方式，众村集团成功地拓宽了其发展路径，增强了面对市场波动时的韧性，使得企业能够更加健康、持续地发展，最终实现可持续盈利的目标。

#### 5.7.3.2  积极开发和利用自然资源，推动绿色产业的发展

在对村庄进行全面而深入的综合改造过程中，众村集团精心规划了村庄布局、水系网络、田园景观以及森林植被等多个要素，使得这些元素都呈现出清晰而和谐的轮廓，打造了一个融合江南水乡风韵与浓厚人文氛围的田园小村。这样的改造不仅为村民们提供了一个宜居环境，也吸引了更多的游客前来体验，感受那份远离尘嚣、回归自然的淳朴风情。通过这一系列举措，众村集团实现了人与自然之间的和谐共生，促进了生态文明的建设与可持续发展。

### 5.7.4 苏州市灵湖村新型农村集体经济发展面临的挑战

#### 5.7.4.1 地理位置特殊，发展产业受限

灵湖村正面临着前所未有的挑战。与湖岸仅一千米之隔，就是一个严格保护的自然保护区，这片区域以其独特的自然美景和生物多样性而闻名。这个地理边界不仅限制了村民们的视野，也为灵湖村带来了诸多发展的障碍。首先，在商业活动方面，由于紧邻保护区，村民们无法开展一些传统的旅游和观光活动，因为这些活动可能会干扰到保护区内的自然环境。此外，村庄缺乏足够的商业设施来支持村民的生计，如售卖当地特产或提供旅游服务。其次，基础设施建设受到限制。由于缺少必要的道路、桥梁以及其他基础建设项目，村民们无法有效地提升居住环境和生产条件。最后，公共服务受到影响。由于资源有限，许多重要的社会服务，如医疗、教育等，都难以在灵湖村得到充分发展。随着时间的推移，灵湖村的发展似乎越来越陷入僵局，既无法摆脱地理位置对其发展的限制，又无法跟上现代社会的步伐。这种困境迫使村民们思考如何在保持生态平衡的同时，寻找新的发展机会。然而，在如此敏感且充满限制的保护区中，任何大胆的变革都必须谨慎而审慎。

#### 5.7.4.2 面临乡村治理和民主参与的挑战

在灵湖村探索的"333"乡村治理新模式中，虽然民主议事的机制被引入，但要实现有效的治理和广泛的民主参与仍然是一项挑战。

一是信息不对称和透明度不足。尽管民主议事机制被引入，但村民对于村务的了解程度可能存在不足，信息透明度不足，这可能导致村民对于村庄发展的重要决策缺乏理解和参与，影响到治理的有效性和民主性。

二是决策权和权力分配不明确。在乡村治理中，决策权和权力的分配可能存在不明确的情况。如果村级治理结构不够健全，或者相关制度不够完善，可能会导致权力滥用或者决策不公平，进而影响到民主参与的积极性和效果。

三是参与机会不均衡。尽管民主议事机制被引入，但在实际操作中，可能存在一些村民由于信息获取、社会地位或者其他因素而参与度较低的情况。这可能导致村民群体中的一部分人的利益无法得到充分体现，影响民主参与的广泛性和公平性。

四是决策结果的执行和监督不到位。即使民主议事机制顺利进行，但

决策结果的执行和监督环节可能存在问题。如果决策结果无法得到有效执行，或者监督机制不到位，可能导致决策结果的失效，降低村庄治理的效率和信任度。

五是外部干预和利益冲突。在乡村治理中，可能存在外部利益介入的情况，如地方政府、企业等可能对村庄治理产生影响。如果外部干预过于强势，可能会影响村民的自治权利和民主权利，进而影响民主参与的效果和意义。

### 5.7.4.3 产业结构单一化

由于受到生态保护政策的限制，灵湖村在经济发展过程中难以实现产业的多样化。过于依赖某一种产业可能会使村庄的经济发展面临较大风险，尤其是当该产业面临市场波动或政策调整时。产业结构过于单一化还可能带来以下风险。

一是经济风险过高。过度依赖某一种产业意味着灵湖村的经济发展容易受到该产业市场波动或政策调整的影响。如果该产业遇到困难或者面临下滑，整个村庄的经济将受到严重影响，甚至可能导致收入急剧减少、失业率上升等问题。

二是抵御外部风险能力不足。由于产业结构单一化，灵湖村缺乏多样化的经济支柱，因此在面对外部风险时的抵御能力较弱。例如，国际贸易摩擦、自然灾害等外部因素可能对该产业造成冲击，而缺乏其他产业作为支撑，使得灵湖村难以有效抵御这些风险。

三是就业机会有限。产业结构单一化可能意味着灵湖村的就业机会有限。如果该产业无法提供足够的就业岗位，将导致村民就业机会减少，增加失业风险，甚至可能引发社会不稳定问题。

四是资源利用不合理。过于依赖某一种产业可能导致灵湖村对资源的过度集中利用，而其他潜在的产业发展可能因此被忽视。这不仅会影响到资源的合理利用，也会限制灵活应对市场变化的能力。

五是人才流失和培养困难。产业结构单一化可能导致灵湖村无法吸引和留住多样化的人才。例如，如果村庄只有某一特定产业发展，而其他领域的人才无法找到相应的就业机会，将导致人才流失和村庄发展的人才短缺问题。

### 5.7.4.4 资金和技术支持不足

虽然吴中区对农村集体经济发展给予了政策支持，但在实际发展中，灵湖村可能面临资金和技术支持不足的问题。一旦资金匮乏，将带来一系列的连锁反应。

一是生态环境保护项目难以推进。缺乏资金和技术支持意味着灵湖村在生态环境保护方面的项目可能难以推进。例如，水体净化、湿地恢复、生态景观建设等项目需要大量的投入和专业的技术支持，而缺乏这些资源可能导致这些项目无法顺利进行，进而影响到村庄生态环境的改善和保护。

二是农业生产水平难以提升。在农业生产方面，缺乏资金和技术支持可能导致灵湖村的农业生产水平难以提升。例如，缺乏资金投入可能导致无法购买先进的农业生产设备和技术，无法实施高效的农业生产管理模式，从而影响农业产量和质量的提升。

三是新兴产业发展受限。在新兴产业领域，如绿色能源、生态旅游等，缺乏资金和技术支持可能限制了灵湖村相关产业的发展。这些新兴产业通常需要较大的投资和技术支持，而缺乏这些资源可能使得灵湖村无法抓住新兴产业发展的机遇，错失发展机会。

四是人才引进和培养困难。缺乏资金和技术支持也可能导致灵湖村在人才引进和培养方面面临困难。例如，缺乏资金，无法提供高薪吸引优秀人才加入；缺乏技术，支持无法提供专业的培训和技术支持，这可能导致灵湖村无法招募和培养具有专业技能和经验的人才，从而制约了村庄发展的潜力和竞争力。

5.7.4.5　面临资本联合带来的利益分配问题

随着资本联合和合作发展的模式的实施，如何公平合理地分配利益是一个挑战。不同村庄、不同企业之间可能存在利益分配不均、合作关系不稳定等问题。

一是利益分配不均。不同村庄、不同企业之间的资源投入、市场份额、技术贡献等可能存在差异，导致利益分配不均。一些村庄或企业可能因为资源较为丰富或技术领先而获取更大的利润份额，而其他村庄或企业则面临利益被边缘化的风险，这可能导致合作关系不稳定，甚至引发矛盾和纠纷。

二是合作关系不稳定。资本联合和合作发展模式需要建立稳定的合作关系，但由于利益分配不均等原因，合作关系可能面临不稳定的情况。一旦出现利益分歧或者一方认为受到了不公平待遇，合作关系可能会受到影响，甚至导致合作关系的解除或者合作项目的中断。

三是合作机制不完善。缺乏完善的合作机制可能导致利益分配不公平或者合作关系不稳定。例如，如果缺乏有效的合作协议或者合同，各方在合作中的权利和义务不明确，可能导致利益分配不均或者产生纠纷。此外，缺乏有效的合作监管和调解机制也可能使得合作关系难以维持。

四是资源浪费和低效率。如果合作关系不稳定或者利益分配不公平，可能会导致资源的浪费和低效率。例如，由于各方之间存在矛盾或者纠纷，可能导致项目无法顺利推进，资金和人力资源等被浪费，最终影响到合作项目的效益和发展。

五是社会影响和声誉风险。利益分配不均和合作关系不稳定可能对灵湖村的社会形象和声誉造成负面影响。如果合作关系出现问题，可能会引起社会各界的关注和质疑，影响村庄的发展信心和合作伙伴的信任度。

# 6 发展机制

## 6.1 产权配置机制

产权制度是社会主义市场经济的基石，是促进社会主义市场经济体制不断完善的重要抓手。要发展壮大新型农村集体经济、带动农村农民共同富裕，从而进一步加快新农村建设，必须健全农村产权制度、加强产权保护。长期以来，我国农村资产资源产权处于"模糊共有"状态，产权归属不清晰、权能不完整等问题导致农村资源资产管理困难、利用效率低下，抑制了农村资源资产发挥经济效益，严重制约集体经济的发展。改革开放以来，农村发展策略逐步调整，针对农村产权制度的改革也在循序推进，土地产权制度改革、"三权"分置推行、农村集体产权制度改革等探索为发展壮大新型农村集体经济创造了条件。产权具有可分割性、可让渡性和排他性的特征。其中，可分割性强调产权内容和主体可细分重组，对应着产权主体的明晰界定；可让渡性促使资源要素向具有比较优势的行业和主体流入，对应着产权流转配置；排他性保障权利主体免受外界侵犯，对应着产权保护。产权的上述特征表明：要探索出农村集体所有制的有效实现形式，实现农村集体资产盘活，推动集体经济带动农民增收致富，必须稳步推进农村集体产权制度改革，建立健全产权配置机制，增强农村集体经济发展的活力。

### 6.1.1 产权界定

市场化交易的前提是产权权属清晰，通过清晰界定产权主体与权利边界，确保具有产权属性的生产要素进行市场化配置。产权清晰界定带来的产权功能体现在交易费用的降低与生产效益的提升方面。影响产权界定的三个因素：制度环境、目标导向、主体关系。

新型农村集体产权是农村集体经济组织共有的产权，也是集体中的成员共同享有的权利。新型农村集体产权以产权理论为基础，以所有权为核心，以农民集体为主体，以农村集体成员资格为基础前提，以农村集体经济为物质基础；农村集体产权源于集体所有制，是中国特色社会主义制度下具有中国特色的农村产权形式，既有社会主义公有制的阶级属性，又体现了资源配置的市场属性[1][2]。对于新型农村集体产权的界定，不同专家学者基于不同认识给出了各自的见解。郭强认为，农村集体产权是农村集体经济组织成员在共有资产配置中形成的各项权利集合[3]。折晓叶等认为，农村集体产权即社区集体产权，是一种社会合约性产权，这种合约是特定行动关系协调的产物，它不仅包括经济交易，同时也追求社区互惠与回报，因此，这种合约反映了社会和谐秩序[4]。朱大威等认为，农村集体产权是农村集体成员在成员权界定的基础上享有的集体资产权利的集合[5]。不难看出，虽然学术界关于农村集体产权的界定略有差异，但专家学者们都是从"农村集体产权是一种权利束"出发展开界定的。区别于传统的农村集体产权，新型农村集体产权权属清晰且多以股份确权量化，以村或农村社区为单位，是集体成员在对共有的集体资产配置过程中形成的权利集合，新型农村集体产权对其成员具有共享性，对外具有排他性。

### 6.1.2 产权流转

要素产权流转交易的本质是产权权能配置，其目的是提升产权配置效率，发挥产权功能。由产权流转带来的产权功能主要体现在培育要素流转市场和深化产业分工方面。促进农村产权流转交易市场发展对畅通城乡要

---

① 信常志. 农村集体产权制度改革促进农业全要素生产率的机制研究 [D]. 济南：山东师范大学，2023.

② 赵华伟. 利益相关者视角下农村集体产权制度改革问题研究 [D]. 济南：中共山东省委党校，2023.

③ 郭强. 中国农村集体产权的形成、演变与发展展望 [J]. 现代经济探讨，2014 (4)：38-42.

④ 折晓叶，陈婴婴. 产权怎样界定：一份集体产权私化的社会文本 [J]. 社会学研究，2005 (4)：1-43，243.

⑤ 朱大威，朱方林. 我国农村集体产权制度改革的历史回顾与现实思考 [J]. 江苏农业科学，2018，46 (16)：21-24.

素流动、激活农村资源要素潜能、更好发挥市场在资源配置中的决定性作用具有重要意义。目前，我国农村产权流转交易市场具有市场建设形式各异、交易双方规模化趋势显著以及省级层面的整合趋势显著的总体特征。

农村资产与城市资产相比，最大的问题是缺乏流动性，以及受地理位置、经济发展等因素影响农村资产价值被严重低估，缺乏交易动力。为破解上述困境，实现农村资源的有效利用，必须加快推动建设农村产权流转交易市场。农村产权流转交易市场的规范运行，一方面，通过实施挂牌竞价交易机制，不仅可以充分发挥市场价格的作用，有效挖掘农村各领域资源的潜在价值，还可以激励产权主体积极参与交易活动；另一方面，通过交易市场面向全社会运行，有利于广泛吸引社会各界投资者的关注，通过竞争性的出价过程产生溢价效果，从而有助于集体资产的增长与价值提升。此外，交易市场为合作社、家庭农场、农业龙头企业等新型经营主体提供了更加便捷的获取各种资源使用权的途径，有助于经营主体扩大经营规模，提高市场竞争力，为推动农业实现高质量发展作出贡献。产权明晰为产权流转提供前提和基础。在农地制度经历了"两权分离"的变革后，"三权"分置的改革措施进一步激活了土地的潜力，为土地的规模化经营夯实制度基础。截至2018年年底，全国农村承包地确权登记颁证工作基本完成，农村土地承包经营权证书被送至2亿农户手中。同时，随着农村集体产权制度改革的全面推进，集体资产清产核资工作全面完成，50多万个村领到集体经济组织登记证书，确认集体成员9亿人。农村产权制度改革的过程中，不同地区因地制宜采取差异化的确权模式，确保确权工作顺利进行①。

自2016年12月《中共中央 国务院关于稳步推进农村集体产权制度改革的意见》发布以来，农村集体产权制度改革全面推进，取得了显著成效：农村产权流转交易市场的制度框架逐步完善，市场体系形成雏形，产权交易活动日益频繁，交易流程日益规范化，服务质量稳步提升，农村产权的流转交易市场呈现出迅猛增长的趋势。第一，党的十八大以来，农村产权流转交易的法律法规和政策体系逐步完善，较为完整的制度框架逐渐形成，奠定了进一步有序流转交易农村资产资源的基础。在法律法规方面，国家相继修订颁布了《中华人民共和国土地管理法》《中华人民共和

① 金文成，翟雪玲，包月红. 农村产权流转交易市场发展成效、问题与建议 [J]. 农业现代化研究，2023，44（3）：381-388.

国农村土地承包法》等，出台了《农村土地承包经营权流转管理办法》。在政策方面，中央相继发布《关于引导农村土地经营权有序流转发展农业适度规模经营的意见》《国务院办公厅关于引导农村产权流转交易市场健康发展的意见》《关于完善农村土地所有权承包权经营权分置办法的意见》等文件，为农村产权保护与管理提供了制度规范和政策依据；农业农村部、自然资源部等也出台相应的配套政策，指导各地完善管理体制机制，规范推动各项改革稳步进行。第二，自《关于引导农村产权流转交易市场健康发展的意见》于 2015 年 1 月印发以来，各地积极整合各类农村产权交易机构，为农村产权流转交易提供场所、资金和人员等，构建相应的制度体系、管理体系、交易体系、配套服务体系和监督管理体系等，促进了农村产权流转交易市场体系的加快形成。到 2018 年年底，全国已建立了 10 余个省级及省会城市农村产权交易市场，1 239 个县（市、区）、18 731 个乡镇建立了农村土地经营权流转服务中心。众多企业被巨大的市场交易活动吸引并积极参与进来，农村产权交易市场服务功能得到进一步完善，产权市场边界迎来进一步拓展。第三，随着政府规范化监管要求的实施，农村产权流转交易市场交易机制逐步标准化。据笔者调研，全国主要农村产权流转交易市场都已经建立了严格的交易制度，规范交易行为。第四，农村产权制度改革的不断推进和流转交易市场的快速发展，有效刺激了交易市场产权服务功能的扩展，各地大力推进电子交易平台建设，形成了线上交易平台与线下实体交易所相辅相成的发展格局①。

### 6.1.3　产权保护

有效的产权保护是推进要素市场化配置、保障市场秩序平稳运行的基石，有利于充分激活市场活力、提升市场主体的预期。产权只有得到有效保护，经济主体的投资预期才会稳定，才能推动实现"权"尽其利的目标。由产权保护促进产权功能的发挥主要包括负外部性减弱、市场稳定与预期提高。

从保护新型农村集体经济的产权角度来看，最重要的就是保护财产权。第一是完善股份权能。相关机构应赋予农民对集体资产股份应该享有的合法权益，包括占有权、收益权、有偿退出的权利以及抵押权、担保权

---

① 金文成，翟雪玲，包月红. 农村产权流转交易市场发展成效、问题与建议 [J]. 农业现代化研究，2023，44（3）：381-388.

和继承权等权利。第二是实行严格保护。为防止外来资本的侵占，现阶段开展的农村集体资产股份合作制改革，要严格限制在集体经济组织内部，农民所持有的集体资产股份流转要封闭运行，不能突破本集体经济组织的范围。

从保护农民的民主权利来看，要充分、全面保护农民的选择权、知情权、参与权、表达权以及监督权。一是保障农民的选择权。要尊重农民的意愿，发挥农民主体作用。涉及成员权利的重大事项都要实行民主决策，如成员身份确认、资产股权的设置等问题都得由农村群众民主讨论决定，不是干部决定，也不是农民自己决定。二是保障农民的知情权、参与权、表达权、监督权。不论是改革方案的制定还是具体组织实施，以及改革之后建立管理制度，都要维护农民集体成员的监督管理权利。总体来说，要真正让农民成为这项改革的参与者和受益者。

# 6.2 要素流动机制

新型农村集体经济发展是在市场机制调适中促进生产要素交互驱动经济增长的过程，通过吸纳并发挥外部资源优势推动集体经济发展能级提升。在实践中，农村集体经济组织通过向外部"借力"实现内外部合作发展。这种集体经济发展市场化逻辑表现为：通过市场机制配置城乡生产要素使其双向流动、融合发展，达到"1+1>2"的效果。

## 6.2.1 市场机制

根据经济学理论，市场机制包括价格机制、供求机制、竞争机制和分配机制，它们在市场调节中发挥着至关重要的作用，通过它们的相互作用，实现了资源的优化配置和市场经济的高效运行；生产要素主要包括土地、劳动力、资金、技术、信息等。价格机制是指在市场竞争过程中，市场上某种商品的市场价格在价值规律的基础上根据该商品的供需变化而相应调整的动态过程。价格机制通过市场价格信息来反映供求关系，即市场价格高于平均水平时代表市场对商品的需求大于供给，市场价格低于平均水平则说明市场对商品的需求小于供给。通过市场价格信息可以对生产和流通进行灵活调节，从而实现资源要素的优化配置。另外，价格机制还可以促进竞争和激励，决定和调节收入分配等。供求机制是指通过商品、劳务和各种社会资源的供给和需求的矛盾运动来影响各种生产要素组合的一种机制。供求机制通过不平衡状态下供给和需求之间形成的各种商品的市场价格，以及市场价格、市场供给量和需求量等市场信号来调节社会生产和需求，最终实现供求趋于基本均衡的状态。在不同的市场中，尤其是竞争性市场和垄断性市场中，供求机制发挥作用的方式是不同的。供求机制强调要素需求与供给之间的作用关系，受价格机制和竞争机制的影响。竞争机制是指在市场经济中，各个经济行为主体之间为自身的利益而相互展开竞争，由此形成的经济内部的必然的联系和影响。供求机制通过价格竞争或非价格竞争，按照优胜劣汰的法则来调节市场运行。供求机制能够激发企业的活力，进而激生发展动力，帮助企业促进生产，为消费者谋求更多的优惠[①]。竞争机制强调经济主体之间基于利益展开的要素分配。分配机制则强调产权在市场机制配置下产权主体自身的利益获取。此外，风险机制也是市场机制的重要组成部分，是市场机制的基础机制，也是市场运行的约束机制。在利益的诱惑下，风险机制对市场主体施加压力，与竞争机制同时调节市场的供求。竞争的压力还促使市场主体改进生产技术、改善经营管理和提高劳动生产率以便在激烈的市场角逐中取胜。在市场机制起决定性作用的阶段，市场经济对于统一开放、竞争有序的现代市场体系产生更加迫切的要求，对于地方保护、行政垄断和不正当竞争有了更加严格的排斥。政府需要预见、适应和引导现代市场体系下统一的竞争规则、完善的市场监管和健全的竞争机制，要逐渐规避高成本、高风险，淘汰低技术、低产出、低收益的产业，努力做到公平公正、平等平允，在公开透明的市场规则和负面清单的基础上，完善市场决定价格的机制，恢复价格机制的指示作用。因此，政府要对定价环节和范围进行严格的限定，对市场决定和形成价格提供必要的补充。

2023年中央一号文件明确提出"探索资源发包、物业出租、居间服务、资产参股等多样化途径发展新型农村集体经济"，即在市场机制下，新型农村集体经济组织可以直接参与市场经营，也可以与其他市场主体合作参与市场经营。不论是前者的自主经营路径还是后者的合作经营路径，两种方式各有优劣，发展新型农村集体经济应该采取融合多元、互相补充

---

① 李红星. 中国林业利益机制问题研究［D］. 哈尔滨：东北农业大学，2010.

的发展策略，而不是简单地在两种发展模式之间做出单一选择。当下，农村集体产权制度改革已经取得显著的阶段性成果，应该基于农村集体的禀赋优势，将农村集体经济重点更多地放在以合作经营模式提高市场效率方面，并积极培育可以自主经营的发展领域以兼顾集体公共利益。市场的作用机制决定了新型农村集体经济在参与市场经营的过程中，应该结合村庄的实际条件因地制宜，根据集体经济的自身禀赋条件选择恰当的发展模式，因此，地方政府需要根据不同地区、不同农村集体经济的实际发展条件与情况制定差异化的引导策略①。

### 6.2.2 机制作用

具备产权属性的生产要素通过价格机制、供求机制、竞争机制和分配机制进行优化配置，促进城乡资源要素双向流动，突破传统农村集体经济模式固有的封闭性与局限性。城乡生产要素通过市场机制构建要素流通的制度通道，推动城乡要素交互融合，进而促进集体经济发展。例如，农村集体经济组织或股份经济合作社将自有的仓库、厂房等通过产权交易平台登记出租，吸引城市资本租赁，发展集体租赁经济；农业龙头企业通过承接流转的连片土地发展现代农业，既可以实现农村集体产业转型发展，又可以促进小农户积极参与集体发展，带来经济与社会双重效益。因此，在市场机制的作用下将生产要素配置到具有比较优势的经营主体或产业中，不仅能推动新型农村集体经济发展，也能促进城乡融合发展。

### 6.2.3 机制运行

市场机制的正常运作主要取决于市场主体的独立性、价格形成的竞争性、市场体系的完备性和市场规则的健全性四个方面。第一，市场主体是市场的承载者，市场机制的运作与作用的发挥通过市场主体进行；市场主体具有产权主体、利益主体和行为主体的基本规定性，这些规定性形成了产权、利益激励机制和行为约束机制。因此，市场主体的独立性是利益导向的资源配置机制能否启动的根本条件。第二，市场机制以价格竞争性的形成及运动为核心，价格运动的背后实际上是利益关系。因此，市场竞争价格机制不过是独立的产权的运动形式。价格竞争性形成的基本特征是没

---

① 钟真，廖雪倩，陈锐. 新型农村集体经济的市场化经营路径选择：自主经营还是合作经营[J]. 南京农业大学学报（社会科学版），2023，23（5）：13-25.

有一个生产者能够影响某行业产品的市场价格，每个生产者都以谋求利益极大化为经营目标，每个生产者进入或退出该行业都是完全自由的。因此，价格形成的竞争性是市场信号准确与否的必要条件。第三，市场机制在调节社会经济活动中发挥着全面而普遍的作用，同时，其调节作用的充分发挥离不开健全完备的市场体系作为基础；生产要素在市场体系中自由流动、重新组合的基础上得以发挥资源优化配置的最大效能，离不开完备的市场体系。因此，市场体系的完备性是供求、价格、竞争内在联动关系能否展开的关键条件①。

## 6.3 产业促进机制

发展新兴产业是要素流动与优化配置的动因，同时，新兴产业也是优质要素发挥效能的载体。产业作为新型农村集体经济发展的根基，通过要素流动与集聚，促进农村产业规模化发展，发挥规模经济效应；同时，产业发展带来的规模效应又可以吸引内外部要素的流入，对优质生产要素产生"虹吸效应"，推动集体经济的发展，既能为农户提高收入，又能提升农户的内生发展动力。

### 6.3.1 要素聚集

新型农村集体经济发展良好的典型村镇，其产业发展呈现出多元化特征，不仅有规模化的现代农业，也有物业经济、乡村旅游等第三产业。同类要素集聚可以推动规模化产业发展，如土地要素的集聚可以促进规模化农业、适度规模经营的发展，人力资本要素的集聚可以促使专业化的运营团队、服务组织以及专业合作社的形成。而异质要素集聚则可以促进产业融合化发展，突破传统农村集体经济的封闭性，延长农业产业链、拓宽价值链。

### 6.3.2 要素流动

农村集体组织与外部先进的管理理念结合，可以促进集体组织治理结构变革与优化；传统农业要素和现代工业要素结合可以促进农业产业链延

---

① 赵德起，沈秋彤. 我国农村集体经济"产权—市场化—规模化—现代化"发展机制及实现路径 [J]. 经济学家，2021（3）：112-120.

伸；生态资源要素与文化、旅游要素结合可以发展农旅融合等新兴产业；农业要素与技术要素结合可以发展农村电子商务产业等。产业的规模化和融合化发展不仅增强农村集体经济实力，也在资本积累、联农带农、治理创新、资源统筹、利益分配等方面推动着新型农村集体经济持续高效发展。因此，产业的规模化和融合化发展促进新型农村集体经济保持活力、增强韧性，是新型农村集体经济发挥三重属性的重要保障。

### 6.3.3 要素融合

要素聚集与要素流动是促进产业发展的基石，要素融合则对促进产业高质量发展具有不可忽视的重要作用。通过要素融合，特别是发展集体经济环境下的城乡要素融合，可以打破长期存在的城乡二元结构，缩小城乡之间在经济、社会、文化等方面的差距，促进城乡协调发展和一体化进程。要素融合可以最大程度地发挥要素的组合优势，推动产业兴旺发展，助推集体经济发展壮大。产业发展最基本的三个要素分别为土地、资本和人才，其中，土地是产业发展的基础，资本主导产业发展，人才服务于产业发展。当然，要素融合并不仅仅是土地、资本和人才三要素的简单叠加，而是三者之间相互支撑，相互作用，实现有机融合的过程。产业的可持续发展离不开要素的集聚融合，同时，要素有机融合需要政府发挥引领作用，以制度创新协同要素融合，进而推动乡村经济的发展；加强精细化与协同化发展，根据各新型农村集体经济自身的比较优势选择发展路径，立足产业特点，通过政策引导，充分利用要素融合做强产业链延伸工作。

## 6.4 科技创新机制

党的二十大报告强调，"坚持创新在我国现代化建设全局中的核心地位"。2023 年 9 月，习近平总书记在黑龙江考察时首次提出"新质生产力"这一重要概念；同年 12 月，中央经济工作会议指出，要以科技创新推动产业创新，特别是以颠覆性技术和前沿技术催生新产业、新模式、新动能，发展新质生产力。因此，必须不断推进科技创新，以科技创新推动产业创新，构筑发展新优势。在新质生产力推动高质量发展的过程中，科技创新是重要引擎，具有促进高质量发展的巨大动力。发展壮大新型农村集体经济，让集体经济成为促进农民增收、实现共同富裕的重要抓手，同样需要科技创新引领新质生产力推动产业创新，进而带动集体经济发展壮大。

### 6.4.1 动力机制

动力机制主要是指由核心发展要素组成的动力系统，以及其运作的内在原理和运行方式。在农业方面，科技创新主要包括政府部门、科研机构、经营主体、消费者四类主要的利益相关者，这四类利益相关者构成了农业科技创新的基本要素。农业科技创新的动力机制就是上述四类利益相关者之间相互作用、相互影响，从而高效率地推进农业科技创新的作用机制。

首先，政府部门是为科技创新制定发展战略、提供要素支持的相关主管单位，政府部门更多关注宏观背景下，科技创新战略的合理性以及综合效益的显著性。其次，科研机构是指科研院所、高等院校、高新技术企业等单位机构，它们关注的重点范围更广泛，如能否获得充足的科研经费，能否成功进行科技创新的成果转化，科研人员的应得激励能否到位，市场对于创新成果的认可度与接受度，以及创新成果的推广程度。不同于科研院所和高等院校，以利润最大化为主要目标的高新技术企业还会重点关注科技创新所带来的经济效益。再次，经营主体主要是指科技创新成果的实际应用者，一般来说，农业龙头企业、专业合作社、家庭农场、种植养殖大户等都属于科技创新成果的实际应用者。经营主体最关心的是应用科技创新成果所带来的实际情况以及获得的成效，包括操作过程、应用难度、投入成本、经济效益等。最后，消费者是指农产品以及农业服务的最终消费者，消费者的关注重点在于农业产品及服务的合理性、产品质量安全以及产品的稀缺性和消费体验感。综上所述，政府部门是科技创新战略的主要策源地，为科技创新提供强劲动力；科研机构是科技创新的主要载体，为科技创新提供核心力；经营主体是科技创新的主要应用者，为科技创新提供实施力；消费者是科技创新的最终使用者，他们对产品以及服务的评价不仅可以侧面反映科技创新的水平，同时也在一定程度上代表了市场需求，他们为科技创新提供反馈力。合理的科技创新动力机制能够充分激发这四类利益相关者的主观能动性、积极性、创造性，为科技创新前中后各个环节提供充足的动力[①]。

---

① 王凯，徐志豪，施志权，等. 我国农业科技创新的机制分析及推进建议 [J]. 安徽农业科学，2022，50（20）：250-253，257.

### 6.4.2 平衡机制

从平衡各利益相关者的角度出发，以下四类关系值得关注。一是政府部门与科研机构。政府部门是资金和制度的供给者，科研机构则是科技创新的供给者，二者有着推进科技创新这一共同目的。其中，为最大限度激发不同创新主体在不同领域、不同环节上的科技创新，政府部门不仅需要建立健全资金分配制度，同时还要认真考虑创新成果转化分配制度，以便最大限度激发科研人员参与科技创新的积极性。科研机构应当追求更高水平的科技创新，更多地考虑科技创新的实际需求与效益，确保科技创新成果兼顾经济、社会及生态等方面。二是政府部门与经营主体。政府部门需要建立健全新品种、新技术推广层面的补贴政策，同时在有效应对自然风险和市场风险的前提下最大程度地激发经营主体使用科技创新成果的积极性。经营主体构成多样性的特征决定了这一群体对科技创新成果接受意愿较为多样，面对他们进行的推广工作环境复杂。所以，通常情况下具有一定规模的经营主体也具有示范带动作用，他们能够较快接受新的科技创新成果。因此，规模化的经营主体应该更多地了解政府扶持政策，把握好大的发展方向。三是科研机构与经营主体。科研机构需要考虑科技创新成果的推广成本和难易程度，以及对环境的适应性或者不可抗力因素带来的风险等。经营主体则需要完成好与科研机构的对接、合作，深入了解创新成果，科学研判、积极做好成果的运用。四是消费者与其他利益相关者。作为产品以及服务需求者的消费者并不直接参与科技创新，所以消费者最终是通过消费者偏好来影响产品与服务的需求，最终通过市场信息参与到科技创新的平衡机制中[①]。

从平衡各利益相关者的角度出发，政府部门的重点在于形成合力，从不同角度支持各领域的研究创新，形成策划科技创新的联合体。科研机构的重点在于搭建起合作的平台，协作开展研究、联合攻坚克难，特别是聚焦一些重要的科研难题，形成有效的协作机制和提供科技创新的联合体。经营主体内部的重点在于搭建信息交流的平台，共享共进、互帮互助，形成实施科技创新成果的联合体。消费者的重点则是根据自身喜好选择产品

---

① 王凯，徐志豪，施志权，等. 我国农业科技创新的机制分析及推进建议 [J]. 安徽农业科学，2022, 50 (20): 250-253, 257.

与服务，提供真实的信息反馈，正确传递市场信息①。

### 6.4.3 调整机制

调整机制主要是使动力机制与平衡机制达到优化、协调、配合，推进各种体制、制度不断完善。只有体制机制等存在不合适时才需要做出调整，调整的方式包括自下而上的调整和自上而下的调整两种途径：自下而上的调整是指通过调查等方式发现问题后提出相应的对策建议，以给出方案倒逼改革；自上而下的调整正好相反，指的是通过顶层设计，探索出合适的实施方法。通常来说，自上而下与自下而上相互交织，共同推进事物的发展。政府部门在调整机制中扮演顶层设计的角色，通过在基层开展深入的有效探索和长效推广，发挥不可忽视的重要作用。科研机构主要是围绕现实的实际需求，不断在改进与创新中调整适应，力求在经济效益、社会效益和生态效益之间找到平衡。经营主体与政府部门之间主要是基于主体对政策需求的明确表达和精确传递，以确保政府提供的支持政策与扶持措施能够切实满足经营主体的实际需求，提高政策精准性。科研机构要争取能够实现投入产出最优比的收益最大化，即以合理的投入取得最大的合理收益。消费者要及时精准了解市场信息，精通消费者偏好诉求，从而为产品供给以及产品定价等提供参考和决策，有效规避生产风险和市场陷阱。在调整机制中，消费者的作用与动力机制和平衡机制相比显著性相对较低。从需要调整的内容看，科研投入、项目选题与管理、协同创新、人才支撑等方面往往集中存在调整需求，这些领域也集中反映了当前我国农业科技创新存在的主要问题②。

### 6.4.4 科技创新与产业创新深度融合

有效盘活新型农村集体经济资源资产，促进新型农村集体经济充分发挥带动共富的优势，需要不断激发农村资源的要素活力。激发农村资源的要素活力要依靠科技创新的赋能。科技创新在推进产业深度融合、促进产业创新方面效果明显。新型农村集体经济的发展不能简单依靠土地流转、

---

① 王凯，徐志豪，施志权，等. 我国农业科技创新的机制分析及推进建议 [J]. 安徽农业科学，2022, 50 (20)：250-253, 257.

② 王凯，徐志豪，施志权，等. 我国农业科技创新的机制分析及推进建议 [J]. 安徽农业科学，2022, 50 (20)：250-253, 257.

资源出租等模式，实现集体经济自身的产业发展才是集体经济发展壮大的可持续动力。新型农村集体经济的发展是推动乡村振兴的坚实基础，乡村振兴离不开产业振兴，产业振兴需要科技创新的支撑，没有科技赋能的产业难以发展。

坚持以科技创新推动产业创新，大力促进科技创新与产业创新深度融合，加强核心技术研发，解决产业发展过程中的"卡脖子"问题，才能实现科技创新成果广泛应用到具体产业和产业链上。通过科技创新，集体经济产业能够更精准地对接市场需求，产业以市场需求为导向提供产品与服务，更容易在激烈的市场竞争中突出重围、占据优势地位，从而推动整个产业向前发展，成为发展壮大新型农村集体经济的持续推动力。同时，产业创新也是有效满足产业需求的重要途径。通过推出更加符合市场趋势的产品和服务，企业能够优化消费者体验，进而促进产业的健康发展。第一，新型农村集体经济组织因地制宜，依托农业农村特色资源发展特色农业产业，打造"一村一品、一乡一特、一县一业"，把小特产、土特产培育成带动村民共富的大产业。乡村产业发展，尤其是蔬菜、水果等生鲜产品产业发展过程中，往往存在品种更新换代不及时、智能化种植普及率低、存储运输系统不完善、产业链延伸不充分等问题，因此，必须依靠科技创新推动产业创新与产业融合，提高产业的竞争力。例如，推动国家、省级现代农业产业技术体系覆盖更多特色产品，加快构建"政府+科研院所+基层农技推广站+企业"的科技创新联合体，依托科研院所、高校等科研平台，加快新品种、新技术的培育研发，攻克一批关键技术、转化一批优质科研成果，以基层农技推广站等为抓手，加大新品种、新技术的推广应用，通过增强科技支撑夯实农业产业发展的基础；建立完善的冷链与物流运输系统，利用科技创新打造集存储、运输、信息为一体的大数据库系统，通过云平台实时追踪存储与物流信息，提高农产品，特别是生鲜农产品的市场竞争力；延长产业链，拓展农业多种功能，挖掘乡村多元价值，破解农业产品产业同质化难题，发展精深加工，实现提质减损，依托科技创新提升农业产业的附加值与竞争力，增强特色产业的支撑带动作用，促进集体持续有效增收。第二，科技创新加快新型农村集体经济产业融合发展。借助科技创新积极开展"校企、校地合作"，推动科技+产业深度融合，同时通过村村联合、抱团发展等模式打造区域品牌，挖掘独特IP，打造出产业链的品牌效应。依靠科技创新与技术支撑大力发展绿色农业与品牌农业，严格把控农产品品质，提升农产品销售竞争力。产业融合发展离不开专业人才队伍建设，因此，需要进一步加大人才选育力度，建立返乡人员数据库，充分发挥高校和科研院所的学科专业优势，加快培养一批集体经济发展带头人，为产业创新资源集聚、重大平台建设、关键技术攻关、产业发展等提供支撑。此外，科技创新与新型农村集体经济产业创新的深度融合还强调劳动与资本、技术、管理等要素的联合。因此，科技创新机制需要积极引入先进的技术和管理理念，将其与农村集体经济的实际情况相结合，推动农村经济的转型升级。

### 6.4.5 制度机制创新为科技创新提供动力

以制度创新提供科技创新动力，让科技创新成为推动新型农村集体经济蓬勃发展、日益壮大的重要力量。科技创新活动涉及科学研究、技术开发、市场应用等多个环节，不仅需要创造和积累知识，还需要根据市场应用的要求在工艺开发、规模生产、稳定质量和开拓市场等方面下功夫。鉴于研发新技术过程中存在开发成本高、模仿学习成本低、推广应用难度大、回报周期长等特点，如果率先进行科技创新不能获得相应的市场回报，研发主体很可能会等待其他科研主体做原始创新，自己再模仿学习"搭便车"。因此，要激励科技创新主体积极开展研发活动，必须从制度上对科技创新给予支持。一是加强知识产权法治保障，建立激励机制，让知识产权转化为现实生产力。针对知识产权维权中遇到的举证难、周期长、成本高、赔偿低等问题，要完善知识产权全链条保障体系，严厉打击知识产权侵权行为，加大对知识产权侵权行为的处罚力度，充分保护权利人合法权益。二是打好科技政策、产业政策、财政政策的"组合拳"，鼓励创新主体加大研发投入，提升创新能力，加快成果转化速度。对于创新能力较弱的主体，单凭市场回报很难弥补研发支出，可以通过科技专项支持、研发费用加计扣除等政策引导，让研发主体有积极性开展研发活动，逐步提高科技创新能力。三是打造科技创新平台，以政府为联系纽带，由科技领军企业牵头进行技术开发，为中小企业开展研发活动降低门槛。中小企业作为科技创新的生力军，可为科研人才的自由探索提供宽松的环境。科技创新平台能够为中小企业低成本开展科研活动创造条件，让颠覆性技术不断迭代完善，最终转化为创新成果。四是完善科技成果转化机制。为了确保科技创新成果能够有效转化为实际生产力，政府推动建立科技成果转化机制，包括完善知识产权保护制度、提供科技成果转化的政策支持和资金扶持等，激励科研机构和企业将科技成果应用于农业生产。五是推动产学研合作机制的建立健全。产学研合作是推动科技创新的重要途径。通过建立产学研合作机制，促进高校、科研机构与农村集体经济组织的紧密合作，共同开展科技研发和人才培养，加快科技成果在农业领域的应用。

政府在新型农村集体经济下的科技创新机制中扮演着重要角色。政府应通过制定相关政策、提供资金支持、建设创新平台等方式，引导和推动农村集体经济开展科技创新活动。同时，政府还应加强对科技创新成果的保护和推广，激发农民的创新积极性。政府应注重创新成果的转化和应用，通过推广新技术、新产品和新模式，提高农村生产效率和产品质量，推动农村产业升级。同时，政府还应关注市场需求，将创新成果与市场需求相结合，实现经济效益和社会效益的双赢。为了推动科技创新，政府鼓励在农村地区建立科技创新平台，如农业科技园区、农业高新技术产业示范区等。这些平台可以集聚科技资源，促进科技成果转化，为农村集体经济提供技术支持和服务。科技创新离不开人才的支持，政府通过实施人才引进计划，鼓励高层次科技人才到农村地区工作，同时加强对农村科技人才的培养和教育，提高农村集体经济的科技水平和管理能力。政府设立专项科技项目，支持农村集体经济中的科技创新活动。这些项目可能涉及新品种的培育、农业新技术的研发、农业信息化建设等方面，旨在通过科技创新提升农业生产效率和产品质量。信息化是现代农业发展的重要方向，通过建立农业信息服务平台，推广智能农业技术，如物联网、大数据，可以提高农业生产的精准性和管理效率，促进农村集体经济的可持续发展。创新驱动实质上是人才驱动，虽然我国拥有数量众多的科技工作者，但是高水平创新人才仍然不足，科技领军人才匮乏的问题还较为突出。要坚持把人才作为第一资源，把人才强国战略落到实处，认真研究人才引进、人才使用、人才培养和人才评价的客观规律，围绕用好用活人才，着力破除制度藩篱。要从多方面营造吸引人才的良好环境，不拘一格使用人才，鼓励创新、包容失败，形成导向明确、精准科学、规范有序、竞争择优的科学化社会化市场化人才评价机制，既完善以同行评价为基础的业内评价机制，又注重引入市场评价和社会评价，努力形成人人渴望成才、人人努力成才、人人皆可成才、人人尽展其才的良好局面。

# 7 发展路径

中国特色社会主义最大的制度优势就是中国共产党的领导。习近平总书记在中共中央政治局第十一次集体学习时强调加快发展新质生产力，扎实推进高质量发展。这凝聚了党领导推动经济社会发展的深邃理论洞见和丰富实践经验。本书建议通过以下发展路径去激发集体经济的新活力，进而促进新型农村集体经济高质量发展。

## 7.1 加强农村基层党建的引领作用

农村基层党组织是基层各类组织的领导核心，是确保党的路线方针全面贯彻落实的"神经末梢"。实现新型农村集体经济高质量发展的关键在于党建引领，因为其代表最先进生产力的发展要求，是新型农村集体经济实现高质量发展的坚强堡垒。因此，全面提升党建质量和科学水平，能够确保新型农村集体经济高质量发展方向，为其提供坚实的保障。

### 7.1.1 建设坚强有力的基层党组织

第一，健全以党组织为核心的组织体系。首先，建立党政联席会议制度，明确相关部门的主体职责，形成分工明确、各司其职、协同配合的组织体系。其次，创新组织设置，鼓励党组织书记和致富带头人通过法定程序担任集体经济组织的负责人，非村委会党员组成监督委员会，提升党对集体经济的组织服务能力。最后，完善组织工作机制和实际考核体系，实现组织间分工明确、协同配合。

第二，坚持以"头雁"队伍为重点，健全完善干部"储选训管评"全链条工作机制。一方面,选好配强领导干部,抓好新型农村集体经济"领头雁工程"。在人才筛选方面,通过"内挖外拓"机制以及"双带头人"制度,选出综合素质强、才能过硬的驻村基层干部。在人才培育方面,实施党组织带头人整体优化提升行动,持续提升领导干部的政治能力和富民强村本领,建设好基层党组织的"头雁工程",并以此带动"群雁齐飞"。另一方面,选齐配强村"两委"班子。不断吸纳高素质、具备经营管理能力以及群众基础的农村优秀人才到村"两委"班子,为集体经济发展建言献策。

第三,加强基层党组织队伍建设。提高基层党组织干部工作积极性,发挥农村基层党员干部的先锋模范作用,落实党中央针对农村集体经济的方针政策,带头落实并积极响应。把党的主题教育与综合能力培养推向常态化制度化,不断增强党性意识。同时,与时俱进培养基层党组织的党群工作能力,全面提高其科学决策水平和发展集体经济的能力。实施干部素质能力提升行动,努力建设一支懂经营、善管理、能力强的基层干部队伍。加强基层组织干部的监管,实现党要管党,全面从严治党,严防腐败,清理不正之风,确保基层政治环境清明。

### 7.1.2 健全相关工作机制

一是因地制宜,分类指导推进。将发展壮大新型农村集体经济纳入乡村振兴战略总体规划,根据乡村发展资源禀赋以及社会经济条件,实现差异化政策指导。二是形成党委领导,村民协同推进的工作机制。充分发挥党组织的政治优势和组织优势,调动农民群众发展壮大新型农村集体经济的积极性,形成多元主体协同共促发展的格局。三是完善奖励政策体系,激发党员干部发展新型农村集体经济内在活力。用活村干部党建实绩考核"指挥棒",将干部报酬、选拔与任用、年度绩效考核、评先与选优等结果与促进集体经济组织发展相挂钩,把发展壮大新型集体经济发展作为村"书记工程"工作,纳入基层党建干部责任管理考核、村"两委"领导班子干部年终经营绩效工作考评、述职述廉评议年度考核,确保集体经济发展工作扎实稳步推进,切实增强集体经济发展的内在活力。四是加强宣传引导,推广成功经验。加强发展壮大新型集体经济的重要意义以及典型案例的宣传力度,消除农民对发展集体经济的传统思想偏见,激发广大农民群众参与发展集体经济的积极性,从而引导基层群众与党组织共同为发展壮大集体经济献言建策。同时通过学习典型案例,打破思维困境,减少过分的传统路径依赖,拓宽发展壮大新型集体经济的现实路径。

## 7.2 构建与新质生产力相适应的顶层设计

新质生产力区别于传统生产力，是在现有生产力基础上的颠覆性突破、能级上跃升。生产力的变化促使生产关系为了适应其动态变化而进行调整，通过构建与新质生产力相适应的顶层设计与制度环境，以促进新型农村集体经济高质量发展。

### 7.2.1 构建与新质生产力相适应的制度体系

经济发展成效与顶层设计相关，为了加快形成新质生产力，必须加快构建相应的顶层设计。

#### 7.2.1.1 统筹推进农业农村新质生产力的顶层设计规划

完善相关制度，消除制度性障碍。发展壮大新型集体经济需要注重顶层设计，提供集体经济发展相应的方针指导、政策扶持，同时做好改革和立法工作，继续开展集体经济经营性资产股份合作制改革，实现"三资"变革，做好确权颁证工作。继续深化农村集体产权制度改革，推进新型农村集体经济发展相关的法律法规建设，在法律上为其发展壮大提供基本价值遵循和实行依据，实现改革成果法治化。例如，出台可操作性的法律条文界定集体资产经营管理范围，规范集体资产管理办法，从而为新型农村集体经济健康发展提供顶层依据。

#### 7.2.1.2 加强政策引导，推动农村资源要素下沉

各级地方政府要充分利用乡村振兴带来的利好政策，将政策、资金等外部助推力转化成为新型农村集体经济发展的内生动力，进而推动新型农村集体经济高质量发展。

一是加大财政资金投入与转化力度。一方面，从省市县三级财政预留帮扶集体经济发展的配套资金并逐年提高，夯实集体经济发展基础，解决发展集体经济的资金短缺问题。另一方面，实行资金差异化扶持。根据集体经济发展项目的资产资源、资本实力情况，通过以奖代补、项目资助等差异化方式进行扶持，侧重资金与集体经济发展项目嵌套，提供差异化的资金支持与资金配套，进而充分发挥资金的"杠杆效应"。同时，鼓励并规范涉农财政资金量化为股权，转变为集体资产，进而形成良性循环，促

进集体经济长远稳定运行。二是健全金融支持办法，强化金融扶持力度。积极协助符合条件的农村集体经济组织申请金融帮扶，同时引导银行调整农业贷款时间与农业生产周期相匹配，扩大农村担保范围，提高金融扶持力度，创新和拓展多元化的农村金融服务产品，为新型农村集体经济的发展壮大提供有力的金融支持。三是落实相关税收优惠政策，优化相关税收服务。推动税务部门梳理好涉农税务事项，分类预处理新型农村集体经济组织在确认以及后续经营中的涉税问题，减免相关行政性收费，避免重复性收费。四是落实农业扶持政策。推动支农惠农政策落地见效，促使农业扶持政策向新型经营主体倾斜，为其发展提供有力的政策支持。五是充分利用好土地政策。加强土地征收管理，切实保障被征收地村集体的合法权益。

### 7.2.2 构建与新质生产力相适应的新型生产关系

加快形成新质生产力，既是改革问题，又是发展问题。发展新质生产力必须进一步深化改革，构建与之相适应的新型生产关系。

#### 7.2.2.1 加快形成新质生产力要处理好生产力与生产关系之间的关系

新质生产力的出现和发展决定了旧的生产关系必须保持动态调整以适应其发展。以创新为核心的新质生产力，摆脱传统经济增长方式和发展路径，具有高科技、高效益和高质量的特征，呈现符合新发展理念的先进生产力质态。在新质生产力形成与发展过程中，制度创新和技术创新成为关键。而创新是一个"制度的创造性毁灭"，需要从破和立两个方面积极构建新型生产关系，有效推动新质生产力的发展。一方面，加速变革不适应新质生产力发展要求的旧生产关系；另一方面，谋划和构建促进新质生产力发展的新型生产关系。

#### 7.2.2.2 加快形成新质生产力要处理好党的领导、有为政府和有效市场之间的关系

新质生产力的培育需要党、政府与市场的有机结合、协同发力。一方面，充分发挥顶层设计、资源调配、统筹协同的功能，综合利用好、落实好当前国家战略规划、产业政策、宏观调控目标等重要手段，加快推动构建我国新型举国体制，充分发挥集中力量办大事的制度优势；另一方面，加快构建全国统一大市场，发挥国家超大规模市场的独特优势，不断改善国内企业技术创新的政策环境，激发市场经营主体的自主创新活力，提升

产业资源配置效率，促进科技、技术要素创新成果高效转化，进一步释放带动产业持续健康发展的潜在动能。

### 7.2.2.3 加快形成新质生产力，处理好按劳分配和按要素分配的关系

新质生产力的培育，要不断优化收入分配格局，充分发挥好按劳分配和按要素分配的激励作用。一方面，要坚持以按劳分配为主体，扩大劳动收入在初次分配中的比例，形成由"数量型"劳动力投入为主到"质量型"劳动力投入为主的按劳分配制度；另一方面，要建立健全要素参与收入分配机制，激发各类先进优质生产要素向发展新质生产力方向流动，更好体现知识、技术和人力资本导向。

### 7.2.2.4 全面深化改革，构建适应新质生产力发展的新型生产关系

第一，深入推进农村土地制度改革，完善"三权"分置制度。统筹推进承包地、宅基地以及经营性建设用地的改革，进一步完善土地制度，为推进农业规模化经营和可持续发展的各类主体提供更长的土地使用期，保持土地承包关系稳定性和持续性。为此，有必要深化"三块地"的制度改革。一是稳步推进农村土地承包期再延长，保持农户的土地承包权益和发展时空，规范化整理并解决耕地面积细碎化的问题，形成规模化经营。二是推进农村宅基地制度改革，在宅基地确权颁证改革基础上，依法统一规范土地流转管理，完善集体土地权利内容及其优化配置的实现形式。三是完善农村集体经营性建设用地流转试点，逐步建立一套兼顾国家、农村集体经济组织和农民利益最大化的土地增值与收益动态调节机制，提高经营性用地流转的效率和安全性。

第二，深化农村集体产权制度改革，巩固改革成果。农村集体产权制度是一种涉及农村集体所有资产的制度安排，深化农村集体产权制度改革是新型农村集体经济发展的核心条件。深化农村集体产权制度改革，赋予农民更加充分的财产权利，有助于实现农民对集体资产收益的共享，促使集体经济经济实现高质量发展。一是完善产权相关法律法规，明确集体产权的归属与转让规则。通过明确集体产权归属者，规范产权流转行为，保障产权的合理性和合法性，增强集体的产权权能和主体地位，实现"三资"集聚，释放农村集体产权权能，提高集体资源配置效率。二是加强集体产权保护。通过完善相关产权登记和备案制度，建立健全相关产权保障体系，提高产权流转的信任度，保障集体和个人的各项合法权利，尊重集体的所有权，并以量化为股的方式保障农民和村集体的产权权能，充分保

障两者的合法权益。同时，通过加强规范集体产权确权到户程序，维护农民合法权益，增加农民财产性收入。第一步，通过清产核资与资产评估工作，确定折股量化的范围与方式；第二步，按照"尊重历史、照顾现实、程序规范、群众认可"的原则确定集体成员的资格；第三步，组建股份经济合作社进行资产经营、股权管理与收益分配，促进集体资产保值增值。三是加强产权流转交易信息公开平台建设，提高产权流转的信息公开性和透明度。建立健全农村产权流转交易市场和交易平台，为流转双方提供产权交易、权益评估、流转价格指导等服务，从交易内容维度和规则层面推进产权流转规范有序。

# 7.3　强化新型农村集体经济组织载体建设

新型农村集体经济高质量发展离不开组织载体改革与创新。新型农村集体经济组织是农村地域范围内，以农民为主体建设的村域综合性服务组织。实现新型农村集体经济高质量发展，既要充分发挥农村集体经济组织集中力量办大事的制度优势以及调动个体参与积极性的组织载体功能，又要不断优化经济治理体系，强化组织队伍建设。

## 7.3.1　加强新型农村集体经济组织自治建设

新型农村集体经济实现高质量发展，必须规范农村集体经济组织的建设和管理，优化农村集体经济组织的内部治理能力，提升集体经济运营效益。

一是规范新型农村集体经济组织"三会"建设。建立健全"三会"法人治理结构，规范"三会"运行程序，切实发挥"三会"的组织功能，形成激励与约束有机结合的现代管理运行机制，保障集体成员参与集体经济治理的权利。二是构建与社会主义市场经济体制相适应的市场化治理机制。坚持社会主义市场经济体制，创新主体确立、渠道拓宽、管理提升、分配合理等方面的制度设计，调动集体成员充分参与集体经济经营决策，构建高水平、动态发展的市场化治理机制。三是因地制宜地推进农村"政经分开"改革。按照职能归属原则，实行各司其职、政经职能分开，以理顺相关职能。同时根据各地农村基础条件，综合考虑集体经济发展情况和社情民意，权衡改革成本与收益，实行分类有序推开的策略。深化农村集体经济组织法人制度改革，明确"三会"权力机构的职能边界、权责及义务，实现各司其职、互不干涉的运行生态。四是加强新型农村集体经济组织信息化建设。利用数字信息技术，推动农村集体经济组织建设信息化、标准化，提升新型农村集体经济信息化水平和运营效率。五是强化新型农村集体经济组织的公共支撑作用。通过建立健全公共服务与公益事业费用分担机制，提高非经营性资产的使用效率，使新型农村集体经济发展成果得到共享。

### 7.3.2　加强新型农村集体经济组织队伍建设

人才队伍是新型农村集体经济发壮大的基础和关键。一是选优配强农村集体经济组织"领头雁"。推行由村支书以及本领过硬、敢担当、能带富、善治理的村干部通过法定程序担任村集体经济组织负责人的做法，同时把发展壮大村集体经济实绩作为村"两委"班子绩效考评的重要标准，通过标准反馈进一步提高发展能力。二是加强新型农村集体经济组织人才队伍建设。一方面，整合农技院校及推广站等各类教育培训资源。充分利用新型职业农民培育工程，加大力度培养包括知识型、技能型以及创新型等新质人才，优化农村集体经济组织人才组成结构，为农业新质生产力提供能够创造并熟练操作新型劳动工具、拓展开发新劳动对象，使用并维护新型基础设施的新质劳动力，为实现高质发展提供新质人才。另一方面，探索集体经济组织人才加入机制。公开选拔人才，拓宽各类人才回乡渠道，引导鼓励新乡贤、农民工、大学生、退伍军人等各类人员回乡下乡参与村集体经济的发展。针对长期扎根、对集体经济做出巨大贡献的外来下乡能人，通过法定程序赋予其集体成员权力并支持其进入集体经济管理层，参与集体管理与收益分红；针对农技特派员等，探索以知识产权、数字技术等新质要素入股集体项目或开展合作研发，通过股权激励机制，提高其参与集体经济发展的积极性。同时，将参与集体经济工作纳入人才晋升的重要参考，吸引人才下乡参与集体经济工作，鼓励规划师、临退休干部下乡服务，帮助集体经济组织科学编制和实施村庄规划。三是关注新型农村集体经济组织管理层人才储备。深入对后备干部进行全面摸排，按照要求建立健全新型农村集体经济发展后备人才储备库。

### 7.3.3 明晰农村基层组织之间的权责关系，构建和谐共生的社会生态

新型农村集体经济高质量发展与农村基层组织息息相关，明晰农村基层组织间的权责关系，需要厘清两个关键问题。一是厘清基层党组织与新型农村集体经济组织之间的关系。新型集体经济发展为农村基层组织建设提供物质基础，而基层党组织建设成为发展壮大集体经济的组织保障，两者为领导与被领导的关系。党组织不能越权行使集体经济组织的权力和职责，但可以依法将党的意志有效贯彻到集体经济发展的全过程中，使集体经济组织自觉执行贯彻。二是厘清政府、村"两委"与新型农村集体经济组织的职责和功能。村委会是在农民自愿的基础上实现村民实现自我管理的基层群众性自治组织。而新型农村集体经济组织是集体成员共建共治共享的社会主义经济组织。村民委员会主要承担社会职能，而集体经济组织主要承担经济职能，两者共同构成了农村基层组织。尽管 2020 年《中华人民共和国乡村振兴促进法（草案）》明确了农村集体经济组织的特别法人地位和独立运营地位，为农村集体经济的发展提供了法律依据，但是政府、村"两委"在农村集体经济组织独立运营中的角色尚未明确。为此，集体经济特殊法人地位与宪法要保持一致，同时要重视集体经济市场经营的主体地位。一方面，政府以及村"两委"应充分尊重集体经济组织的独立运营，在遵守宪法的前提下保持互不干涉，依法严格履职，各行其责；另一方面，不断创新与完善集体经济组织规章制度供给，确保农村集体经济组织沿着制度化和规范化的方向发展。

### 7.3.4 构建政经分离的新型乡村治理模式

构建政经分离的新型乡村治理模式，有利于提高新型农村集体经济的运行效率和治理成效。基于此，一是实行新型农村集体经济资产与账务分离。通过实施资产和账务的分离，对经营性集体资产进行股份制改革，并将股份量化后分配给集体成员。新型农村集体经济组织的经营管理应遵循现代企业管理的原则，对于经营性集体资产，遵循市场化原则，以追求利润为核心目标；对于非经营性集体资产，则以提供公益性服务为管理目标。二是厘清政府和市场在资源配置中的不同角色。新型农村集体经济组织营利性和公益性并存，导致其对于经营性集体资产和非经营性集体资产

在管理目标、运作方式、资源配置模式等方面均存在不同，而基层的自治机构则主要针对社区公共事务服务，其公共开支依赖于政府的财政支持，两者的关系体现为政府与市场在资源配置处理方面的关系。充分发挥政府与市场在资源配置中的作用是加快形成新质生产力的关键。具体来说，政府在资源配置中起基础性作用，通过制定合理的发展规划引导市场发展方向，适时出台产业政策和法律法规，为高质量发展提供制度支持与法律保障；市场在资源配置中起决定性作用，能够依靠价格机制、供求机制、竞争机制，提升资源配置效率，促进科技创新成果转化。因此，实现政府与市场作用的有机结合，明确两组织之间的界限和相互联系，有利于加快形成农业农村新质生产力，进而推进新型农村集体经济高质量发展。

## 7.4 构筑农业农村新质要素

新质生产力以劳动者、劳动资料、劳动对象及其优化组合的跃升为基本内涵。因此，从组成新质生产力的三个方面出发，寻求新型农村集体经济高质量发展的现实路径具有一定的可行性。

### 7.4.1 提升自主创新能力，优化创新环境

第一，优化农业农村科技创新环境。科技创新环境直接影响科技创新能力[①]。因此，进一步优化农业农村科技创新环境是提升科技创新能力的重要保障。首先，加强农业农村科技创新的新型基础设施建设，完善部门间的协调发展机制，推进部门间开放、资源要素共享。其次，建立健全以政府为主导的科技创新支撑体系，充分发挥政府在技术创新中的引导推动作用。一方面，完善农业农村科技创新政策，引导科技创新发展方向与乡村振兴战略规划保持一致、与农村社会经济发展需求相融合，为科技创新创造良好的发展环境；另一方面，建立政府科技创新风险投资基金，引导社会资本参与。最后，推进农业农村科技创新法治建设，建立健全科技创新法治体系，营造良好的科技创新环境，保障科技创新成果落地成效。

第二，加大农业农村科技创新投入。动态调整科技创新投入的空间分

---

① 汪桥红. 科技创新能力提升路径研究［J］. 南京社会科学，2015（10）：26-34.

布，更加注重区域间投入分布的均衡。首先，大力发展多元创新风险投资，建立政府创新投资引导基金，推动社会资本参与。其次，加大对新型农村集体经济创新活动的金融支持力度，拓展农业农村科创融资渠道，强化对农业农村创新活动的金融支持。最后，注重科技创新投入区域间的均衡性，提升科技创新投入的利用效率。

第三，加强农村科技创新主体培育。培育科技创新新型主体是提升科技创新能力的基本前提。一是加强科技创新企业的主体地位，通过合理多元的激励分配形式，激活企业开展科技创新的内生动力。充分发挥科技骨干企业的核心引领作用，推进企业深入融通与创新，实现创新项目、生产、资本、人才培养全方位深度结合。同时，加强企业与知名高校、研究院、专业科研技术院所的联合，构建农业农村科技成果转化与共享平台，助力科学技术迁移，加速相关科学技术产业化水平。二是培养新质创新型人才。培养新质创新型人才是提升科技创新能力的基本前提，也是新型农村集体经济高质量发展的重要保障。探索多元的人才培养方式，协同各方共同促进产学研技深度融合，建立多元化创新人才队伍，确保新质人才培育得出、引得来、留得住，健全人才薪酬制度，增加科技创新贡献要素的薪酬指标比重，提高科技创新人才的创新活力，以及加强支持科技创新人才的配套政策，为其提供良好的职业发展平台和环境。

第四，提高农业农村科技创新形成与转化。凭借新一代信息通信技术，加快推动数字技术与创新生态系统深度融合，提高创新生态系统对经济高质量发展的促进效率。另外，加强国际产业链关键环节与重要节点的关键共性技术合作与协作，充分利用全球创新资源，积极融入国际产业链和全球创新网络，进一步实现农业农村高水平科技自立自强。

### 7.4.2 整合新质要素资源，培养新质人才

新质人才是新质生产力中最活跃、最具决定性意义的能动主体。培育新质人才是发展新质生产力的关键。新时代，我国人力资源呈现由量转质的发展特征，为了加快形成农业农村新质生产力并促进农村经济高质量发展，需要进一步整合新质要素资源，培养新质人才。

7.4.2.1 坚持科教兴国，人才强国战略，抓好新质人才培养基础性
　　　　工作

深化教育体制机制改革，促进基础教育与高等教育的有效衔接。在普

及基础教育的同时，重视高等教育在统筹推进教育、科技、人才"三位一体"协同融合发展中的作用，赋予高校教育自主权，推进"选—培—养—评"全过程与市场需求相结合，以市场需求为导向，动态调整学科专业设置，优化人才培养模式。同时，在高等人才选拔和培养上，提高创新创业实践教育比重，优化创新创业型人才培养机制和模式。

第一，加强教育资源的深度链接与合作，吸取国际国内先进高质的办学治学方法，吸收和利用世界一流教学经验，促进教育实现新质跃迁。第二，推进多元主体协同培养，强化产学研融合发展。第三，探索"教育+社会"多元主体协同共建、高度贯通的培养体系，整体提升新质青年人才科技创新能力与职业技能，加强职普、产教、科教之间的融通，积极推进产学研一体化，以多形式培育一批与农业农村新质生产力相适应的农业精英翘楚。第四，打破区域限制，优化人才结构和布局，在城乡地理空间、产业结构布局等诸多方面形成均衡、合理的人力资源分布结构格局。第五，健全人才集群与产业集群协同发展机制，促进人才链、产业链和创新链深度融合，同时加强独属农业农村的科技创新研发院所建设，为农业农村新质人才培养提供创新和技术支持，为农业农村新质生产力发展输送"新鲜血液"。

### 7.4.2.2 积极培育新型劳动者

增强新质人才培育的制度化和常态化建设，充分利用并持续扩展农村教培资源库，多种形式提升劳动者知识素养，定期组织教培活动，更新教培内容，促使劳动者动态更新知识体系与技能体系。提升劳动者创新能力，引入创新容错纠错机制，宽容探索性失误，激发劳动者创新创造的积极性。培育劳动者协作精神，营造鼓励集思广益、崇尚群策群力的协作环境，搭建主体多元、沟通顺畅、安全可靠的协作平台，完善以项目牵引团队建设、以团队保障集智攻关的协作机制，促使劳动者培育协作意识，进而在信息共享、知识扩散、技能倍增、优势互补中发挥与强化协同功能，促进新质生产力的跃升。

### 7.4.2.3 完善新质人才保障机制

新质人才保障机制是人才持续输入的关键。一是加大财政投入与政策扶持向新兴产业和未来产业倾斜，同时针对科技创新难点堵点，推动科技创新体制机制改革，加快推进全面创新的基础制度，为创新型人才提供良好发展的政策环境。二是完善人才评价、考核制度和激励机制。对于人才评价和考核方面，健全人才评价体系以及考核制度，通过制定科学合理的评价指标、规范评价程序、引入多维度的评价方法，深化人才分类评价机制，加快构建以创新价值、能力、贡献为导向的人才分类评价指标体系，营造人人皆可塑成才、展其才的良好环境，全面贯彻以人为本的发展理念；对于人才激励机制方面，探索构建科技创新成果激励机制和人才荣誉体系，加速构建和完善高层次科创人才物质与精神双重激励机制，既要加大对创新型人才的物质性奖励，又要加大社会各界对高层次科研人才在重大原创性科研攻关成果等方面的评价表彰奖励，使高层次科研创业人才能收获社会物质价值和社会精神文化双重有效激励。统筹推进高层次人才政策引、育、用、留、评全环节的支持政策，营造高素质人才培育出、引得进、用得好、留得住的社会良好环境。

### 7.4.3 完善新型数字基础设施，推动生产发展提质增效

新型劳动资料是加快形成新质生产力的重要载体，政府要围绕科技创新范式变革、模式重构的新需求，对传统的基础设施进行优化和升级，确保新型基础设施的稳固。新型信息基础设施是推动社会信息化发展的关键要素，是推进经济高质量发展的基础性条件。新型数字基础设施构成了现代数字高科技产业化运营的核心物质支撑，是实现产业运营数字化目标的关键载体。新型数字基础设施与传统信息基础设施共同构成了一个完整而又相对独立的系统——"三位一体"的新型数字基础设施体系。新型的数字基础设施体系不仅拥有公共物品的基本属性和显著的外部性优势，还展现出高度的系统性、规模经济效益和长寿命周期性等多个显著的战略特点，这些因素深刻地塑造了农业农村生产力的核心竞争力。新型数字基础设施作为一种战略性资源，其配置效率与绩效关系到国家粮食安全、农民增收以及社会和谐稳定发展。因此，在构建新型数字基础设施时，不仅需要从战略层面进行科学的布局和规划，还需要在路径管理等方面进行全面的综合考虑。

#### 7.4.3.1 加强新型数字基础设施供需间的动态平衡

新型数字基础设施建设应该站在新发展阶段，贯彻新发展理念，优先把满足当前国内需求变化作为规划建设目标的落脚点，实现国家新型基础设施供应和国内需求之间的动态平衡。以创新驱动发展为主线，积极推动数字技术应用向社会领域全面渗透。加强国际经济的合作，共同推进各种

新型的重大数字基础设施体系的建设，不仅覆盖区域任务，还包括全球性的任务，为数字经济的进一步发展和全球辐射创造了有利条件。同时，既要加强新一代信息技术创新应用示范，推动产业升级转型，培育壮大战略性新兴产业，促进制造业向智能化迈进；又要加快探索建设统一和共享的国家数据信息开放平台，以确保全国基础公共设施的信息数据能够安全、高效、有序地双向开放。

### 7.4.3.3 统筹规划新型数字基础设施网络布局

新型国家数字基础设施网络的建设布局应当严格遵循国家的"全国一盘棋"策略，具有前瞻性地进行全国范围内的统筹和协调规划，同时也要考虑到全区域的综合协调和服务发展。这将有助于推动新型现代化数字基础设施优先发展到中西部地区，以弥补由于前期基础设施发展不全面、均衡和有序而导致的新的全区域建设"数字鸿沟"。加强对新型国家数字基础设施网络安全防护体系建设。针对服务区域、行业基础以及大型企业的需求，推进城市数字化产业的转型升级和发展中心的建设，以增强产业数字化和转型发展的公共支持服务，从而降低城市数字化工业化的建设难度。加大对国家数字社会和数字政府能力的建设力度，以迅速而全面地提高政府公共治理服务和社会组织治理平台等服务在数字化或智能化应用方面的水平。

### 7.4.3.3 创新新型数字基础设施系统运营

创新国家新型数字基础设施系统的运营、建设支持方式以及直接的投资和融资途径。协调发挥基层政府的基础性作用与专业市场的决定性作用，坚持"细水长流"的数字建设策略，遵循公平竞争和中性的原则，激发行业中各种新兴市场参与者的活力。引导以混合所有制为主的国内外新市场参与者，按照资本市场化的原则参与新型城市数字基础设施网络的建设。建立现代数据资源的产权、交易和流通、跨境的数据传输和利用以及信息系统的安全运行和监管等一系列的基础制度和产业标准。同时，积极、合法、稳妥和合理地推动大数据资源的高效、集约开发和利用，高度重视对国家新型公共数字基础设施项目的运营质量进行管理。以提升公共服务能力为目标，加强政府主导、企业主体和社会参与的结合，加快推进各类新型公共数字基础设施建设与应用。在确保新型公共数字基础设施安全性的基础上，更加重视数据的运营管理，确保大量的数据资源能够真正地被利用和使用，通过"数字孪生"技术来智能地调节和优化数据资源。

## 7.5 健全与新质生产力相适应的体制机制

新质生产力的发展需要与之相适应的体制机制作保障，才能推进新型农村集体经济实现质的飞跃。

### 7.5.1 构建新型农村集体经济发展新机制，助推集体增收致富

#### 7.5.1.1 建立健全现代产权制度和农村集体资产运营机制

健全的现代产权制度和农村集体资产运营机制对于保障村集体和农民合法权益、增加其财产性收入具有重要作用。稳步推进农村集体产权制度改革，构建权责清晰、流转顺畅的农村集体现代产权制度，可以提高资源要素配置效率。建立与社会主义市场经济体制相适应的集体资产管理运行新机制，根据集体经济发展条件和集体资产类型，分类探索集体资产的运营方式，管好用好集体资产，可以实现集体资产保值增值。对于经营性资产，村集体应通过资产量化为股的形式将其分配给集体经济组织成员，以更好地保障农民的集体收益分配权，实现多种形式的股份合作；对于非经营性资产，村集体应探索提高公共服务能力的集体统一运行管护机制，实现集体发展成果共享。具体来说，村集体应加强集体资产内外协同监管，在提升集体资产经营内部监管能力的同时，借鉴现代企业管理办法，构建外部功能委员会，内外协同提升监管水平，进而确保集体资产监管程序公平、公正。同时，村集体应充分利用现代信息技术，建设和完善农村集体资产信息化管理平台，提高农村集体资产管理的信息化水平，有效防止出现集体资产被侵占的乱象，确保集体成员的权益不受侵害。

#### 7.5.1.2 健全农业科技创新机制

发展新质生产力，需要构建农业科技创新制度和政策，注重农村科技创新制度的顶层设计与相关配套创新政策协同共促，丰富农村科技创新工作的融资手段，推动创新主体共同参与，加大农业科技创新行为的资金支持力度。此外，还应通过立法保障创新成果，为新技术的发展提供法律保障，开展科学的绩效评测，及时调整并改进农村科技创新工作中的不足之处，并完善协调发展体制机制，消除城乡壁垒，破除构建统一大市场的堵点和障碍，实现城乡协调、区域协调以及人与自然和谐共生。

### 7.5.1.3 建立健全乡村基层民主管理机制

健全乡村基层民主管理机制是保障新型农村集体经济高质量发展的重要抓手。政府应借鉴各地传统文化、乡风习俗等因素，因地制宜地制定符合新型农村集体经济发展的各项管理规章制度，将民主管理渗透到集体经济发展全过程，形成实际的、合理合适的农村集体经济民主管理机制，确保新型农村集体经济健康发展。同时，政府还应通过建立健全乡村基层民主管理机制，构建一个公信力强的经济组织，规避外来风险，构筑乡村与外界信任的基石，增强村民与外部企业的利益联结，减少利益联结机制失效的情况发生。

## 7.5.2 完善要素市场化配置机制，实现要素成果转化

### 7.5.2.1 厘清政府与市场在资源配置中的作用边界

要素市场化改革是推动经济高质量发展的重要着力点，为了实现要素资源更大范围的优化配置，必须厘清政府与市场在要素资源配置中的作用边界，有效激发各类要素潜能、畅通经济循环。如果仅靠市场配置可能会出现市场失灵，导致要素资源配置不均，而仅靠政府主导的要素资源配置也会出现扭曲。因此，厘清两者之间的作用边界，有利于要素资源的优化配置。通过市场竞争引导要素资源精准配置，可以保障不同地区市场主体平等获取生产要素，进而厘清政府与市场在资源要素配置中的作用边界。同时，发挥政府在公共资源配置的主导作用和市场监管作用，加大政府基础设施领域补短板的力度，引导社会资本投入到基础设施建设领域中。

### 7.5.2.2 加快建设统一要素市场，实现生产要素高效流通

打通人员、技术、资金、数据流通堵点，取消人才区域间流动限制，破除地方保护和区域壁垒。首先，实现人才要素高效流通。实现人才要素高效流通需要加强区域间人才供求信息交流，构建全国统一的人才数据库，依托大数据技术实现跨区域"人职匹配"。其次，实现技术要素高效供给。实现技术要素高效供给需要推动创新资源共享服务平台建设，促进区域间技术创新供给和需求高效对接，综合利用技术转让、共建实验室等跨区域技术合作模式，规范技术合作中各主体的权利义务，增进区域间技术合作伙伴的了解与信任。再次，破除资本限制。破除资本限制需要加快形成统一的资本市场，加强区域性股票交易市场和与全球性资本市场之间的协调合作及其相衔接。最后，推动数据资源高效流通。一方面，探索建

立区域性数据交易中心，完善数据价值共享流通机制。另一方面，积极推动公共数据的开放共享和开发利用，加快探索数据要素市场化配置机制，探索数据资产化资本化有效路径，健全数据跨境流通机制，健全政府、企业和社会等多元协同的数据资产治理机制，构建多层次数据交易市场，让数据真正释放价值。

### 7.5.3　完善收益分配机制，实现农村集体经济发展成果共享

规范农村集体经济收益分配制度，有利于保障新型农村集体经济组织及其成员的合法权益，增强广大农民群众获得感，促进新型农村集体经济高质量发展。

第一，完善并规范新型农村集体经济收益分配机制。优化和规范新型农村集体经济收益分配机制，能够防止集体经济收益被乡村内部或者少数人恶意侵占瓜分和控制。集体经济收益分配原则既要发挥集体经济支持带动增收致富、推动公共服务普及普惠，也要兼顾集体所有成员的利益保障。充分尊重集体成员的主体地位，落实新型农村集体经济组织成员的民主权利，按程序经成员大会讨论确定集体经济组织收益分配的原则、范围以及程序。

第二，推行多种收益分配制度，优化收益分配制度。在新型农村集体经济进行收益分配时，根据集体经济现实情况推行要素入股，依据集体成员所持要素股份进行分配，能够保障集体分配的效率与公平。例如，以成员参与农村新型集体经济的劳动进行分配，可以保障公平的"人口股"；以成员参与农村新型集体经济的贡献进行量化，可以保障效率的"贡献股"以及集体带头人的"岗位贡献股"。同时，通过股权激励赋予集体成员剩余索取权，激发集体成员发展新型农村集体经济的工作积极性。另外，还需重视集体经济再次分配，确保农村新型集体经济的收益用于改善民生和扩大再生产，保障全体人民走上共同富裕的道路。

第三，保证全体社员福利分配总收入稳步增加。在充分确保本村集体资产得以保值增值和稳定壮大队伍的总收入的前提下，促使集体各组织及集体成员的集体经营性总收入持续递增，可以提高集体成员的获得感与幸福感。不断改善农村民生福利，可以使广大农民群众持续获得新型集体经济健康发展带来的致富红利。发挥新型农村集体经济成员的主体作用，需要培养村集体经济成员主人翁意识，强化集体成员在集体收益分配的主体

地位，保障集体成员在集体收益分配中的知情权、参与权、监督和受益权。

### 7.5.4 健全长效机制，增强新型农村集体经济发展后劲

#### 7.5.4.1 规范"三资"管理机制

加强和规范农村集体经济"三资"管理是新型农村集体经济高质量发展的助力器，有利于增加农民财产性收入、保障农民合法权益。一方面，完善集体"三资"管理制度，通过加强制度建设，不仅使资金管理合理、安全、精细化，还能让资金活起来；另一方面，健全集体"三资"保障体系，理解和掌握"三资"法律法规，明确集体独立法人地位，确保资金安全，加强"三资"管理培训，提升村集体经济组织财管干部的财管能力，以及建设与完善财务业务一体化共享平台，通过与"三资"监管平台相衔接，能实现对农村集体资产的全方位、全流程监管。

#### 7.5.4.2 构建典型带动机制

大力发展新型经营主体，充分发挥优秀的家庭农场、农民合作社、农村集体经济组织、农业龙头企业等多层次市场经营主体典型示范效应，鼓励其参与到新型农村集体经济的建设之中，带动农村发展和农民增收。重视发挥这些"典型"新型经营主体的引领示范作用，通过典型培育、重点突破以及分类推进培育新型农村集体经济高质量发展典型；通过先进集体典型示范、试点创新带动各集体之间的沟通交流，以点带面，实现更大范围上的新型农村集体经济高质量发展。同时，加大宣传先进村集体，从典型样例中提炼总结并探索出适合自己增收的思路、方法。

#### 7.5.4.3 建立健全评估反馈机制

绩效评估与反馈机制是使集体经济长效运行的重要机制，不仅能反映新型农村集体经济的发展质量，还能反映各项机制在运行中存在的问题[①]。一方面，根据地方新型农村集体经济发展情况，因地制宜地设置集体经济发展绩效评估指标，形成科学的集体经济发展绩效评估体系，建立绩效评估与反馈机制，通过评估及时发现问题并进行反馈；另一方面，应用评估结果，分析反馈问题。地方政府应加强对农村集体经济发展的绩效与存在的问题进行分析，及时化解发展中存在的困境，支持新型农村集体经济发展。

---

① 竺乾威. 公共价值的行政学分析［J］. 公共管理与政策评论，2023（1）：20-27.

#### 7.5.4.4 优化考核机制

借鉴现代企业管理的方法，逐步完善新型农村集体经济的考核管理机制，这对于提升新型农村集体经济发展模式的运营效率具有重要作用。首先，借鉴现代企业管理，赋予新型集体经济组织以集体资产股份权能，设立新型农村集体成员的股东代表大会、农村新型集体经济发展的理事会、农村新型集体经济发展的监事会等组织机构，形成法人主体的现代企业管理结构，具体规范股东权益，充分调动集体经济组织成员的积极性，保障新型农村集体经济组织成员作为股东能够行使职权，使新型农村集体经济能够稳妥有序地经营。其次，制定新型农村集体经济发展的示范章程。在强化党对新型农村集体经济的领导，规范新型农村集体经济内部治理机构设置、权利义务等方面进行明确规定，用股权激励的手段提高新型农村集体经济组织带头人的剩余索取权，对新型农村集体经济组织的经营管理人员进行绩效考评，强化集体经济组织内部的激励效应。再次，保证集体经济组织财务的"公开透明"。加强对新型农村集体经济经营的管理，实施集体资产积累制度，建立严格的现代企业管理制度，实施"阳光工程"，确保新型农村集体经济运转顺畅、组织内部管理合理、集体资产监管有效。最后，规范和完善民主决策的内容、形式和程序，不断提升新型农村集体经济经营管理的民主性和科学性，优化考核奖励机制，突出对资产管理内容的考核，确保农村集体资产收益最大化。

# 7.6 因地制宜综合施策

充分利用各地新型农村集体经济发展的比较优势，因地制宜地选择发展路径是发展壮大本地新型农村集体经济的重要手段。

## 7.6.1 以适宜的发展模式引领

第一，选择合理的发展模式作为新型农村集体经济发展方向。发展新型农村集体经济时，需充分考虑当地农村集体经济的实际发展情况、资源禀赋以及组织管理能力等因素，着力统筹好农村集体经济机构自身与各种市场主体之间的联动关系，整合发挥各农村集体经济组织比较优势，把农村集体经济组织真正纳入新型高效农业发展的经营组织体系，推动实现其转变成为农村市场经济体系建设的主体有机构成。

第二，遵循差异化原则，以不同发展模式需求为基础，依法施行差异化的支农财政投入。各级地方政府在体现各村差别，有效利用农村资源的前提下，按照村庄类型分类，因地制宜地规划涉农财政专项补助机制。各级地方政府还应探索、完善农村集体经济发展模式的有效实现形式和长远发展战略路径，确保新型农村集体经济向前发展，农民收入不断增加。各级地方政府还应鼓励新型农村集体经济发展较差的相邻村按照抱团原则发展，合并其集体资源，弥补其新型农村集体经济的先天劣势。乡镇进行统筹规划，集中运用财政配套扶持资金和各集体经济组织自有建设资金，通过多种方式共同实现村级联合集体经济发展；鼓励新型农村集体经济发展较好的地方村集体实现强强抱团联合发展，带动本地综合经济实力总体较弱的农村集体经济组织。

### 7.6.2  以社会资本参与助力

引导社会资本以多种形式下乡，将现代新质要素与农村集体资产资源进行有效衔接和融合，促进农村集体要素转化为新型农村集体经济高质量发展增长点。

第一，全面深化农业村企合作意向。鼓励广大农村集体经济组织有效利用自身财产、人才、生态条件和精神文化基础等市场要素，结合优势企业资本、技术、信息能力和农产品市场渠道等比较优势，从规模种养、乡村工业、产销物流合作、农产品种植加工、农旅企融合、综合开发建设等方面开展涉农村企合作，将经济收益更最大程度留在农村，惠及当地农民。

第二，优化社会资本参与新型农村集体经济的合作模式。鼓励村集体带头领办或者创办各类农村合作社、公司等，并围绕土地流转、订单合作、股份分红以及资产入股等，形成"龙头企业+农村集体经济组织+农民""企业/公司+农村集体经济组织+农民""党组织+合作社+企业+农民"等多种合作模式。经济实力强的村集体可自主探索改制成立农民公司，推广使用"农村集体经济组织+合作社+农民"合作社的特色经营模式，带动以新型农业合作经营方式为主体的创新发展。经济实力较差的村集体可依托社会主体牵头创办成立一批生产发展类、服务生活类、资源交易类新型合作社，为发展农业社会化生产、农民服务生活、农村经济社会共同发展生产等活动提供全方位服务。鼓励和支持广大农村集体经济组织依法合理土地资源，以规模集约化流转、农业土地股份经济合作、现代化高标准农田规范化建设管理等多种经营方式有效集中利用土地，提升农民土地规模与经营发展水平，实现村集体土地增收。

### 7.6.3　以乡村特色产业推动

乡村特色产业发展作为新型农村集体经济发展的重要支撑，是带动农村产业提速增效和促进农民增收致富的重要抓手。实现新型农村集体经济高质量发展应充分结合地方资源禀赋发展乡村特色产业，并且给予更充分的政策支持和市场引导，通过新质生产力赋能新型农村集体经济，实现新型农村集体经济的高质量发展。

#### 7.6.3.1　立足乡村特有农业资源优势，培育主导特色产业

挖掘乡村特有农产资源优势，培育和壮大主导特色产业。在汲取制度改革成果基础上，发挥新型农村集体经济的组织优势，结合特色农产、区位优势、地理环境等资源禀赋，因地制宜地培育发展具有比较优势的主导产业，塑造乡村经济"自我造血"功能。同时，在主导产业的基础上延伸产业辐射范围，推动新型农村集体经济向全产业链拓展，向乡村旅游、休闲农业等新产业新业态延伸，实现资源集中、要素激活、产业集聚，形成产业集聚并不断释放村集体经济发展的内在潜能。此外，突出新型农村集体经济的组织引领作用，继续开拓高效农业功能，促进特色农产业发展与乡村其他优势产业融合，促进农业技术集成升级和三产有机融合，打造高效乡村特色产业经济发展模式，促进新型农业经营主体广泛参与农业全产业链条，搭建现代特色农业示范区和亿万小农户利益联结的致富桥梁，带动农民全面增收，促进农业转型增效升级。

#### 7.6.3.2　借助新质生产力赋能新型农村集体产业

第一，聚焦农业"芯片"落地，培厚新型农村集体产业创新土壤。农业是农村集体的基础产业，为其他产业发展提供资金、土地等要素支持。基于此，围绕农业种子的关键技术创新，借助国家育种数据处理全流程的智慧育种平台，将农作物海量育种数据和先进大数据算法结合，开辟智慧育种的新赛道；同时，各地抓好优质高产品种自主科技攻关，大力引进多样化品种，提升农作物产能，夯实农村产业发展基础，增强新型农村集体经济产业发展的可能性和持续性。

第二，聚焦农村先进农用机械，增强新型农村集体产业效能。在现代化浪潮中，新的劳动工具推动着传统农村产业升级转型，缓解"谁来种地"问题的急迫性，摆脱粗放型外延式发展，转向高科技、高效能、高质量、可持续，实现乡村新产业新业态新模式跃升的农业新质生产力赋能。对于农村机械化发展，农业借助智能农业装备可以提高生产劳动率、资源利用率以及释放农村劳动力，培育壮大智能农机产业集群和链主企业，例如，重点培育南京"农业专用传感器、智能导航、大数据应用"、常州"高性能拖拉机、收获机、移栽机"、苏州"插秧机、无人机、农业机器人"、扬州"先进饲料加工装备、养殖设施装备"、镇江"高性能拖拉机、收获机"、盐城"果蔬茶管理装备、高端农机具"、徐州"智能排灌装备"、淮安"高效渔业装备"等。

第三，聚焦农村农产品品质建设，提高新型农村集体产业品牌声誉。坚守生命红线观与保障人民生命健康的底线原则，突出抓好优质农产品和标准化安全生产，加大监管部门对农产品安全管理监督抽检力度，通过建立落实质量生产安全信息追溯平台、管理平台和农业市场准入监管机制等，推动新型农村集体经济绿色健康发展、特色持续发展、品牌创新发展。借助各种现代社会信息技术平台赋能农村集体经济发展，各级及地方政府部门在统筹推动全市农村集体民营经济发展过程中，切实运用现代信息技术工具，建立健全农产品质量及安全风险追溯监测机制，完善农产品质量全程监督检测制度体系；同时，通过互联网技术赋能，对各种农产品的各个流程环节进行最全面的信息数据收集，实现各类农产品全过程可追溯服务。逐步构建社会主义现代化的新型农业产业体系、生产要素体系建设和规模化经营产业化体系，推动全国农业结构转型优化升级，进而推动新型农村集体经济实现高质量发展。

# 8 发展措施

实现新型农村集体经济高质量发展，除了遵守新型农村集体经济发展的基本原则，还离不开各种必要的保障措施。

## 8.1 政策保障措施

政策保障指在既有新型农村集体经济政策基础上，各级政府根据地方实际情况，为了实现新型农村集体经济高质量发展而制定的一系列政策和措施[①]。实现新型农村集体经济高质量发展除了加强顶层设计、战略性规划，还需要从财政支持、税收优惠、金融以及土地等方面着手考虑，为集体经济发展壮大提供充分的政策保障。

### 8.1.1 加强顶层设计

在新发展阶段，我国新型农村集体经济发展仍然面临可供支配的人才、土地和资金资源要素不足，农村集体经营发展较为封闭、发展不均衡性突出以及村集体治理结构尚待优化等一系列矛盾挑战。发现新型农村集体经济，需要加强相关顶层设计，树立系统思维，从整体规划出发，找准新型农村集体经济发展的"牛鼻子"和主要矛盾，建立政策导向更加鲜明的、市场驱动更加强劲的、科技支撑更加有力的发展规划引领，提高新型农村集体经济发展的系统性、整体性和协调性。具体措施为明确各级政府对于新型农村集体经济高质量发展的具体政策、投入机制和目标任务，加大财政、金融、人才、项目等农村相关政策倾斜力度，确保公共财政投入

---

① 邵瑶春. 新型农村集体经济发展的机制与路径研究 [D]. 长沙: 湖南农业大学, 2020.

与新型农村集体经济高质量发展相适应，优化新型农村集体经济营商环境。

### 8.1.2 加大相关政策扶持力度

相关部门应该从财政税务、金融等多方面加强对新型农村集体经济高质量发展的政策支持。

第一，增强财政的支持力度，同时提高相关税务优惠。相关部门应增加财政资金对新型农村集体经济的投入和转化力度，从省市县三级财政预算中提取帮扶新型农村集体经济发展的配套资金并逐年提高，为夯实新型农村集体经济发展基础，争取更多的帮扶资金，解决新型农村集体经济发展壮大面临的资金短缺问题。同时，相关部门应采用差异化的资金支持策略，打破传统的直接投资于企业及农民的方法，将资金主要投向农村集体经济基础收入较低但集体经济项目发展前景较好的乡村，鼓励并规定将财政用于涉农的资金转化为集体资产的方式，从而形成良性的资金循环，以确保新型农村集体经济能长期稳定运作。此外，相关部门应落实相关税务优惠措施和改善税务服务，推动税务部门梳理好涉农税务事项，分类预处理新型农村集体经济组织在确认以及后续经营中的涉税问题，给予承担农村公共服务职能的新型农村集体经济组织税收优惠以及暂免征税。

第二，加强金融支持。相关部门应通过建立多层次的多元化投融资体系，拓宽新型农村集体经济发展的金融资金来源渠道，完善相关法律政策制度，构建多层次资本市场服务体系，提高金融机构的服务水平。首先，结合当地资源禀赋条件以及"三资"改革情况，为新型农村集体经济的增长提供包括股票投资、股权融资和农业增值在内的一系列服务，旨在确保集体经济资金的保值增值。其次，针对各地集体经济经营性质，提供差异化的金融产品和服务，对经营性新型农村集体经济，确保资产保值增值，并致力于金融产品的创新以扩大再生产；对资源开发型集体经济，关注开发性资金需求的产品创新，并为其提供相应的金融支持服务；对以合作社为主的其他合作型新型农村集体经济组织，建立健全链式融资模式，为其扩大经营规模和资金周转提供信贷支持。最后，建立政府投资与银行融资的投贷联动，强化乡镇的信用体系建设，有效促使金融机构与新型农村集体经济组织有机结合，实现资金供给与农户需求相匹配，进而解决农户融资难问题，为新型农村集体经济高质量发展提供充分的金融支持。

### 8.1.3 推动农村土地政策的改革进程

在明晰集体所有权的前提下，通过完善承包经营权流转机制、规范流转程序以及加强监管等方式，促进土地资源合理有序利用和规模经营，提高农业生产效率。农村集体产权制度改革在农村集体经济发展的相关制度中占据核心地位，而土地产权制度改革对于新型农村集体经济的发展壮大也是至关重要的，政府有责任进一步深化农村集体产权制度的改革，并对"三权"分置制度进行完善。

第一，深化农村"三块地"改革，明确农村集体建设用地用途。通过对农村承包地、宅基地和集体经营性建设用地这三块土地进行确权和办证，明确农村土地的集体产权，并为农民提供更多的财产权益。以农村集体所有权为基础，将其纳入农村土地承包经营权中，构建"三权"分置格局。对农村集体闲置土地进行摸排、整合和改造确权，同时引导农村将集体和村民资源产权的流转放到市场交易平台上，通过拍卖、招投标和网络竞价①等多种手段，激活农村集体的闲置资源，以实现集体土地资源的保值和增值。

第二，健全农村土地管理制度。完善土地交易相关的各种制度保障，创建一个统一、规范的农村资源产权交易平台，以形成合理的农村集体产权交易体系。通过赋予农民对集体资产股份的占有、收益、有偿退出、抵押、担保和继承的权利，确保新型农村集体经济组织成员的权益得到充分保障。首先，认真落实启动第二轮土地承包到期后再延长30年的整省试点政策，在前期试点基础上，将有关土地试点范围进一步扩大到全省，保证"长久不变"的政策稳定性，巩固和完善农村基本经营制度，推动在农村土地"三权"分置制度下，解决小农户与适度规模、现代农业之间的矛盾；其次，规范农村承包地耕地用途管理，按照规定坚持农村承包地用途，有效遏制粮田非粮化、农地非农化，并建立健全农村承包地日常管理制度，提高农村承包地服务的精准性和有效性；最后，开发农村"四荒"资源，充分发挥"四荒"资源的优势，通过承包、租赁、拍卖和股份制等多种方式进行开发利用，大规模地发展集体林带、林场、果园和鱼塘等，采用统一的开发策略和分户承包的经营方式，以增加集体和农民的收益②，

---

① 邵瑶春. 新型农村集体经济发展的机制与路径研究 [D]. 长沙：湖南农业大学，2020.
② 邵瑶春. 新型农村集体经济发展的机制与路径研究 [D]. 长沙：湖南农业大学，2020.

并对集体现有的工厂和未使用的学校进行管理。

### 8.1.4  完善政府部门的监督机制

在政策层面强化政府部门在新型农村集体经济上的职责，将发展新型农村集体经济纳入政府工作任务，同时，确立新型农村集体经济主管部门需要履行的管理、指导以及监督职责，通过出台各种操作性强的新型农村集体经济扶持政策引导村集体更好、更快地发展集体经济。加强政府在新型农村集体经济组织中的审计监督，主要体现在：一是强化新型农村集体成员资格确认和管理监督，新型农村集体经济组织的成员变动不是简单的进出问题，而是涉及集体成员收益分配问题，政府应建立健全集体成员资格认定和管理办法，保障集体和农民权益；二是强化新型农村集体经营绩效监督，政府对农村集体经济组织中的代理问题进行预防，抵制侵占农村集体资产的腐败现象；三是强化新型农村集体资本积累盈余分配监督，政府应适当介入新型农村集体经济组织管理过程，发挥监督功能，确保新型农村集体收益的公平合理分配；四是强化优惠政策和财政资金支持跟踪监督，随着新型农村集体经济的发展壮大，国家出台的优惠政策越来越多，而其中资金支持有没有落实到位、有没有贪污腐败现象，则需要发挥政府跟踪审计作用，对国家政策的执行效果、投资财政资金使用情况进行监督。

## 8.2  要素保障措施

要素保障是指为影响新型农村集体经济发展的各个要素提供保障，确保新型农村集体经济高质量发展的内生动力和稳定性。

### 8.2.1  加强资金保障

政府、金融机构、社会资本等为发展新型农村集体经济提供强有力资金支持，能够保障新型农村集体经济的稳定有序运营。实践证明，虽然财政支农支出逐年增长，但仍难以满足新型农村集体经济建设的实际需要。随着社会主义市场经济体制改革的深入和经济全球化趋势的加强，我国农村出现了大量的新型农村集体经济组织，这对促进农业增效、农民增收具有不可替代的作用。因此，政府有责任将新型农村集体经济视为农村建设的关键任务，不仅要在思想上给予足够的重视，还要在实际工作中精心策划和组织。

### 8.2.1.1 完善符合新型农村集体经济高质量发展的财政扶持政策

首先，政府要及时制定出台操作性强的扶持引导实施办法或细则，加速制定符合新型农村集体经济高质量发展的财政政策。各级财政部门每年应拨出专项资金，支持新型农村集体经济较为薄弱的地区。其次，政府构建一个针对贫困村的援助体系来协助村集体引进发展项目，解决资金短缺问题，并提高村集体的资金内生能力，同时通过对困难帮扶户实施产业扶贫、科技扶贫和教育培训等措施，提高其科学文化素质和生产生活能力。再次，由于各地村集体在经济和资源条件上存在差异，政府在提供财政资金支持时，必须根据实际情况制定策略，确保每个村庄都有其独特的方案，并在扶持发展集体经济时要兼顾效率与公平，防止"马太效应"进一步加剧。最后，鼓励和支持社会资本参与新型农村集体经济发展，政府财政资金是有限的，为缓解财政压力，鼓励社会组织和龙头企业等积极参与新型农村集体经济的发展，并充分发挥社会资本参与新型农村集体经济的积极性与创造性，促进其快速发展，使之成为推动农业产业化经营、加快推进社会主义新农村建设的重要力量。

### 8.2.1.2 促进农村集体金融供给与新型农村集体经济的融资需求相匹配

目前，鉴于我国农村金融服务体系的局限性和金融资金的不足，政府应拓宽各类商业银行与农村集体间的资金往来渠道，激励农村合作银行等机构为新型农村集体经济的发展提供专门的贷款援助。同时，政府在制定这些政策时应该注意避免"一刀切"式地对待各类新型农村集体经济组织，应根据不同类型的新型农村集体经济组织特点来采取差异化措施。

第一，政府为新型农村集体经济的金融机构提供各种优惠措施。政府鼓励将更多资金用于支持农村新型农村集体经济的发展，通过设立新型农村集体经济专项贷款，并在此基础上发放一些小额信用贷款来增加农户的可支配收入。与此同时，中国人民银行、中国国家金融监管总局等机构对参与新型农村集体经济支持的金融实体进行严格的监管，以规范其经营活动，让农村金融机构成为政府以外，新型农村集体经济组织最稳健和最可信赖的资金来源。鼓励农村金融机构进一步拓展农村集体资产有效抵押担保范围，并对农村生产和经营设备设施的经营性建设用地使用权、集体土地使用权进行深化改革①，创新农村土地承包经营权抵押担保方式和流程，建立完善农村土地承包经营权和宅基地集体所有权及成员资格确认制度。另外，尝试将收入保险或履约保证保险整合到土地股份合作社等新型农村集体经济项目中，以提升这些新型农村集体经济组织对风险的能力。

第二，政府为新型农村集体经济提供良好的金融环境。地方政府有责任为新型农村集体经济打造高质量发展的有利基础环境，以支持和激励社会资本下乡，协助新型农村集体经济转向更大规模、更现代化的高质量发展。地方政府应促进社会资本下乡，做强农村普惠金融，根据新型农村集体经济发展模式，围绕乡村产业、绿色生态、乡村治理、集体经济等重点领域，加快农村金融产品和服务创新，面对新型农村集体经济高质量发展的多样化金融需求，推出特色农产品或系列金融产品和服务，充分利用金融科技和大数据等现代化手段，匹配农村集体经济发展需要的贷款额度、利率、期限，进一步提高新型农村集体经济金融服务普惠性和便捷性。

### 8.2.2 土地要素保障

土地是新型农村集体经济发展的物质载体，其能否聚集直接影响新型农村集体经济高质量发展壮大。然而，目前新型农村集体经济中土地要素市场尚未建立健全，仍存在土地要素流转不畅、配置效率不高等问题，阻碍着土地要素市场化运作。因此，加强土地保障是新型农村集体经济高质量发展的重要支撑。

#### 8.2.2.1 创新土地要素市场的体制机制

坚持新型农村集体经济土地公有制性质不变的前提下，从体制机制方面保障土地要素市场化进程。明晰土地要素产权是其市场化流动的前提条件，确保土地产权的明确性，为其在市场中的自由流动奠定了基础。这一原则表明产权清晰性对于促进土地有效配置、降低交易成本和预防纠纷的重要性。明确的土地产权不仅有利于增强土地市场的透明度和效率，也是保障土地使用者合法权益、激发土地资源潜能的关键。在土地产权界定明晰的情况下，土地所有者和使用者能够在法律框架内，助力建设城乡统一的市场，探索农村集体经营性建设用地入市途径，健全土地增产增值收益分配机制，积极探索土地流转、宅基地出租或其他实现形式，从而实现土

---

① 关于全市深化农村改革壮大村级集体经济的实施意见 [N]. 大连日报, 2018-11-06 (1).

地要素的最优配置和利用，加速土地市场化进程。

### 8.2.2.2 优化土地流转的政策环境

第一，创建透明、高效的土地流转平台。土地流转平台旨在为土地供需新型农村集体经济组织提供一个便捷的信息交换和交易匹配的场所，通过网络化、信息化手段，实现土地流转信息的广泛传播和快速匹配。政府在这一过程中扮演着至关重要的角色，不仅需要发挥引导作用，制定相关政策和法规，还需要加强监管，确保土地流转过程的公平公正，防止出现权力滥用和市场垄断等现象。

第二，降低土地流转的行政门槛和成本。简化农村集体土地流转手续，例如，借助现代化数字技术和工具，通过在线审批流程、电子合同等方式，大大减少农村集体土地流转的时间和成本，同时，减少不必要的行政干预，为农村集体土地流转提供更大的便利。政府还可通过政策引导和支持，激励和引导农村集体土地的有效与规模流转，尤其是针对那些闲置或低效利用的土地，通过一系列激励措施，如税收优惠、财政补贴等，鼓励村集体盘活闲置土地资源。

第三，落实土地流转的风险防控措施。在推进土地流转市场化的过程中，政府和市场参与者都应当密切关注可能出现的风险，如土地过度集中可能导致的社会不公平问题，或流转后土地被非农业用途占用等，并采取相应措施确保土地流转能够促进新型农村集体经济高质量发展。为此，政府需要建立和完善关于土地流转的一系列风险评估与防范机制，包括但不限于对土地流转进行事前的风险评估、缴纳土地流转履约风险保证金、签订土地流转合同和合同鉴证，制定明确的土地流转指导政策，以及建立有效的监督管理体系，通过法律法规的完善和执行，确保土地流转活动在一个合法有序的框架内进行。此外，还应增强新型农村集体经济参与者的风险意识和自我保护能力，加强农民教育和培训，帮助农民和其他土地经营主体了解土地流转的法律法规、市场动态以及风险防控知识，从而在参与土地流转时做出更加明智的决策。通过这些土地流转相关风险防范措施的实施，可以有效防范和控制土地流转过程中可能出现的风险，保障土地流转市场的运行。

### 8.2.2.3 激发土地要素市场活力

第一，健全城乡一体化土地流转市场。以城乡一体化土地流转市场为切入点，发挥市场调控作用，畅通各类主体供给土地渠道，扩大市场配置土地范围，切实将土地配置给具有先进生产力的产业和主体，实现土地配置效率大幅提升。同时，激发土地要素市场活力，需充分发挥新型农村集体经济在土地流转方面的示范带动作用，通过家庭农场、农民专业合作社、农业企业等多种土地经营模式案例，向市场主体展现土地流转在提高土地利用效率、促进农村经济发展等方面的显著成效，体现土地流转的经济价值和社会价值，激发农民和社会各界参与土地流转工作的热情。同时，通过分享这些成功模式的具体实施过程和取得的成效，可以带动其他新型农村集体经济对于土地流转经营模式的创新发展，激励更多的农民和农业经营主体认识到参与土地流转的潜在利益，从而积极地加入土地流转和农业现代化的实践中来，实现土地资源的最大化利用，提升农业生产效率，增加农民收入，促进新型农村集体经济的土地多元化经营发展。

第二，提供满足新型农村集体经济发展的土地流转经营服务。小农户和一般农村集体经济组织，常常由于缺乏足够的、有效的资源和信息，在市场化的土地经营过程中往往处于不利地位。这一策略的核心在于通过提供对土地要素综合性服务，包括专业咨询、先进的技术支持以及实时的市场信息服务，来全面提升市场主体，尤其是小农户和新型农业经营主体的经营管理能力和市场竞争力，促进其与土地市场的有效衔接。政府应以全方位全过程的土地流转服务，为农业经营主体提供必要的资源和信息，使其能够有效地促进村集体参与到土地市场化进程中，从而提高整个新型农村集体经济的效率和竞争力。因此，通过提供满足新型农村集体经济土地经营模式的定制化服务，如针对性的培训、技术指导、财务规划建议等，新型农村集体经济可以更好地理解市场趋势，掌握现代农业技术，优化自身的经营策略，从而克服经营上的困难，提升经营效率和收益水平。同时，对于新型农业经营主体而言，政府提供的土地服务支持应当更加注重于增强其市场敏感度和创新能力，这包括提供市场前沿信息、新技术应用、品牌建设和营销策略等方面的支持，以及促进新型农村集体经济与上下游产业链的有效对接，实现可持续发展。

第三，政府和相关机构应当加强土地要素的宣传和普及工作。政府应破解农村"信息孤岛"现象，打通城乡土地要素自由流转渠道，确保更多的新型农村集体经济组织能够了解并利用土地信息资源，真正实现其服务和支持的广泛覆盖和深入推广。通过这样一套综合性的土地要素服务和支持体系，不仅能够有效激发市场主体的活力，推动土地要素的市场化进程，还能够促进农业生产方式的转型升级，提高农业整体的生产效率和竞争力，实现新型农村集体经济的高质量发展。

### 8.2.3 人才保障

政府需要加强政策引导，以提升新型农村集体经济组织能力为核心，对不适应新型农村集体经济发展的村干部予以调整。政府应积极推进村级干部的素质提升项目，打破传统僵化的观念，培养创新思维，以提升村级干部的整体素质，并增强其在引领群众发展新型农村集体经济方面的能力。

#### 8.2.3.1 加大集智聚才力度

打破传统的人才引进固化思维，创新新型农村集体人才的引进方法。一是构建与高素质人才的情感沟通联络对接渠道。建立云对接平台，增强村集体与高素质人才间的内在联系，用乡风乡情激发其回乡发展情怀与责任。二是搭建高技能人才在新型农村集体经济中的实践平台，围绕新型农村集体经济高质量发展，让其在农村集体经济发展中获得自我展示机会，助力自我价值的实现，并做好农村集体产业负面清单目录，为高技能人才加入新型农村集体经济发展提供规范引导，营造良好的高技能人才创业和发展环境，确保人才对农村集体产业发展的良好预期。三是增加新质人才向农村流动的政策倾斜，适当放宽新质人才在农村集体土地经营权、宅基地使用权有偿转让方面的限制，享有与本地人才相同的政策扶持、信贷和税收优惠、评优评先优惠待遇，并在保持政策稳定性和连续性的基础上，允许市级或更高级科技人才带着专利和技术成果作价入股新型农村集体企业参与收益分配。

#### 8.2.3.2 加强新型职业农民技能培训

面对新型农村集体经济高质量发展的高级人才需求，政府应加强培养新型职业农民，有计划、有组织地开展本地新型职业农民的技能培训，充分利用各种线上线下教育资源与手段，创新产教融合、校企（院企）合作模式、科技小院模式，开展针对性、开放式、实践性农民培训教育。一方面，要打造新型职业农民高素质培养的实训基地和应用场景，搭建农民田间学校，开展参与式、启发式、互动式教育，扩展新型职业农民的眼界，增强新知识、新观念，使之成为发展新型农村集体经济、创造美好生活的骨干[1]；另一方面，要加强新型职业农民理论宣讲，让符合推进新型农村集体经济高质量发展的理论知识走村入户，借助"科技小院"模式，将服务农民与引领农民结合起来，提高新型职业农民的技能素质，充分调动新型职业农民在农村集体经济发展中的主动性、创造性与有效性。

### 8.2.4　数字要素保障

数字化经济正逐渐崭露头角，成为推动经济和社会快速发展的核心动力。数字技术是促进新型农村集体经济优质发展的关键动力，可以加速新型农村集体经济在数字化领域的升级转型。政府应鼓励和主动尝试建立新型农村集体经济数字化平台，把农村集体的资源、资产、资金等整合到这个数字化平台中，以实现农村集体"三资"的信息化、制度化以及规范化管理，从而显著提高新型农村集体经济的收入水平，实现农民增收。政府应持续完善数字基础建设，以加强新型农村集体经济向数字化转型的物质根基，充分利用数字要素的"乘数效应"，加速激活农村的数据要素，对新型农村集体经济进行全面、链条全链条的数字改造，并努力促进新型农村集体产业标准化生产、特色化加工、数据化经营和数字化销售。

#### 8.2.4.1　构建新型农村集体经济的数字化平台

在所属县和市政府的主导下，相关部门应构建新型农村集体经济高质量发展的全过程产业链数字平台，扩展和深化新型农村集体产业的发展。新型农村集体经济的数字化平台是通过将农村产业链中全过程的主要参与者整合到数字信息系统中，借助全国大数据中心实现二者有效对接；同时，也将新型农村集体产业的供应信息录入数字化平台，以实时抓取整个产业的市场动态，并把与这些相关信息推送或反馈至新型农村集体经济数据中心。基于此，以数字平台促进新型农村集体经济与市场有效衔接，有效打破新型农村集体产业交易中的信息壁垒，从消费的角度激励新型农村集体产业的增长，并且将这些生产信息整合进这个平台中，可以形成溯源追踪系统，保障产品的安全性，进一步促进新型农村集体经济的可持续发展和农民收益的持续增加。以江苏省堰下村的"数字堰下"为例，"你买我售货"的功能集成了村子里的花木生产和商业信息，从而使用户只需使用手机就可以实现"买入整个村子、全国推销"的目标。

---

① 杨军. 发展农村集体经济要补齐人才短板［J］. 北京观察，2021（9）：30-31.

### 8.2.4.2 完善新型农村集体经济发展中必需的基础建设

为支持新质生产力背景下新型农村集体经济的高质量发展，完善现代化数字基础设施就成为其重要发展路径。新型农村集体经济所必需的基础设施不只是涵盖了电力、物流、交通等传统设施，还包含了数据处理中心、数字技术平台以及5G通信基站等关键组件。在一些偏远地区的新型农村集体上，农村数字基础设施仍然较为薄弱，信息基础设施相对落后，不利于新时代新型农村集体经济高质量发展。基于此，一方面，对于传统农村基础设施如水利、公路、电力、物流、生产加工等，需融入数字化技术，改造升级为数字水利、数字交通、数字电网、数字农业、数字物流；另一方面，对于新型基础设施，需加强农村基础设施共建共享，着力推进现代信息技术、应用场景、资本及人才等高级要素的投入，提高农村宽带和光纤网络全覆盖，确保农村网络高速稳定，为新型农村集体经济高质量创新发展提供坚实的设施基础。

### 8.2.4.3 激活新型农村集体经济数据要素

第一，以健全的新型农村集体产品流通网络进行激活。通过将大数据、人工智能和物联网等数字技术融入新型农村集体产品的流通过程，推进快递服务助力农特产品出村进城，建设新型农村集体"电商—快递"的协同发展示范区，持续推进城乡交通运输与邮政快递融合发展。同时，深入实施青年农村电商培育工程，借助"青耘中国"直播助农联盟，广泛开展"青耘中国"直播助农活动，坚持发展"巾帼电商"，激发农村妇女参与新型农村集体事业积极性，助力新型农村集体电商产业快速发展。在此基础上，深入推进"互联网+"农产品出村进城工程、"数商兴农"工程，加强培育农村集体经济产品品牌建设，大力推进农产品特色与地理标志产品认证，以品牌化带动新型农村集体特色产业发展。

第二，以培育新型农村集体新业态新模式进行激活。农村产业新业态新模式的发展是激活新型农村集体经济高质量发展的重要途径，深刻改变了传统农业生产方式，以数字化赋能于生产、加工、销售、物流等产业链各环节，将数据变为新农资，实现了新型农村集体经济的创新发展。例如，围绕乡村农文旅商结合，强化村集体农文旅商的品牌建设，加大乡村旅游品牌线上宣传推广力度，深化乡村地名信息服务提升行动，完善乡村旅游监测工作体系，推进基于互联网的休闲农业、创意农业、认养农业等新业态新模式发展。

第三，以加速建设农村数字政府进行激活。农业数字政府是将数字技术广泛应用于农村政府管理服务，推动农村政府治理流程优化和模式创新，增强农村政府的决策科学性和服务高效率[①]。建立健全农村数字政府平台，有助于农村基层对新型农村集体经济组织进行更高效更便捷的监督，激发供需两端活力。为此，借助农村数字政府平台，打破城乡二元结构，构建统一的集体经济要素市场，实行更科学的农村集体经济收益分配和土地流转政策，并更好地对新型农村集体经济组织实行监督管理职能。

## 8.3  主体保障措施

主体保障是以强化组织领导、激发农民主体性为重要方式，保障新型农村集体经济高质量发展。

### 8.3.1  强化新型农村集体经济的组织依靠

目前，从农村集体经济发展状况来看，尽管有了较大的发展，但受资源禀赋、地理位置先天因素影响大，自身造血功能未被完全激发出来。为此，需充分调动新型农村集体经济组织领导性，解决和协调内外部矛盾，维护村集体和农民的合法合理权益，将新型农村集体经济组织作为农民与政府对话的桥梁，适当减少政府对村集体经济的过度干预，村集体经济还是应当根据自身村集体资源和环境条件来做出决策，推进产权结构的改革。优化新型农村集体经济的增长成效是转型升级的关键。鉴于不同村集体在产业基础、资源储备、地理位置、人才资源和关系网络等关键因素上对经济发展的需求存在差异，新型农村集体经济相关组织应因地制宜发展集体经济模式，并基于对成功主导因素及其形成方式的深入分析，采取相应的调节和优化措施，选择并确定符合村集体发展条件和水平的实施方法。例如，对于那些既没有种植和养殖资源，也缺乏矿产的贫困农村，新型农村集体经济相关组织应考虑实行差异化的竞争策略，利用生态环境优势发展休闲农业和乡村旅游产业，这将有助于促进新型农村集体经济的壮

---

① 戈晶晶. 数字政府迎接智慧未来 [J]. 中国信息界，2021 (6)：20-21.

大和发展；对于矿产资源丰富的村庄而言，新型农村集体经济相关组织应发掘和利用其自身的资源优越性，借助促进机制和引擎机制，创新加工制造发展。

### 8.3.2 激发农民主体性的民主政治环境

强化新型农村集体经济组织与组织成员间的民主互动，将农民动员起来、组织起来，引导农民摆脱传统"等、靠、要"的依附思想，增强农民自我认知及存在状态，确认村民自身价值认同方式，从而逐渐激发农民主体性，充分发挥出农民能动性与创造性。因此，要想推进新型农村集体经济高质量发展，还需要更好地激活村民的民主政治权利。在新型农村集体经济中，村民主体性的民主政治权利主要表现在村民是否具有自我决策的主导权，即是否可以自主决策、能否自行处理经济事务以及是否能够在新型农村集体经济发展中具有和发挥话语权。

通过案例研究，笔者发现某些地区在发展新型农村集体经济时，没有重视一般村民的反馈和意见，仅将各类管理事宜交由部分新型农村集体经济的负责人处理。当前，这些状况不仅让村民难以真实地传达其对新型农村集体经济发展期望，更是阻碍了农民主体性的民主政治权利的实现，从而对新型农村集体经济持消极态度。因此，应当明确并高度认识到村民在新型农村集体经济建设过程中所持有的主观能动性，不断加强农民思想政治教育，提高农民社会责任意识、集体意识、主人公意识等，让农民真正理解新型农村集体经济建设，发挥他们的集体话语权，积极参与其中，充分激发农民主体性。

## 8.4 机制保障措施

机制保障主要是指通过建立一套行之有效的运作机制，确保各项工作能够按照既定的规则和程序进行。

### 8.4.1 建立健全新型农村集体经济发展激励和约束机制

新型农村集体经济的高质量发展离不开集体经济组织动态治理机制构

建，而激励和约束机制是其动态治理机制的重要组成部分①。因此，必须建立健全激励机制，既要以工资和股权等为主的物质性激励，还要以声誉奖励和岗位晋升等为辅的精神性激励，赋予新型农村集体经济组织负责人剩余索取权，以激励其发展壮大集体经济的主动性、积极性和创造性，进而推动新型农村集体经济持续健康且高质量发展。一方面，加强激励机制设计，通过探索推行股权激励、聘请职业经理人等多种激励办法，提高新型农村集体经济组织盘活闲置资源的整合能力、处置能力以及参与市场竞争的能力，同时广泛采取薪酬激励、福利激励、荣誉激励以及股权激励等多种激励机制刺激新型农村集体经济法人以及成员的内生活力②；另一方面，必须构建相应的约束机制，约束新型农村集体经济法人以及组织成员在执行规则上始终与国家法律保持一致，通过立法和制定相应规章制度明确集体经济法人代表的权限，如果其存在违法行为以及操作不当对新型农村集体经济组织造成损失，有权追究法人代表责任，进而保障新型农村集体经济经营有法可依，依法执行。

## 8.4.2　制定严密的监管考核和风险防范机制

新型农村集体经济高质量发展坚持在党和政府的引领之下，在广大人民群众和相关部门的监督下实现高质量发展。因此，必须结合新型农村集体经济的具体发展情况，构建以减少信息不对称和控制自由现金流为核心的监管机制，加强管理、监督和考核的力度，重视考核结果的应用，以激发新型农村集体经济组织的负责人和村级干部参与新型农村集体经济组织的积极性和主动性。在此基础上，必须确立底线思维，加强风险预防措施，确保农村的集体经济真实地服务于广大的农村居民，避免贪污腐败现象，并进一步完善农村集体资产产权制度改革政策，加强农村集体资产监管。

### 8.4.2.1　构建和完善新型农村集体经济的运营监管体系

第一，构建完整的新型农村集体资产资金使用流程。各级地方政府应根据新型农村集体经济的实际运营状况，加强对新型农村集体经济组织运

---

① 张浩，冯淑怡，曲福田．"权释"农村集体产权制度改革：理论逻辑和案例证据［J］．管理世界，2021（2）：81-94.

② 管洪彦．农村集体经济组织法人治理机制立法建构的基本思路［J］．苏州大学学报（哲学社会科学版），2019（1）：51-60.

营和管理的监管力度，建立更加严格的农村集体资产的使用和处理机制，制订新型农村集体经济组织的预算计划，并对农村集体的资产、资源和资金进行详细的记录，以确保对新型农村集体经济组织的整个发展过程进行有效监管。同时，加强集体收益的风险防范措施，制定明确的权力清单，促进新型农村集体经济组织的所有事务透明化，并按照法律规定接受财务审查和巡查的监督，确保新型农村集体经济收益和服务真正用于民众①。

第二，重视村干部日常考核和激励的结果应用。一方面，将新型农村集体经济的发展和壮大纳入基层政府的主要领导和管理团队的综合评估中，提高新型农村集体经济考核权重。另一方面，建立合理的新型农村集体利益分配激励机制。为鼓励新型农村集体经济的增长，研究并制定相应的激励措施，并通过奖励替代补贴的方法，给新型农村集体经济表现出色的村集体提供一定程度的奖励。对于那些引领新型农村集体经济发展壮大的村干部，建立与绩酬相符的激励机制，将村干部年终绩效考核与村集体经济发展情况相挂钩，提高村"两委"干部对于新型农村集体经济高质量建设的主动担当、主动落实、主动发展意识。

#### 8.4.2.2 构建村级财务民主监督机制

建立健全村级财务民主监督机制，通过选举产生村务监督委员会或民主理财小组，对村集体财务活动进行监督，加强对村集体资产的管理。

第一，完善村级财务民主监督制度。在制度上，明确村党支部对村级集体经济组织的领导和监督职能，建立健全民主选举、民主议事、民主决策机制，落实财务公开工作，建立科学有效的管理制度和监督机制，对村级集体资产的运营规则、发展章程以及内部控制条例进行细致的完善和细化。落实村级民主理财，提高农民对新型农村集体财产财务的知情权、参与权、表达权以及监督权。实行新型农村集体经济财务公开制度，规范新型农村集体经济发展决策审定，并对村级财务管理相关人员，如财务主管、村会计、民主理财负责人等，进行履职情况述职，由全体村民监督。

第二，建立健全财务管理制度，规范集体财务行为。建立以村级党组织为主体、高效统一的村级财务管理体系，推进村级财务管理规范化。通过政府购买公共服务的形式，委托财信公司，借助现代企业财务管理方法，运用新型农村财务管理平台，明确资源、固定资产，厘清债权和债

---

① 李冬辉，赵婧宏. 高质量发展视域下壮大农村集体经济的路径选择 [J]. 农业经济，2023 (3)：64-66.

务，规范村级财务管理。一方面，实行专类经营人员负责制，确保无论是重大决策、利益分配还是资本管理运营等日常行为，遵循规范化、制度化和组织化的标准。并通过将新型农村集体资产的经营收益与经营管理结合，根据当地实际情况引入多种市场化的经营管理机制，如经营管理者年薪制、风险抵押金制、股权激励机制等，明确新型农村集体经济组织成员的权利和义务；另一方面，建立完善的村级信用档案体系，加强对新型农村集体经济组织成员的管理与监督，提高村集体和农民的法律意识、维权意识，使其遵守法律法规并履行相关义务，对于重大的投资、项目的选择以及利润的分配等事宜，需进行详细的备案，确保有充分的证据进行查证。此外，注重村集体财务用途管控和内部审计，在新型农村集体经济日常运营管理中，进行严格的自我监督和自我管控，利用新型农村集体经济收益进行对外投资和对内建设时，遵守相关法律法规，确保对潜在风险进行准确预测，防止问题逐渐恶化，从而保障村级集体经济的持续健康发展。

### 8.4.3 创新新型农村集体经济利益联结机制

为实现新型农村集体经济组织的高质量发展，必须遵循因地制宜的原则，建立更加严格的利益关联机制。

#### 8.4.3.1 更新利益联结观念

根据新型农村集体经济在不同发展阶段的特点，构建因地制宜的利益联结机制。一方面，在建立新型利益联结机制时，需注重新型农村集体经济组织成员之间存在着相互制约与影响关系，必须尊重各方主体的意愿，并以此来构建更加科学合理的利益联结模式。完善农村经济管理制度，为农民创造更有利的收入条件和经济基础，使农民能够享受到与其他成员同等权利，实现真正意义上的共同富裕。另一方面，高度重视新型农村集体经济收益的可持续分配与投资。新型农村集体经济的发展壮大离不开资金、土地等生产要素的投入，但这并不意味着新型农村集体经济就可以无限期地使用所有资产，需构建良好的新型农村集体经济高质量发展生态圈，尤其是严格管控集体不可再生资源的使用，贯彻绿色、可持续发展观念。此外，构建灵活的利益分配体系，并采纳如收益分红、基础保障金、风险基金等多样化的收益分配策略，确保新型农村集体经济的所有成员都能从新型农村集体经济高质量发展中受益。

#### 8.4.3.2 增强新型农村集体经济抵御风险能力

由于新型农村集体经济发展仍处于初级阶段，同时相关的利益联结机制不健全，导致其面临着一定的合作发展风险。首先，遵循国家对新型农村集体经济发展规划，制定相关政策措施，发挥顶层设计的引领推动作用，为新型农村集体经济高质量发展提供指导性方向。其次，将风险金、公积金和集体公益金视为提升新型农村集体经济自我保障能力的关键手段，并充分利用各种不同类型的基金来发挥其各自的功能和影响，通过完善法律制度，加强监管机制建设，促进新型农村集体经济持续健康发展，以及通过评估和实现新型农村集体经济资源的价值，地方政府结合新型农村集体经济的实际发展情况，创建产权流转交易平台，并积极进行各种形式的土地承包经营权、集体林权、农村集体经营性资产等的交易和流转，更好地发挥新型农村集体经济资产的价值，确保新型农村集体经济资产的保值增值。最后，强化新型农村集体经济的内生动力，通过创新组织形式、完善产权制度、健全治理结构、优化经营模式等途径实现农村集体资产产权多元化，促进一般农村集体经济与市场的有效对接，形成村集体、产业、企业以及农民的优势互补。同时，最大限度地激发人才、土地、资金、制度和机制等要素的各种功能，焕发新型农村集体经济的内在活力，提高农民增收速度，为新型农村集体经济的发展创造一个良好的外部环境，从而提高新型农村集体经济的发展质量，固化新型农村集体经济主体间利益联结体系。

### 8.4.4 完善新型农村集体经济收益分配制度

对新型农村集体经济的收益分配制度进行完善和规范，不仅有助于维护新型农村集体经济组织及其成员的合法权益，还能增强广大农民的获益感，并推动新型农村集体经济高质量发展。

#### 8.4.4.1 明晰新型农村集体经济收益分配的原则与顺序

明晰新型农村集体经济的收益分配的原则和顺序是防止新型农村集体经济的收益被别人恶意侵占、瓜分和控制的重要途径之一。

第一，明确新型农村集体经济收益分配原则。发展壮大新型农村集体经济的目的是促进农民财产性收入提高，推动全体村民的共同富裕，在分配中必须坚持以农民为中心，保障农民在集体收益的积累，实现"共同享有"和"合理分享"。因此，在新型农村集体经济收益分配的原则上，不仅注重利用集体收益来提高农村生活设施水平，促进公共服务的普及和普惠；同时也要考虑到所有集体成员的利益，促进农民增收。

第二，对农村集体公积金、福利费提取比例进行限定。虽然《中华人民共和国农村集体经济组织法（草案）》对农村集体经济收益分配原则与顺序做出了规定，但并没有对公积金、公益金的提取比例做出规定。一些地区农村集体经济存在公积金、公益金、福利费提取比例过高现象，集体资产收益分配与公共积累关系不协调。为此，必须依法依规分配新型农村集体经济收益，高度重视集体成员的核心地位，并确保其作为新型农村集体经济组织的成员享有民主权益，并通过农村集体民主大会按照既定程序讨论和确定新型农村集体经济组织的收益分配原则、范围和顺序。

8.4.4.2  探索数字技术在农村集体资产、资金和资源中的运用

数字化赋能新型农村集体"三资"管理，促使新型农村集体资产资源具备可观性、可见性以及可感性，清晰新型农村集体资产资源情况，为集体收益分配提供依据来源，实现新型农村集体经济收益分配的合理化。

第一，利用数字技术为新型农村集体资源资产画像。借助大数据、人造卫星、GIS（地理信息系统）、AI（人工智能）等数字技术，打造"三资"智慧监管系统或平台，创新农村集体资产资源的管理办法。通过智慧监管系统或平台，将农村集体资产资源情况和新型农村集体经济收益数字化，农民及其他相关受益主体能够从系统中，高效清晰地获取农村集体资产资源的交易信息，便于使用者更好地对新型农村集体经济收益进行统计与监管，动态调整农村集体资产资源使用方式，更好地促进资产资源的保值增值，壮大新型农村集体经济。

第二，利用数字技术打通农村集体资金流通渠道。新型农村集体经济收益分配关系广大农民切身利益，农村集体资金的使用、流向及多部门、多单位、多主体的数据整合与利益关系事关新型农村集体经济和谐健康发展。数字技术以电子台账方式，将农村集体财务变动信息上传农村"三资"智慧管理平台，全面准确地反映出农村集体资金流向、用途以及结构，并基于此平台信息，对新型农村集体收益与支出进行有效分析和调整，促进对新型农村集体经济高质量发展的合理调控监管。另外，借助数字"三资"平台，打通村级集体间的资金合作渠道，推动村级集体间的发展共建共赢；破除信息壁垒，实现村级资金"省—市—县—乡—村"五级联管[①]，保障新型农村集体经济收益分配的公平与效率。

① 张胜，蒋盛杰，吴智宇，等. 数字化赋能农村集体"三资"管理：转型逻辑、现实困境与实践路径［J］. 中国农业会计，2024（3）：114-116.

# 9 研究局限与未来展望

自新中国成立以来，农村集体经济大体经历了"统""分""合"的演进历程，站在新发展阶段的时代背景下，新型农村集体经济成为近几年研究热点。基于此，本书基于新质生产力视角，聚焦新型农村集体经济高质量发展，指出在新的历史阶段上，新型农村集体经济发展面临着"人、地、钱"要素资源不足、集体经营发展趋于封闭、发展非均衡性突出以及治理结构尚待优化的风险挑战，这主要是由主体错位导致新型农村集体经济组织结构职能不清晰、市场缺位导致资源转化资本效益低下以及集体失位导致经济的社会性逐渐弱化三个方面原因造成的。同时，围绕资源发包、物业出租、居间服务、资产参股四种新型农村集体经济发展模式，本书选择四川雅安名山区、陕西安康石泉县、山东乳山白沙滩镇、广西桂林窑头村、重庆华溪村、海南万宁六连村以及江苏苏州灵湖村七个典型案例分析，探索其发展机制与发展路径，最终得出新质生产力赋能新型农村集体经济高质量发展的对策措施。因此，本书对新质生产力视角下新型农村集体经济高质量发展的研究进行了一定的思考，但仍然存在进一步发展的空间和研究的局限性。

## 9.1 研究局限

在研究新质生产力视角下新型农村集体经济高质量发展的过程中，由于方法的可操作性、数据可获得性与时效性、前人研究基础以及调研成本等因素，导致较难全面综合地对以新质生产力作为切入点的新型农村集体经济进行研究，存在一定的局限性。

第一，缺乏定量分析。在全国范围内，新型农村集体经济发展受地理位置、资源禀赋、经济实力、历史文化等因素影响大，导致我国新型农村集体经济发展情况不一，难以构建或借鉴全面详细的农村集体经济数据库以获取新型农村集体经济统计信息，从而对全国新型农村集体经济高质量发展进行定量实证分析较为困难，可行性不高。本书在研究过程中，主要采取田野调研法和案例分析法，虽有能够获得一手数据资料，但相较定量分析，案例分析所获得的结论可能存在一定程度的独特性，难以为全国新型农村集体经济发展过程中遇到的所有风险挑战，提供相适应的对策建议。

第二，案例样本有限。截至 2021 年年底，全国共有 69.15 万个行政村，261.7 万个自然村。本书通过以田野调查资料为核心、媒体资料为补充，由于调研成本、研究人员时间与精力等因素，选取全国 7 个地区的新型农村集体经济进行深入的典型案例分析，案例样本数量有限，较难涵盖全国所有新型农村集体经济发展情况。因此，只能作为高质量发展的优秀样本，在适当兼顾区域特殊性的基础上揭示一般性情况和问题，发挥示范效应，带给其他新型农村集体经济发展可供借鉴的前进方向与发展路径。

第三，新质生产力视角下探索新型农村集体经济高质量发展的前人研究成果较少。"新质生产力"一词由习近平总书记于 2023 年 9 月在黑龙江考察时首次提出，研究点新颖，但目前新质生产力与新型农村集体经济高质量发展结合研究的相关学术文献较少。在知网以新质生产力为主题词搜索相关学术期刊，共有 1 231 篇，其中北大核心和 CSSCI 有 316 篇，涉及农业经济学科仅 3%左右；同时，以新型农村集体经济为主题词搜索相关学术期刊，共有 799 篇，其中北大核心和 CSSCI 有 223 篇，并在此主题词下，结果中搜索生产力，仅有 16 篇相关文献。总体来说，单从新质生产力和新型农村集体经济的领域来看，各自都有一定的研究基础，而本书从新质生产力视角下研究新型农村集体经济高质量发展，将二者结合起来，虽具有较强的创新性和重要的研究意义，但相对来说，前人研究基础就稍显单薄，研究起来有一定难度。

第四，时间限制。数据、资料以及观点等的新旧程度对书籍质量的高低有着重要作用与意义。一般来说，资料数据时效性越强，其带来的实现价值越高，而本书在研究过程中，或多或少存在一定程度的时间限制，时间限制主要体现在出版时间与成书时间的客观差距，以及部分新型农村集体经济数据陈旧局限。一方面，对于出版时间与写文时间的时间差距部分，时间差是客观存在的、不可避免的，只能及时更新书稿相关数据，尽量减少时间差距，提高时效性。另一方面，对于部分新型农村集体经济数据陈旧部分，在全国范围内，由于统计工作量巨大以及数据可获得性等原因，新型农村集体经济相关统计数据的更新时间都较为滞后，尤其是全国农村集体家底核查显示仅获得截至 2019 年年底的相关资料；同时，除开进行田野调查的区域外，其他数据大多通过各地统计年鉴、统计公报以及媒体报道等途径，年鉴时效性和媒体数据可靠性都制约着本书的质量，因此，在此后的研究上，笔者还须就资料时效性和可靠性做出更多的努力。

## 9.2　未来展望

面对以上研究不足之处，笔者就今后新质生产力视角下新型农村集体经济高质量发展研究提出以下展望。

第一，在研究方法层面。不可否认的是，本书在定量分析上较为薄弱，但仅聚焦事物本身性质进行研究，是不全面的。为此，在今后的研究中，须注重定性与定量结合，并进行更为广泛的调研，收集和积累更多一手资料。

一是注重定性与定量结合。将定量研究与定性研究相结合，通过对新质生产力视角下新型农村集体经济高质量进行概念化、实证化研究，有利于精准描述新型农村集体经济发展的现状、特点，增强研究的准确性和深度。为此，在今后的研究中，定性与定量相结合的方法应该得到强化。其中一种常见的结合方式是先进行定量分析，再以定量结果为基础，选取典型案例进行定性分析，深入研究案例背后的内在机理与模式路径；另一种常见的结合方式是先进行定性研究，并在此基础上，通过编码和校准分析定性数据得出定量结论。考虑到现实因素和研究人员能力等问题，不适合或不精通实证分析时，可以采取介于定量和定性之间的组态分析方法。相较定量分析，组态分析既适用于小案例数、中等规模样本，也适用于大案例样本数。组态分析可以从整体视角，将新型农村集体经济发展视为条件变量进行不同组合方式的组态操作，以集合真值表形式说明要素组态与结果的集合关系，整合案例研究与变量研究的优势，充分考虑个案异质性与复杂性，便于厘清新型农村集体经济高质量发展的促进与阻碍因素。

二是进行广泛的实地调查，获取更多一手资料。实地研究法是研究人员深入研究对象发生地，以观察、访谈、问卷、旁观等形式获得资料的方法。该方法有利于保障数据来源的有效性、真实性与时效性，为研究奠定坚实基础。在本书的研究中，笔者虽采用了实地调研方法，但在多元化的新型农村集体经济发展中探索共性与普遍性特点，样本数仍稍显薄弱，调研广度和深度都还需进一步扩展。因此，为弥补研究样本数量较少的问题，在今后的研究中，需要进行更为广泛的实地调查，并时刻保持观察意识，获取和积累一手资料。在实地调研时，坚持"到群众中去、到实践中去"的原则，确保能够下沉到一线，深入基层，杜绝出现纸上谈兵现象，准确和客观认识调研地的实际情况，才能切实发现当地新质生产力赋能新型农村集体经济高质量发展过程中存在的问题，解决其问题，并提出与之对应的、适合绝大多数村集体发展的对策建议。

第二，在研究内容层面。关于新型农村集体经济的研究内容很多，本书是从宏观角度阐述我国新质生产力下新型农村集体经济高质量发展现状，其中许多细化的研究点没有详细探索。为此，在今后的研究中，需要聚焦新型农村集体经济高质量发展的研究空白点、薄弱点，扩展其研究领域。

一是构建或完善新质生产力下新型农村集体经济高质量发展的实现程度指标体系，分析新型农村集体经济高质量发展路径的有效性与可行性。本书以"理论基础—历时考察—发展模式—案例分析—发展机制—发展路径—发展措施"的行文逻辑阐述新质生产力下新型农村集体经济高质量发展的演进、现状与路径，其中缺少对新型农村集体经济高质量发展水平和影响因素的探析。搭建或完善新质生产力视角下新型农村集体经济高质量发展的指标体系，可以通过多元指标全面衡量其高质量发展水平，能够科学评估新型农村集体经济高质量发展的实现程度；能够在综合评价结果和各项指标变化趋势中，预测新型农村集体经济高质量发展的基本态势和走向；能够量化和细化新型农村集体经济高质量发展的基本要求，将抽象原则变为具体可操作指标，指明发展方向。目前，关于新型农村集体经济的研究也是主要集中在新型农村集体经济推进共同富裕与城乡融合，以及新型农村集体经济的发展创新模式、发展困境、发展路径等领域，而新型农村集体经济高质量发展水平的影响程度和影响方向较少。为此，构建或完善新质生产力下新型农村集体经济发展的实现程度指标体系，分析新型农村集体经济高质量发展路径的有效性与可行性，扩展新质生产力与新型农村集体经济高质量发展相结合的研究领域，是今后进一步研究的着力点。

二是结合多领域、多视角、多方法，全面把握农村集体资产的复杂性和动态性，探索多种集体资产综合利用下的新型农村集体经济高质量发展形式。农村集体资产是壮大农村集体经济的重要基础和发展切入点，新型农村集体经济高质量发展离不开农村集体资产禀赋与其利用组合方式。本书在农村集体资产的研究中，没有具体提出农村集体资产在新型农村集体经济高质量发展中的重要作用、利用形式以及改进措施，而农村集体资产具有动态性和复杂性，且不同类型的农村集体资产间的组合排列问题，是新质生产力下新型农村集体经济高质量发展尚待解决的难点、堵点。为此，在今后的研究中，应注重融合多领域多学科，如法学、哲学、经济学、社会学、管理学等，以不同学科视角、不同学科方法，清晰把握农村集体资产的动态性和复杂性，并在农村集体资产综合利用前提下，探索新质生产力赋能新型农村集体经济高质量发展的实现形式。

三是关于新质生产力赋能新型农村集体经济高质量发展的作用机理的解释。本书只阐述了新质生产力下新型农村集体经济的发展机制，即产权配置机制、要素流动机制、产业促进机制以及科技创新机制，强调系统整体的影响，而没有详细研究新质生产力与新型农村集体经济高质量发展的作用机理。机制和机理是存在一定差异的，作用机理重在"理"，强调系统内部要素运行原理，解释为什么和如何产生了某种效果或实现了某种功能，通过分析事物内在因素，研究其内在关系，得到内在规律。因此，在今后的研究中，从新质生产力对新型农村集体经济的影响因素着手，明晰新质生产力和新型农村集体经济高质量发展之间的内在关系，探析新质生产力是如何作用于新型农村集体经济的高质量发展，为二者内在机理研究提供借鉴与参考。

四是充分运用新质生产力下新型农村集体经济高质量发展的典型发展模式，研究探索新型农村集体经济发展先进村带动引领后发村途径，壮大新型农村集体经济。本书基于 2023 年中央一号文件提出探索资源发包、物业出租、居间服务、资产参股四种模式发展新型农村集体经济，并详细说明了这四种发展模式的概念、主要优势、局限性、效果评价，以及四种发展模式的共性特征与个性区别，但并没有指明村集体如何运用这四种发展模式壮大新型农村集体经济。为此，在今后的研究中，不仅需要发现和收集符合新质生产力赋能新型农村集体经济高质量发展的典型案例，还要在案例发展模式基础上，分析新型农村集体经济发展先进村的示范带动效应，探索先进村带动后发村的具体路径，借助新质生产力改变传统农村集体经济发展模式，调动农村农民参与新型农村集体经济的积极性，推进后发村的新型农村集体经济发展。

五是不局限于国内新型农村集体经济发展现状，可以借鉴国外农村集体经济发展的经验，为我国新时代新型农村集体经济高质量发展提供参考价值。本书研究新质生产力下新型农村集体经济高质量发展是就全国范围而言，没有扩展至全球范围。从我国农村集体经济发展的历史沿革来看，过去集体化时期遭受挫折，现在新的发展阶段下，新型农村集体经济高质量发展又存在一些难点和堵点。新质生产力通过科技革新以推动社会各领域的生产力发展，强调高质量，而在之前的一段时间里，国外科技创新能力远超我国，农村的先进科技运用程度较高，因此，借鉴国外优秀的农村集体经济发展经验就具有一定的参考价值。为此，在今后的研究中，需考虑扩展新型农村集体经济发展地区，探索国外发达国家在先进的劳动工具、高素质的劳动者以及现代的劳动资源条件下新型农村集体经济高质量发展现状与典型模式，以考察国外新型农村集体经济高质量发展的异质性和发展路径，从中得出推动我国新质生产力下新型农村集体经济高质量发展的改进方向。

# 参考文献

[1] 马克思，恩格斯.马克思恩格斯全集：第十九卷［M］.中共中央马克思恩格斯列宁斯大林著作编译局，译.北京：人民出版社，1963.

[2] 列宁.列宁专题文集：论社会主义［M］.中共中央马克思恩格斯列宁斯大林著作编译局，译.北京：人民出版社，2009.

[3] 马克思，恩格斯.马克思恩格斯选集［M］.中共中央马克思恩格斯列宁斯大林著作编译局，译.北京：人民出版社，2012.

[4] 马克思.资本论［M］.中共中央马克思恩格斯列宁斯大林著作编译局，译.北京：人民出版社，2018.

[5] 马克思，恩格斯.马克思恩格斯文集［M］.中共中央马克思恩格斯列宁斯大林著作编译局，译.北京：人民出版社，2009：56.

[6] 恩格斯.自然辩证法［M］.中共中央马克思恩格斯列宁斯大林著作编译局，译.北京：人民出版社，1971.

[7] 习近平.摆脱贫困［M］.福州：福建人民出版社，2014.

[8] 张浩，冯淑怡，曲福田."权释"农村集体产权制度改革：理论逻辑和案例证据［J］.管理世界，2021（2）：81-94，106，7.

[9] 习近平.决胜全面建成小康社会夺取新时代中国特色社会主义伟大胜利：在中国共产党第十九次全国代表大会上的报告［N］.人民日报，2017-10-28（3）.

[10] 习近平.中国农村市场化建设研究［M］.北京：人民出版社，2001.

[11] 习近平.现代农业理论与实践［M］.福州：福建教育出版社，1999.

[12] 周文，许凌云.论新质生产力：内涵特征与重要着力点［J］.改

革，2023（10）：1-13.

[13] 贾若祥，王继源，窦红涛. 以新质生产力推动区域高质量发展[J]. 改革，2024（3）：38-47.

[14] 盛朝迅. 新质生产力的形成条件与培育路径[J]. 经济纵横，2024（2）：31-40.

[15] 蒲清平，向往. 新质生产力的内涵特征、内在逻辑和实现途径：推进中国式现代化的新动能[J]. 新疆师范大学学报（哲学社会科学版），2024，45（1）：77-85.

[16] 张林，蒲清平. 新质生产力的内涵特征、理论创新与价值意蕴[J]. 重庆大学学报（社会科学版），2023（6）：137.

[17] 马俊峰，马小飞. 新质生产力的生成逻辑、价值意蕴与实践理路[J]. 理论与现代化，2024（3）：1-14.

[18] 韩喜平，马丽娟. 新质生产力的政治经济学逻辑[J]. 当代经济研究，2024（2）：20-29.

[19] 袁银传，王馨玥. 论新质生产力的内涵、特征和意义：兼论马克思主义生产力理论的创新发展[J]. 青年学报，2024（1）：19-23.

[20] 赵峰，季雷. 新质生产力的科学内涵、构成要素和制度保障机制[J]. 学习与探索，2024（1）：92-101，175.

[21] 姚树洁，张小倩. 新质生产力的时代内涵、战略价值与实现路径[J]. 重庆大学学报（社会科学版），2024，30（1）：112-128.

[22] 姚宇，刘振华. 新发展理念助力新质生产力加快形成理论逻辑与实现路径[J]. 西安财经大学学报，2024（2）：3-14.

[23] 翟青，曹守新. 新质生产力的政治经济学阐释[J]. 西安财经大学学报，2024（2）：15-23.

[24] 胡莹，方太坤. 再论新质生产力的内涵特征与形成路径：以马克思生产力理论为视角[J]. 浙江工商大学报，2024（3）：1-13.

[25] 纪玉山，代栓平，杨秉瑜，等. 发展新质生产力推动我国经济高质量发展[J]. 工业技术经济，2024，43（2）：3-28.

[26] 潘建屯，陶泓伶. 理解新质生产力内涵特征的三重维度[J]. 西安交通大学学报（社会科学版），2024（1）：1-10.

[27] 高鸣，芦千文. 中国农村集体经济：70 年发展历程与启示[J]. 中国农村经济，2019（10）：19-39.

［28］张克俊，付宗平. 新型农村集体经济发展的理论阐释、实践模式与思考建议［J］. 东岳论丛，2022，（10）：105-114，192-193.

［29］郭晓鸣，张耀文. 新型农村集体经济的发展逻辑、领域拓展及动能强化［J］. 经济纵横，2022（4）：87-95.

［30］张新文，杜永康. 共同富裕目标下新型农村集体经济发展：现状、困境及进路［J］. 华中农业大学学报（社会科学版），2023（2）：23-33.

［31］赵秋倩. 新型农村集体经济与共同富裕协同发展：理论逻辑与实现路径［J］. 世界农业，2024（3）：68-77.

［32］何平均，刘睿. 新型农村集体经济发展的现实困境与制度破解［J］. 农业经济，2015（8）：30-32.

［33］贺卫华. 乡村振兴背景下新型农村集体经济发展路径研究：基于中部某县农村集体经济发展的调研［J］. 学习论坛，2020（6）：39-46.

［34］陈继. 新型农村集体经济发展助推乡村治理效能提升：经验与启示［J］. 毛泽东邓小平理论研究，2021（11）：10-16，108.

［35］张晓山. 发展新型农村集体经济［J］. 农业经济与管理，2023（1）：1-4.

［36］李文嘉，李蕊. 新型农村集体经济发展的现状、问题及对策［J］. 人民论坛，2023（15）：56-58.

［37］周笑梅，杨露露，陈冬生. 乡村振兴战略背景下推进新型农村集体经济发展研究［J］. 农业经济，2024（2）：45-46.

［38］许泉，万学远，张龙耀. 新型农村集体经济发展路径创新［J］. 西北农林科技大学学报（社会科学版），2016（5）：101-106.

［39］郭丽娜，李文涛，闻春霞，等. 创新发展模式壮大农村新型集体经济［J］. 河南农业，2022（25）：7-8.

［40］朱婷，夏英，孙东升. 新型农村集体经济组织实施乡村产业振兴的主要模式及路径［J］. 农业经济，2023（5）：31-33.

［41］舒展，罗小燕. 新中国70年农村集体经济回顾与展望［J］. 当代经济研究，2019（11）：13-21.

［42］肖红波，陈萌萌. 新型农村集体经济发展形势、典型案例剖析及思路举措［J］. 农业经济问题，2021（12）：104-115.

［43］唐海龙. 关于发展新型农村集体经济的思考［J］. 农业经济问

题，2022（11）：70-76.

[44] 陆雷，赵黎. 从特殊到一般：中国农村集体经济现代化的省思与前瞻 [J]. 中国农村经济，2021（12）：2-21.

[45] 何学. 浅析农村集体经济发展现状及思路 [J]. 中国集体经济，2020（16）：1-2.

[46] 张冬冬. 我国农村集体经济发展现状、问题及推进思路 [J]. 农业经济，2022（9）：35-37.

[47] 孙晓凯. 新型农村集体经济的有效发展模式探索 [J]. 人民论坛，2023（3）：77-79.

[48] 惠建利. 共同富裕目标下的农村集体经济组织功能定位与制度变革：基于闲置宅基地盘活利用的实践考察 [J]. 兰州大学学报（社会科学版），2023（5）：87-98.

[49] 梁虎霞. 农村集体经济发展现状与对策分析 [J]. 河南农业，2023（17）：4-6.

[50] 王琴梅，杨军鸽. 数字新质生产力与我国农业的高质量发展研究 [J]. 陕西师范大学学报（哲学社会科学版），2023（6）：61-72.

[51] 秦云龙. 黑龙江：加速形成农业新质生产力 [J]. 经济，2023（12）：54-59.

[52] 侯冠宇，张震宇，董劲伟. 新质生产力赋能东北农业高质量发展：理论逻辑、关键问题与现实路径 [J]. 湖南社会科学，2024（1）：69-76.

[53] 胡方玉. 加快形成农业强省新质生产力新优势 [N]. 人民政协报，2023-12-18（8）.

[54] 郑建. 以新质生产力推动农业现代化：理论逻辑与发展路径 [J]. 价格理论与实践，2023（11）：31-35.

[55] 张震宇. 新质生产力赋能城乡融合：理论逻辑与路径探索 [J]. 重庆理工大学学报（社会科学版），2024（2）：11-21.

[56] 蒲清平，黄媛媛. 习近平总书记关于新质生产力重要论述的生成逻辑、理论创新与时代价值 [J]. 西南大学学报（社会科学版），2023（6）：1-11.

[57] 蒋万胜，王嘉妮. 人工智能对现代社会生产力发展的影响：基于马克思劳动过程三要素思想的分析 [J]. 西北工业大学学报（社会科学

版），2023（2）：10-18.

[58] 金碚. 关于"高质量发展"的经济学研究 [J]. 中国工业经济，2018（4）：5-18.

[59] 张军扩，侯永志，刘培林，等. 高质量发展的目标要求和战略路径 [J]. 管理世界，2019（7）：1-7.

[60] 杨建利，郑文凌，邢娇阳，等. 数字技术赋能农业高质量发展 [J]. 上海经济研究，2021（7）：81-90.

[61] 毛蕴诗."规模经济"抑或"规模经济性"：对新帕尔格雷夫经济学大辞典中的词条名"Economies and Diseconomies of Scale"汉译的商榷 [J]. 学术研究，2007（12）：41-45，159.

[62] 许庆，尹荣梁，章辉. 规模经济、规模报酬与农业适度规模经营：基于我国粮食生产的实证研究 [J]. 经济研究，2011（3）：59-71，94.

[63] 张英洪，王丽红，刘伟. 农村集体经济组织发展历程回顾 [J]. 农村经营管理，2021（7）：17-19.

[64] 陈茂玲，巩前文. 农村土地制度探索与改革的百年历程 [J]. 农村经营管理，2021（7）：20-22.

[65] 顾海英，王常伟. 从耕者有其田到乡村振兴：中国特色"三农"道路的探索与发展 [M]. 上海：上海人民出版社，2021.

[66] 王留鑫，姚慧琴. 乡村振兴视域下农地"三权分置"与农村集体经济组织发展 [J]. 宁夏社会科学，2019（4）：109-113.

[67] 罗必良. 加快发展农业新质生产力 [N]. 南方日报，2024-03-18（A07）.

[68] 张义博. 农村集体经济发展中能人作用机制研究：基于甘川三个村的田野调查 [J]. 贵州社会科学，2021（9）：155-161.

[69] 姬旭辉. 推动乡村产业高质量发展 [N]. 光明日报，2024-02-01（5）.

[70] 徐军海. 人才驱动新质生产力的路径选择 [J]. 中国人才，2024（2）：20-22.

[71] 高鸣，李祯然，雷泽. 人才支撑新型农村集体经济：模式探索、现实困境与优化路径 [J]. 农业现代化研究，2022（4）：568-577.

[72] 褚国英. 村集体存量资金保值增值的"金融路径" [N]. 吕梁日报，2023-05-04（6）.

[73] 钟真，涂圣伟，张照新. 紧密型农业产业化利益联结机制的构建 [J]. 改革，2021 (4)：107-120.

[74] 魏建. 以新型集体经济促进农村共同富裕 [N]. 光明日报，2022-09-20 (11).

[75] 乔金亮. 不同产业、不同区域间发展不平衡：农业机械化瞄准三大领域补短板 [N]，经济日报，2020-10-12 (5).

[76] 陆雷，赵黎. 共同富裕视阈下农村集体经济的分配问题 [J]. 当代经济管理，2022 (10)：1-8.

[77] 王洪广. 农村集体经济组织的实践考察与立法回应 [J]. 前沿，2023 (3)：79-86.

[78] 赵黎. 新型农村集体经济高质量发展：内涵特征、现实困境与应对策略 [J]. 农村金融研究，2024 (2)：14-27.

[79] 高杨，关仕新，魏广成，等. 2023 中国新型农业经营主体发展分析报告 (一)：基于中国农民合作社 500 强的调查 [N]. 农民日报，2023-12-27 (6).

[80] 蓝宇蕴. 非农集体经济及其"社会性"建构 [J]. 中国社会科学，2017 (8)：132-147.

[81] 刘飞. 村组资产资源发包法律适用问题探析 [J]. 法制与社会，2020 (28)：40-41.

[82] 李卓. 农村集体经济发展促进农民共同富裕的实现机制研究：陕西省袁家村的经验 [J]. 中国农业大学学报（社会科学版），2024 (1)：80-91.

[83] 朱光亚. 浅谈如何抓好农村集体"三资"管理领域工作 [J]. 新农业，2023 (11)：88-91.

[84] 周南，文梅. 如何盘活农村"沉睡资产"，助力乡村振兴？[N]. 华夏时报，2023-12-25 (005).

[85] 杨威，张爱诚，王刚，等. 为乡村闲置资源按下"重启键"：临清市魏湾镇后张官营村农村空闲宅基地盘活利用 [J]. 农业知识，2024 (1)：5-6.

[86] 赵娣. 乡村振兴背景下新型农村集体经济发展研究 [D]. 石家庄：河北经贸大学，2023.

[87] 张卓康. 乡村振兴进程中发展新型农村集体经济的现实困境与

实践路径［J］．西部财会，2024（1）：46-49.

［88］余丽娟．新型农村集体经济：内涵特征、实践路径、发展限度：基于天津、山东、湖北三地的实地调查［J］．农村经济，2021（6）：17-24.

［89］周桂清．"盘活土地+升级物业"为农村集体经济插上腾飞"翅膀"［N］．东莞日报，2022-12-07（A10）.

［90］王天洪．村级物业经济提质升级难点及对策：以江北区庄桥工业集聚区为例［J］．宁波经济（三江论坛），2023（9）：22-24.

［91］金璐．三灶镇鱼月村党委书记邓俊海：发展特色物业经济弘扬鱼月红色文化［N］．珠海特区报，2023-12-27（3）.

［92］马涛．我市多举措探索发展村集体"物业经济"［N］．珠海特区报，2022-07-26（4）.

［93］周珂．港北区：盘活物业壮大集体经济［N］．贵港日报，2023-07-12（12）.

［94］李花鸣．依托工业园区发展集体经济［J］．农村财务会计，2022（5）：20-21.

［95］戚原，何兵，杨文林．"居间服务"带动村强民富［N］．中国县域经济报，2023-05-15（6）.

［96］芦千文，于雅俐，苑鹏．农业生产托管与新型农村集体经济发展［J］．农村金融研究，2022（2）：13-21.

［97］凌明玉．村级集体经济组织资产运营模式研究［D］．合肥：安徽农业大学，2021.

［98］冯赛．特色农业县新型农村集体经济发展路径研究［D］．成都：四川省社会科学院，2023.

［99］胡月．不断腾飞的"骑龙梦"［N］．雅安日报，2023-12-01（3）.

［100］何得桂，韩雪．引领型协同治理：脱贫地区新型农村集体经济发展的模式选择：基于石泉县"三抓三联三保障"实践的分析［J］．天津行政学院学报，2022（4）：67-77.

［101］龚仕建．推行"三抓三联三保障"陕西石泉不断壮大集体经济［N］．人民日报，2021-12-13（7）.

［102］李平，广西桂林市雁山区窑头村："党建+共享菜园"促农增收

[N]. 农民日报, 2022-12-30 (5).

[103] 本刊编辑. 重庆石柱县华溪村 "三变" 改革激发乡村活力 [J]. 农村工作通讯, 2021 (Z1): 37-38.

[104] 冉芳. 唤醒沉睡的高山 [D]. 重庆: 西南大学, 2021.

[105] 王雪. 从 "负" 到 "富" 的华溪之变 [J]. 当代党员, 2023 (13): 56-58.

[106] 海南省万宁市和乐镇六连村小小鸭蛋 "跑" 出六连红 [J]. 农村经营管理, 2023 (8): 15-16.

[107] 赵德起, 沈秋彤. 我国农村集体经济 "产权-市场化-规模化-现代化" 发展机制及实现路径 [J]. 经济学家, 2021 (3): 112-120.

[108] 信常志. 农村集体产权制度改革促进农业全要素生产率的机制研究 [D]. 济南: 山东师范大学, 2023.

[109] 赵华伟. 利益相关者视角下农村集体产权制度改革问题研究 [D]. 济南: 中共山东省委党校, 2023.

[110] 郭强. 中国农村集体产权的形成、演变与发展展望 [J]. 现代经济探讨, 2014 (4): 38-42.

[111] 折晓叶, 陈婴婴. 产权怎样界定: 一份集体产权私化的社会文本 [J]. 社会学研究, 2005 (4): 1-43, 243.

[112] 朱大威, 朱方林. 我国农村集体产权制度改革的历史回顾与现实思考 [J]. 江苏农业科学, 2018 (16): 21-24.

[113] 金文成, 翟雪玲, 包月红. 农村产权流转交易市场发展成效、问题与建议 [J]. 农业现代化研究, 2023 (3): 381-388.

[114] 李红星. 中国林业利益机制问题研究 [D]. 哈尔滨: 东北农业大学, 2010.

[115] 钟真, 廖雪倩, 陈锐. 新型农村集体经济的市场化经营路径选择: 自主经营还是合作经营 [J]. 南京农业大学学报 (社会科学版), 2023 (5): 13-25.

[116] 王凯, 徐志豪, 施志权, 等. 我国农业科技创新的机制分析及推进建议 [J]. 安徽农业科学, 2022 (20): 250-253, 257.

[117] 竺乾威. 公共价值的行政学分析 [J]. 公共管理与政策评论, 2023 (1): 20-27.

[118] 李健. 数字经济助力农业产业链供应链现代化: 理论机制与创

新路径［J］. 经济体制改革，2023（3）：80-88.

　　［119］管洪彦. 农村集体经济组织法人治理机制立法建构的基本思路［J］. 苏州大学学报（哲学社会科学版），2019（1）：51-60.

　　［120］张胜，蒋盛杰，吴智宇，等. 数字化赋能农村集体"三资"管理：转型逻辑、现实困境与实践路径［J］. 中国农业会计，2024（3）：114-116.

# 附录 A　攀枝花市新型农村集体经济调查报告[①]

近年来，为了破解中国社会转型过程出现的一些问题，许多地方开始探索农村集体经济多样化的实现方式，试图以此重建乡村的经济基础，进而在再造村落共同体的基础上实现乡村社会全面复兴。新型农村集体经济是实现民族地区农业农村现代化、农民生活富裕化、城乡发展一体化的重要抓手，更是执行国家乡村振兴战略的重要载体。发展新型农村集体经济是党的二十大报告中提出的重要内容。四川省委坚定以习近平新时代中国特色社会主义思想为指导，深入学习贯彻党的二十大和二十届一中、二中全会精神，全面落实习近平总书记对四川工作系列重要指示精神和党中央决策部署，开展一系列农村集体产权制度改革工作，创新新型农村集体经济发展路径，取得了新的进展和成效。

攀枝花市位于川西南、滇西北交界处，辖 3 区 2 县，共有乡镇（街道）49 个，乡村占比 30.6%，是四川省唯一的亚热带农业经济发展区域。攀枝花市也是一个多民族聚集地区，共有 43 个民族，少数民族人口占全市户籍人口约 17%。攀枝花市有三个享受四川省少数民族地区待遇县（区），分别为仁和区、米易县和盐边县。目前，攀枝花市正在高质量发展建设共同富裕试验区，积极探索共同富裕实现路径。近年来，攀枝花市打出新型农村集体经济发展"组合拳"，强组织、聚人才、搭平台，实现村级集体经济组织全覆盖，着力缩小城乡发展差距，促进农民持续稳定增收。截至 2023 年年底，全市拥有 38 个乡镇、230 个行政村，登记赋码的村级、组级

①　本文系四川省农村发展研究中心 2023 年度重点课题"共同富裕目标下四川新型农村集体经济高质量发展理论诠释与路径创新"（项目编号：CR2302）、2023 年度成都市哲学社会科学规划项目"共同富裕目标下成都新型农村集体经济高质量发展的理论诠释与路径创新"（项目编号：2023CS029）的阶段性研究成果。

集体经济组织分别有 230 个、725 个，其中 230 个村集体经济收入全部突破 5 万元。

共同富裕背景下攀枝花地区新型农村集体经济高质量发展具备一定的基础条件，但也面临着组织构架困境、产业形态困境、人力资本困境、合作共享困境。这在一定程度上导致新型农村集体经济组织对政府的过度依赖，新型农村集体经济组织自我发展能力比较弱、自我发展能力提升的动力和成效还不很明显，难以独自面对市场竞争风险。因此，新质生产力视角下，如何提升新型农村集体经济组织的自我发展能力，实现"高质量、高效能、高科技"发展，已经具有非常重要的现实紧迫性。

## 1 理论框架与案例介绍

### 1.1 理论框架与分析思路

2023 年 9 月，习近平总书记在黑龙江考察调研期间首次提出"新质生产力"，强调要"整合科技创新资源，引领发展战略性新兴产业和未来产业，加快形成新质生产力"。2024 年 1 月 31 日，习近平总书记在中共中央政治局第十一次集体学习时再次重申："发展新质生产力是推动高质量发展的内在要求和重要着力点，必须继续做好创新这篇大文章，推动新质生产力加快发展。"新质生产力是科技创新引领下生产力水平的跃升，是以高科技、高效能和高质量为特征的先进生产力质态，通过关键性颠覆性技术的突破催生新产业、新模式和新动能，能实现劳动者、劳动资料、劳动对象及其优化组合的质变，是推进经济高质量发展和中国式现代化的重要途径。新型农村集体经济作为农业现代化进程中不可动摇的基础，不仅是实现农业高质量发展、促进农民共同富裕的重要前提，也是推进乡村振兴的基础性工作。随着全球进入数字化时代，新一轮科技革命和产业变革为加快形成新质生产力，实现新型农村集体经济高质量发展提供了重要历史机遇。

如图 A.1 所示，新质生产力以数据为新型生产要素，以数字化、网络化、智能化为主要特征，为推动农业高质量发展和农业生产方式的变革、促进农业农村现代化注入强大动能。通过新质生产力，政府能有效凝聚乡村治理大合力，激发乡村振兴原动力，推动新型农村集体经济大发展。

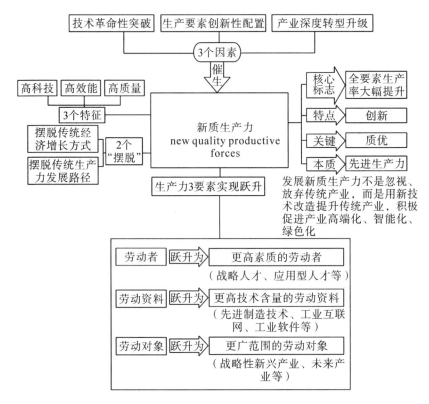

**图 A.1　新质生产力逻辑关系图**

## 1.2　案例介绍与案例选择

本文采取多案例研究方法。首先，案例研究方法根植于丰富的实证数据，适用于验证理论或构建新理论，对探索性问题更具解释力。本课题研究的问题是如何实现新型农村集体经济高质量发展，属于探索性问题，因此适用于案例研究方法。其次，多案例研究可以通过案例间的"复制逻辑"来检验相关结论，若多个案例的背景环境不同，仍能得出相同的结论，则能够扩大研究结论的可推广性和适用性，提升案例研究的外部效度，使研究结论更具说服力。

针对本课题的研究问题，笔者制定了案例的筛选标准。标准一：主题相关性，即所选案例中所在县乡为民族县或民族乡。新型农村集体经济的发展具有一定的特色，为笔者提取发展经验提供基础。标准二：数据充足性，即案例资料较为丰富，能够充分体现新型农村集体经济发展完整过程及其对乡村振兴所产生的影响。标准三：案例多样性，即案例具有差异性

（见表 A.1）。从内在条件来看，10 个案例的经营方式具有内在差异性，因而农村集体经济的发展路径并不完全相同。从外在条件来看，10 个案例分属不同的区域，区位优势也具有差异性，相应的经济社会基础差异也较大，即所选案例的背景环境不同，且开发的核心资源类型具有明显的差异，为多案例的差别复制提供支撑。同时，为了互相验证材料，课题组还调研了两个乡镇相关部门。标准四：案例典型性，有助于我们总结并反复验证民族自治地区新型农村集体经济的发展路径，符合案例研究的求同法则。

## 2　攀枝花市新型农村集体经济高质量发展实践探索

攀枝花市将乡村振兴与发展经济作为改革蓝图，将建立制度与普及政策作为改革"地基"，将盘活"三资"与惠及群众作为改革"标的"，突出"系统性思维""立根本原则""抓经济方向"，推动村集体经济发展迈上新的台阶。

### 2.1　坚持党建赋能，筑牢强劲引擎与强大磁场的强大根基

新时代，基层党组织在引领新型农村集体经济发展中发挥强大势能。在逐级传导的压力型体制下，基层作为国家治理结构最基础的层级往往承担较多行政任务以及诸多的治理压力。基层党建承载着政治势能所传导的包括乡村振兴战略在内的公共政策推动力，通过党建强化参与主体的积极作用，推动政策变现。基层党组织在乡村振兴进程中发挥统领作用，致力于破除城乡资源要素壁垒，积极吸纳社会精英参与，组织动员群众发展产业，形成新型农村集体经济发展强大动能。立足当地资源条件，攀枝花地区充分挖掘党建势能且释放制度效能，优化基层组织设置方式，推动基层党建提档升级，以高质量党建保障政策有效执行，将基层党组织的制度优势、组织优势和活力优势更好地转化为新型农村集体经济的发展效能和发展活力。例如，米易县"坚持高位统筹，压实政治责任"，将发展村集体经济作为"书记工程"，纳入县委常委会专题研究、书记专项推动、重点项目专场拉练，出台发展壮大村集体经济意见，实施党建引领村集体经济重点攻坚行动①。

---

① 资料来源于四川党建微信公众号，攀枝花市米易县"四举同步"推动村集体经济发展全面提质增效。

表 A.1 新型农村集体经济的多案例对比

| 所在县区 | 米易县 | | | | | | | 盐边县 | 攀枝花市仁和区 | | | 攀枝花市东区 |
|---|---|---|---|---|---|---|---|---|---|---|---|---|
| 村庄基本情况 区位 | 米易县白马镇 田坝村 | 米易县撒莲镇 平阳村 | 米易县得石镇 得石镇 | 米易县湾丘彝族自治镇 热水村 | 米易县新山傈僳族自治乡 新山村 | 米易县草场镇 龙华村 | 米易县撒莲镇 安全村 | 盐边县红格镇 普格达村 | 攀枝花仁和区仁和镇 红旗村 | 仁和区大龙潭彝族自治乡 混撒拉村 | 攀枝花仁和区金江镇 金江镇 | 攀枝花市东区银江镇 阿署达村 |
| 人口规模/人 | 2 087 | 3 331 | 8 310 | 3 012 | 1 990 | 4 181 | 2 385 | 3 740 | 947 | 1 426 | 20 715 | 1 905 |
| 是否享受金融支持政策 | 是 | 是（400多万） | — | 是 | 是 | 是 | 是 | 是 | 是（2.015亿） | 是 | 是 | 是 |
| 经济结构 | 农业种植 | 芒果种植、临街产业 | 芒果种植、畜牧 | 种养结合为主,乡村治理服务创收 | 农业种植、农文旅 | 农业种植为主,农旅结合为辅 | 农业种植+文旅康养 | 农文旅结合 | 芒果种植、文旅创收 | 芒果产业、生态休闲观光旅游 | 农业种植、养殖业 | 农业种植+康养旅游 |
| 经营方式 | 资产资源租赁和土地流转服务 | 土地和门市租赁、粮食加工厂 | 入股分红 | 资产资源出租+管理经营+服务+投资分红 | 支部+公司+专业合作社+农户 | 党支部+协会+基地+农户,党组织+公司+农户 | 党建+特色品牌、土地流转服务,农资供应公司 | 党支部+龙头公司+农户,集体经济组织+龙头企业+合作社+农户 | 专业合作社+家庭农场+党员示范户,村集体+社会企业+农民专业合作社 | 资产盘活运营服务创收 | 资产租赁劳务服务 | 集体经济组织+企业+农户 |
| 集体经济组织负责人 | 村支书 | 村支书 | 镇书记 | 村支书 | 村党支部 | 村支书（2004年返乡创业,2022年四川人大代表） | 村支书 | | 村支书 | 村支书 | 镇书记 | 村委会主任,全村首个出省、出国大学生并返乡建设 |
| 特色产业 | 番茄、辣椒、芒果等种植为主 | 粮食加工业 | 畜牧业 | 水资源、渔业养殖、阳光垂钓康养娱乐 | 烤烟产业、乡村农文旅游、康养 | 地标农产品、枇杷种植业、旅游业 | 现代农业产业园区（农业产品） | 康养旅游业 | 文旅融合 | 光伏+种植模式 | 小葱种植业 | 康养旅游业、枇杷种植产业 |
| 2023年集体经济收入/元 | 6万左右 | 预计17.4万 | — | 83.852 8万（2021年） | 25万（2022年） | 102.99万（2022年） | 30万 | 153.22万（2022年） | 16.3万（2022年） | 80余万（2021年） | 56.16万 | 预计突破800万,（2022年600万） |

## 2.2　坚持机制优化，推动有为政府与有效市场有机结合

为破解新型农村集体经济运营管理人才匮乏以及运行机制不健全问题，政府需要兼顾行政推动与市场运作。例如，攀枝花市仁和区抓人才强队伍，注入乡村振兴"智慧力"，盘活乡村人才存量，从优秀党员、致富能手、返乡大学生等群体中精选 4 大类人才 51 人，进一步丰富乡村人才超市；搭建人才交流平台，聚焦春节、高校毕业季等时间节点，2023 年共举办人才交流座谈会 5 次，开展人才技能培训 10 余次，成功引进企业 1 家，帮助集体公司引进 16 名优秀管理人才，为推动集体经济发展注入人才"动能"。政府应支持县（区）因地制宜探索村级集体经济发展新路子。例如，盐边县、米易县分别成立乡村发展公司，县内所有建制村均作为公司股东，重点承接县域内 400 万元以下农村基础设施建设项目，共享公司收益分红；仁和区前进镇清理农村集体土地，增加村级集体经济收入；东区引进职业经理人参与村级集体经济发展；西区把发展村级集体经济纳入区域经济发展布局和镇村国土空间规划等，为村级集体经济发展提供可资借鉴的新思路、新方案[①]。

## 2.3　创新要素联动，推动产业发展与服务单元的协同发展

针对镇村产业选择难、群众增收不易，资源配置效果不理想以及企业作用发挥有限的困境，攀枝花探索实施"产业联盟"。它以现代农业园区经营主体为核心，形成园区、企业、集体（合作社）、农户利益联结新机制；以各级政府为桥梁，构建产业信息资源联结平台。其一，搭建信息共享、合作共建、培训共进的平台，促进各方有效链接。基于信息共享平台发布产业帮扶带动计划以及全县各镇村党组织负责人、"第一书记"的联系方式，动态发布市场需求、企业生产以及镇村农户基地信息变化情况，推动各村和企业信息共享、互联互通。基于合作共建平台，召开相关座谈会、推进会以及镇园合作洽谈会，组织各镇、村与园区企业对接。其二，筑牢相关机制，保障联盟长效运转。完善履约监管机制、政策激励机制和配套服务机制。促进企业、农村集体经济组织和农户抱团发展，产业联盟推动要素统合，促使企业之间、镇村之间形成稳固且可持续的利益联结机制。精准对接有关服务资源，促进产业发展与治理服务单元的协同。

## 2.4　强化组织保障，推动政策供给与基层需求的耦合升级

为巩固拓展脱贫攻坚成果同乡村振兴有效衔接，攀枝花推动涉农政

---

① 资料来源于《攀枝花全面推动村级集体经济消薄增效》等相关报告。

策、要素资源深度嵌入以及满足基层发展需求，以支部联建为核心，产业联盟为纽带，致力于资源联享。支部联建发挥引领作用搭建发展平台，推动组织振兴、产业发展和群众增收。其一，注重党支部的协同联建。按照"地域相邻、人缘相亲、产业相融、治理相关"原则，以区域中心镇为核心，遵循"大联小、强联弱、近联远"的思路，促进村村联、城乡联、村企联、内外联以及镇镇联；基于共建班子、共育人才和共同发展，让联建党组织有效发力，从而推动组织振兴和人才振兴。例如，攀枝花市仁和区，勤考察学方法，拓展思路提升"驱动力"。通过村组大会、群众坝坝会等方式，宣传集体经济发展模式及重大意义20余次，凝聚干部群众发展共识。坚持干部"走出去"，推荐5名优秀同志参加全省乡村振兴主题培训、浙江共同富裕试验区建设专题培训，组织班子成员、村党组织书记及致富代表赴周边乡镇及云南省楚雄州考察8次，深入学习果蔬种植、肉牛养殖、光伏发电、鸡枞菌种植等方面的成功经验和先进做法，拓宽干部发展思路和视野。其二，重视各方资源联享。推动联建各方土地、劳动力、信息、技术等资源要素联享联用，从而协同发展产业；基于股份化、协作化、多元化等利益联结机制，把群众牢牢镶嵌于产业链，促进广大农户共享发展成果。同时以先富带动后富、先进帮助后进，带动发展动力相对不足的群众投身于产业发展，激发内在的动力，使组织振兴、产业发展和群众增收并行不悖。

## 3 新质生产力视角下新型农村集体经济发展的困境

根据调研结果分析，攀枝花市新型农村集体经济发展虽然取得了一定进展和成效，但面临着自身发展实力弱、组织治理结构仍需健全、发展经营水平低等多重问题，与其新发展阶段的功能定位要求还相差甚远。

### 3.1 组织构架的困境

一是责任机制未落实。调研发现，农村集体经济发展较好的村，土地经营权都是流转到新型农村集体经济组织，再由集体经济组织流转出去，有的地方直接由集体经济组织租用。因此，基层干部承担着保证农民收益与实现集体经济增收的双重责任。但是，由于部分乡村并未真正实现村委会经费和集体经济组织经费分账管理、分账使用。同时，村党支部、农村集体经济组织与村民自治组织职能交叉，未能做到各司其职、各负其责。

此外，与企业经营①相关的人才较为缺乏，使得新型农村集体经济组织在运营集体资产的过程中，难以有效履行防范经营风险、规划集体资金使用方案、明晰产业经营过程、保证收益分配公正透明的责任，阻碍了新型农村集体经济高质量发展。

二是激励约束机制不完善。激励机制有助于激发新型农村集体经济组织与农民活力，约束机制有助于保证新型农村集体经济组织有效使用集体资金。当前，新型农村集体经济发展中激励约束机制不健全。调研的十个村级集体经济组织负责人都是村支部书记，与村干部在人事上重叠，村干部发展村级集体经济的动力与激励普遍不足。笔者与镇上相关部门座谈时，也验证了这个调研结果。很多村干部是村级集体经济组织的负责人，由于没有升迁激励，因此从职位升迁方面来看村干部没有动力发展村级集体经济。另外，由于现在村级集体经济组织的利润分配制度不完善，对于作为组织负责人的村干部来说，往往只有因其从事行政工作而获得的固定工资，而对其经营和管理集体经济组织方面却没有给予报酬，因此村干部发展新型农村集体经济的内生动力不足。

### 3.2　产业形态的困境

一是基础设施薄弱，限制了新型农村集体经济的发展。笔者调研的 10 个村，有 8 个存在基础设施不健全的问题。例如，阿署达村是一个有着600 年历史的彝族村落，村里相关负责人说当前村里的乡村旅游发展势头较好，但是一些基础设施薄弱，影响了旅游项目的正常运营，如星空露营地的生产生活用水、电力保障、道路等问题严重影响项目的正常运营。得石镇新型农村集体经济发展中也面临不少问题。其一，缺少系统生产用水设施。全镇 80% 以上的农业种植区都在中高山地区，没有完善的水系配套设施，农业生产用水比较困难。其二，交通困难。得石镇山高路险，各村、组道路路况比较差，大型运输车辆无法通行，关键时间段农产品运输困难，制约了农业产业化、规模化发展。

二是缺乏顶层设计，产业发展同质化。新型农村集体经济在产业建设过程中，村集体组织面临地方政府"消薄""破零"的指令任务和行政压力。由于独特的亚热带干热河谷气候，攀枝花成为中国芒果的主要种植基地，其中黑芝麻芒果更是成为攀枝花市的地方标志性农产品之一。调研

---

① 调查中，很多村集体经济组织为了本村产业的发展都另外成立了企业，例如旅游公司。

中，笔者发现部分新型农村集体经济已不同程度出现产业同构与同质化竞争现象，主要是以芒果产业为主，其次是蔬菜产业。调研的10个案例村，有5个发展芒果等水果种植业，调研中有村委会工作人员反映，产业同质化使得一个乡镇内部竞争激烈，核心竞争力不足。甚至在收购集中的1~2个月时间段内，存在中间商压价等问题，出现了增产不增收现象。

### 3.3 人力资本的困境

发展新型农村集体经济的关键环节是价值创造，价值创造离不开人力资本的供给。现阶段我国新型农村集体经济的发展的掣肘之一就是人力资本供给不足，尤其是高层次的精英人才供给不足。

一是留守村民的可持续发展力量供应不足。农村新生代农民绝大部分选择外出读书或打工，只剩下受教育程度较低的中老年人或幼童留守在农村，这些人群难以成为发展的中坚力量。因此，参与新型农村集体经济建设的大部分农民受教育程度较低是制约乡村振兴的重要因素之一。例如，笔者在仁和区金江镇调研发现，新型农村集体经济发展缺乏年轻且高学历的人才，当前镇干部、村干部平均年龄偏大，能力素质与发展壮大村集体经济要求不相适应，思路不够灵活开阔，缺乏尝试新事物的动力与理解产业建设周期长的思维，使得新型农村集体经济的产业建设路径与规模受限，难以实现扩大化生产，制约了村集体经济发展。同时，调研的部分村集体成立了村集体经济组织和公司，或者一个镇联合成立服务公司，但缺乏专业性人才对公司开展相关管理经营，导致有些公司处于倒闭的边缘。

二是乡村就业岗位有限，人才驻留空间狭窄。村庄空心化、老龄化是普遍现象，自脱贫攻坚战开展以来，农村的各项基础设施，如道路硬化、水电、网络、房屋及人居环境等条件相比过去有了翻天覆地的变化。但是由于农村缺乏产业支撑，回流的经营管理人才难以找到可实现充分就业的工作岗位或者创业的产业，不得不选择离开农村。因此，人才驻留空间不足成为抑制人力资本助力民族地区发展新型农村集体经济的关键因素之一。

### 3.4 合作共享的困境

相较于独立发展，多方联合可拥有更雄厚的储备资金、更丰富的人才参与、更多元的发展模式建设新型农村集体经济，同时资源匮乏的农村还可以通过资源雄厚农村的带动而获得发展。从投入资源的来源来看，新型农村集体经济主要可以分为需要村民投入资产的直接投资型和不需要村民个人直接投入资产的间接入股型。在农村集体经济发展新生态下，一些地区通过整合扶贫资金等方式让贫困户直接入股农村集体经济；一些地区通过将集体资产如土地、水等资源入股企业实现村民间接入股，如农村小水电站中农户以水入股；还有部分企业采取鼓励农户直接投资的模式，如农户以自身承包的土地入股。无论采取何种模式，这种资源来源的多主体化都给冲突的形成带来了潜在威胁，所有资源投入主体都会尽可能地维护自身资产价值，以获取更多的利润，采取有利于自身的行动。例如，米易县田坝村，要打造回族特色新村，规划资金需求大，目前的年收入为 6 万元左右，只靠政府扶持是远远不够的，还需引入社会资本，而社会机构的介入会使得村集体话语权呈现出一定程度的丧失。根据调研结果，新型农村集体经济多主体博弈如图 A.2 所示。

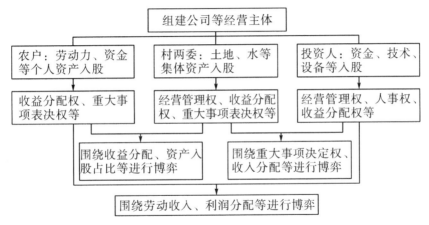

**图 A.2　新型农村集体经济多主体博弈**

### 3.5　政策适应性挑战

目前，针对农村集体经济的政策支持体系尚未根据集体产权制度变革及城乡关系转型的变化进行适应性调整，呈现出不配套、不匹配、不衔接等突出问题。例如，在资产管理方面，近年来，国家财政投入巨额资金支持农业农村发展，许多村庄由此形成大量集体资产，但与之相匹配的集体资产管理机制尚不健全。新型农村集体经济组织账务处理不及时、程序手续不规范、财务信息不透明等问题比较普遍。再如，米易县田坝回族自治村入选第二批"四川最美古村落"，同时田坝清真寺列入四川文保单位，这为田坝村的发展带了一定的机遇。古村落核心区的保护有严格的措施，但是核心区大部分村民房屋老旧，居住人口众多，空间狭小、居住条件差，难以满足生产生活需要，加之自有资金少，不足以自建新房。由于政策紧缩，特别是基本农田政策的限制，宅基地难批与建设用地难批并存，可用指标少，土地资源紧缺。两大加持为田坝村新型农村集体经济的发展赋予了新使命、新动能和新机遇，但是也附加了一些限制条件。

## 4 新质生产力视角下新型农村集体经济发展困境成因

### 4.1 集体—个人利益协调机制不健全

一是法人治理结构不规范。经过农村集体产权制度的系列探索和改革，农村集体经济组织的特别法人地位得以确立和巩固，从而可通过建立公司或代表农民同企业合作的方式实现资产增收。但是在实际的运作当中，新型农村集体经济组织并未能有效保证集体资产的运营，其在人事任命、产业规划、收益分配等方面仍受到行政约束，并由此引发了民主决策、管理与监督形式大于实质的问题，制约了农民参与新型农村集体经济组织活动的途径，抑制了集体与个人利益协调机制的建设。

二是农民缺乏了解新型农村集体经济的途径。一方面，大多数留守农村的农民受教育程度偏低，主体意识欠缺，对国家出台的与新型农村集体经济建设相关的政策不了解。另一方面，大部分发展能力强的年轻人在外出学习、工作、生活中接受的教育与新型农村集体经济相关性不高。

### 4.2 产业融合发展的体制机制不完善

一是资金来源有限。民族自治地区大部分农村的市场化程度低，再生产能力较差，新型农村集体经济的发展资金来源主要依靠中央或地方政府财政支持。调研的 10 个案例村，有 9 个享受过政府财政资助，有 9 个享受过金融贷款优惠政策。同时，调研乡镇的新型农村集体经济的产业建设，表现出前期资金需求量大、建设周期长、贷款难[①]等特点。因此，在乡村资金来源渠道单一，产业建设又需要大量资金支持的情况下，集体经济组织难以设计并建设出长远、完善的产业发展体系。

二是人才储备量不足。调研区域现阶段的新型农村集体经济发展大多数以农业种植业为主，产业的发展思路与方向较多局限于自然资源的单一产业，难以通过产业链建设或产业融合的方式提高农产品附加值，无法实

---

① 调研过程中，相关集体经济组织负责人，现在不管哪个银行贷款必须有抵押担保物。新型农村集体经济组织可以抵押担保的物品少或不值钱，只能以个人房产、汽车等抵押担保，资金用于新型农村集体经济的发展。

现产业的多元化发展。同时，虽然调研区域部分村落有大量土地、房屋、自然风光、文化旅游等资源要素，农民和村集体有闲散的资金资源，但是却缺乏能整合资源的人才，使得产业资源无法得到有效盘活。

### 4.3 市场化高效化的运作机制不到位

一是行政干预抑制了市场功能的发挥。在发展基础差、市场化程度低的偏远落后地区，政府在调节农民的生产经营活动、配置资源等方面发挥的作用要高于市场。政府通过发放补贴、招商引资等方式发展产业，助力农村生产的扩大化与规模化，却也容易在生产活动中出现"等、靠、要"现象。

二是新型农村集体经济的功能定位与市场高效化的运作。新型农村集体经济的内涵明确了其发展目标不仅是实现集体资产的保值增值，还要以农民为核心，保障农民的经济权利与民主权利能有效实施。这种在发展过程中遵循集体所有、民主决策、收益可保证的逻辑同市场经济的逐利性与收益的不确定性相矛盾。

### 4.4 跨区域跨部门的合作机制不畅通

多元主体协同共治是生产效率低、产业薄弱、经济落后的民族地区实现新型农村集体经济可持续发展与乡村有效治理的关键。

一是发展差距过大阻碍了多元主体间的合作。该差距最初产生于现实区位的制约，且随着其他地区基础设施的建设、城乡融合的推进、农业农村现代化的发展等在逐渐扩大。一方面，地区不平衡的加剧会因为要素流动、技术进步等原因在区域间出现"马太效应"。区域差距的扩大让新型农村集体经济组织在与其他企业合作过程中愈发处于合作的劣势方。另一方面，企业或个人在同新型农村集体经济组织进行跨区域合作时，由于农村的基础设施水平无法满足产业建设的要求，在前期投入需求过大，合作双方都无法满足的情况下，区域间的合作也不得不停止。

二是农村社会关系的复杂性制约了合作机制的建设。在土地产权明晰化、农村人口流动的方便化、国家扶持政策的多样化情况下，虽然传统的靠血缘与人情维系的农村秩序逐步出现了同现代社会不匹配的现象，但是血缘和人情维系在某些决策方面还是起着不可忽视的作用。尤其是在汉族和少数民族混居的场域，其他主体在参与建设新型农村集体经济时将面临更加复杂的村域社会关系网络，需要在具有法律背书的前提下通过融入乡村或民族习俗的方式获得村民的认同与支持，才能推进项目建设，这无疑会提高非农村成员的投入成本，降低其参与积极性。

## 5　新质生产力赋能新型农村集体经济发展的路径选择

新型农村集体经济高质量发展要走出一条适应新时代农业农村发展需要的新路径。以新质生产力赋能新型农村集体经济，精准施策、靶向发力，推动"共识—共生—共享—共赢"迭代升级，助推"互惠—特惠—普惠"共富效应破解攀枝花市新型农村集体经济发展中存在的难点、痛点。新质生产力视角下新型农村集体经济发展路径见图 A.3。

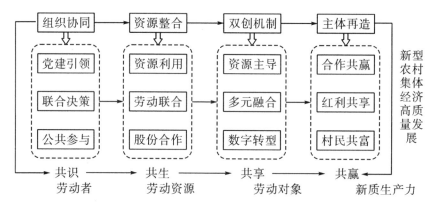

图 A.3　新质生产力视角下新型农村集体经济发展路径

### 5.1　坚持高站位，聚焦高效能，夯实利益共享的强劲制度保障

村社集体经济共同体通过产权共有机制、共建共治机制、利益共享机制等实现乡村资源整合、产业兴旺和治理有效。其一，优化共同管理制度。农村集体资产的广杂和集体成员的繁多，使得集体资产难以由集体成员共同管理。《中国共产党农村基层组织工作条例》规定，农村基层党组织领导和支持集体经济组织管理集体资产，协调利益关系。例如，盐边县红格镇昔格达村，经历了由农业大村向旅游新村的转变，主要由合作社规范化运营管理村集体资产、财务管理与收益分配等集体经济事务，有效平衡了管理者应得报酬与集体经济收益，防止管理者利用信息不对称谋求私利，提高了经营管理效率。引导高素质村民有序参与集体经济的经营管理和监督过程，切实农民的主体性作用，有利于增强村民对集体的认同感，体现了集体经济的社会性。其二，完善利益共享机制。集体利益具有非排他性、不可分割性与共享性特征，农村集体经济组织是政府惠农资金，项目直达基层的载体。集体经济承担着成员生存保障与福利提供的功能，需

要处理好其成员之间的平等与公平的社会关系。集体成员共享集体资产的收益和使用，平等地获得公共服务，在发展与富裕的基础上实现共享。

5.2 坚持高标准，对标高质量，选择阶梯式发展模式

新型农村集体经济高质量发展应当遵循"因地制宜、因时制宜"的乡村发展规律，按照生产要素组合复杂性，从长远的时间尺度考察问题，实现不同发展模式的新型农村集体经济载体在"阶梯"层级间的有效衔接、良性互动和协调发展。立足实际，实施"阶梯式"的新型集体经济发展策略，乡村在发展集体经济时，要依据乡情实际，因地制宜、因时制宜，采取科学且适配的发展形式和管理方式。在集体经济起步期，受到发展规模、经济体量、人员素质等方面的限制，适宜采用自筹资金的方式发展风险低、见效快、收益好的集体经济产业，由村党支部或村"两委"负责集体资产的管理，以便整合资源、统筹规划资金用途。在集体经济上升期，应当注重人才培养，留住本地人才、吸引优秀人才返乡、引进外来人才，同时争取通过人才返乡增加集体资产抗风险能力，科学谋划集体三资的用途。在管理方面，加强村"两委"领导班子建设，可以成立由党支部统领下的现代化公司运营模式，实现集体资产管理的公开化、透明化，切实保障集体经济适应市场化的环境，同时，完善集体经济管理制度，设立集体资产监督管理委员会，增强农村集体经济组织发展活力。在集体经济成熟期，可以积极推进集体产权制度改革，拓展资本来源渠道，积极吸引社会优质资本，吸引外来高素质人才。在管理上，注重培养和引进优质人才，将高素质的返乡农民工吸纳到集体经济管理中，选择更为合理的发展规划，通过新型农村集体经济帮带村民共同富裕。

5.3 立足高科技，实现高水平，构建提质增效新业态发展体系

相比传统农业依靠增加生产要素投入和扩大生产规模推动发展，新质生产力则强调先进技术的广泛应用和大数据、人工智能、物联网等在农业领域的深度融合，以新模式、新产业、新业态为依托来提升农业生产效率，因此，要以新质生产力创新新型农村集体经济的发展模式。一是要努力构建现代化农业产业体系。一方面，可以将信息化技术成果应用到农业生产运营全过程，实现智能化种植和养殖、精准测土控水、模块化大田管理和专业化收割采摘，对农业生产进行精准化种植、可视化管理和智能化决策，通过农业信息和生产数据的收集、整合、分析与处理，促进农业生产智能化，有效提高新型农村集体经济的产业附加值，重塑农业产业链全

流程。推进农业机械化向智能化和无人化方向发展，可以利用遥感、北斗卫星导航的精准定位系统等技术，对作物长势进行数据处理，分析不同区域对肥料需求的差异，实现农机高效精准施肥，高效率、高精度、高质量地完成整地、播种、田间管理和收获等环节。另一方面，针对农业产业链不完整、农业产业结构不合理等突出问题，要把农业产业布局优化作为建设现代农业产业体系的重要支撑，实施农业产业化经营战略，利用资源禀赋优势推动农业产业向规模化、区域化发展。二是培育新型农业经营主体。随着农村土地流转速度加快，新型农业经营主体成为规模化经营中发展现代农业的生力军，是解决"谁来种地"难题、提升农业生产效率的重要因素。通过建立农业科技专业合作社和农业科技社会化服务体系，提供农业生产经营有关的技术、信息支持，积极做好新品种的引进、示范和推广工作。同时，要善于利用现代化的农业技术和装备盘活土地资源，将土地、荒山等资源入股新型农业经营主体发展现代农业项目，培育一批自主创新能力强、加工水平高、处于行业领先地位的大型龙头企业，作为加快构建新型农业经营体系的重要主体，通过引入新技术新理念带动产业优化升级，通过技术创新、要素渗透、模式重构等方式探索新型经营路径，进而提高农村产业整体规模效益。三是推进农村集体经济供给侧结构性改革，以绿色农业为抓手实现农业可持续发展。要以生态农业和绿色有机农业引领未来农业发展的方向，走一条生态良好、环境友好、可持续发展能力强的新型农村集体经济高质量发展道路，通过加大农业技术的投入力度，推广高效农业生产模式，实现农业产量的提升和质量的提高，以科技创新推动农业可持续发展，坚持产业兴农、质量兴农、绿色兴农。

# 附录 B　绵阳市新型农村集体经济调查报告[①]

随着我国进入全面开启社会主义现代化建设、实施乡村振兴和共同富裕的新时期，发展壮大新型农村集体经济，不仅是适应农业农村现代化发展的需要，还是深化农村集体产权制度改革的形式，更是促进农户增收、产业融合发展，助推农业农村共同富裕的重要抓手。2023 年中央一号文件明确回答了新型农村集体经济发展的内在规律性和发展路径，赋予了新型农村集体经济新的内涵。

本文以绵阳典型、优秀新型农村集体经济案例为基础，按照"问题剖析—框架设计—发展路径"的研究思路，采用文献分析、案例分析和对比分析的研究方法进行分析。首先，概括了农村集体经济的发展历程、发展脉络，多种角度下面临的发展问题及其不同时期发挥的作用；其次，探析绵阳市新型农村集体经济在相关政策指引下的发展现状，总结其发展模式及主要做法和成效。在乡村振兴和共同富裕目标下，本文结合新时代新型农村集体经济高质量发展，提出了因地制宜促进发展、完善机制拓展空间、着眼优化产权发展、明确职责减负运行、金融支持激励发展、培养人才注重引进的对策建议。

## 1　绵阳市新型集体经济发展概况

### 1.1　绵阳市基本情况

绵阳市位于四川盆地西北部，地处涪江中上游地带，是四川第二大经

---

①　本文系四川省农村发展研究中心 2023 年度重点课题"共同富裕目标下四川新型农村集体经济高质量发展理论诠释与路径创新"（项目编号：CR2302）、成都市哲学社会科学规划项目"共同富裕目标下成都新型农村集体经济高质量发展的理论诠释与路径创新"（项目编号：2023CS029）的阶段性研究成果。

济体和成渝城市群区域中心城市。全市面积2.02万平方千米，生猪、粮油、蔬菜三大产业优势明显。作为全国生态多样性保护重点地区，绵阳市森林覆盖率、国土绿化覆盖率分别达56.13%、70.5%，蕴含丰富的自然资源。2022年，绵阳全市地区生产总值达3 626.94亿元、增长5%，总量和增速均居全省第2位，在全国GDP百强城市中位列第86位。

### 1.2 绵阳市新型农村集体经济基本情况

绵阳市以县为单位，整体布局、整体推进村级集体经济发展，着重在合理推进、政策牵引、释放动能、激励机制上下功夫，村集体经济持续发展取得了初步成效。村级建制调整改革后，绵阳市全市共1 582个建制村，村级集体经济组织2 262个；新设立登记村级集体经济组织39个、变更200个、撤销21个，村级股份经济合作（联合）社1 557个，村级经济合作（联合）社4个；全市2 262个村集体经济组织完成清产核资、成员身份确认、建立健全"三会"运行管理机制等产权制度改革"规定动作"。

2021年，绵阳市村集体经济总收入8.02亿元，村均50.67万元，高于全省村平均数1.85万元（全省村均收入48.82万元）；其中，村集体经济经营性收入1.35亿元、村均8.53万元；其中，收入3万元以上的村有1 194个，占行政村的75.5%，10万元以上的村314个、占比19.8%。2022年上半年，绵阳市村集体经济经营性收入6 087.18万元，预计年经营性收入可突破1.4亿元，年增长率超过4个百分点，可全面消除村集体经济经营性收入低于3万元的"薄弱村"。

### 1.3 绵阳市新型农村集体经济发展的相关政策

2019年12月，中共绵阳市委办公室、绵阳市人民政府办公室印发《绵阳市现代农业园区建设总体规划（2019—2023年）》，其中提到，要培育经营主体，打造一批自主创新能力强、生产加工水平高、国内领先国际知名的大型龙头企业；大力实施新型职业农民培育工程，开展新型职业农民培育，创新利益联结机制。

2021年4月，为全面推进乡村振兴，开启农业农村现代化，建设绵阳新征程，绵阳市出台《中共绵阳市委、绵阳市人民政府关于全面推进乡村振兴开启农业农村现代化建设新征程的意见》。意见指出，发展壮大新型农村集体经济，探索村集体资产所有权与经营权分离的运营机制，以低风险、可持续的方式放活经营权，通过股份合作、资源合作、资产入股、租赁经营、发展托管、"三权"分置所有权分红等多种形式增加集体收益，加强集体资产管理监督和村民权益保障，让集体经济在乡村振兴中发挥更大作用。

2022年1月，为贯彻落实国家、省、市"十四五"国民经济和社会发展规划及乡村振兴战略规划，绵阳市人民政府编制《绵阳市"十四五"推进农业农村现代化规划》，其中明确指出，要创新发展新型农村集体经济，深化农村集体产权制度改革，完善集体资产所有权、经营权和收益权实现形式，全面规范建立农村集体经济组织，建立农村集体经济运行新机制。同时，支持农村集体经济组织通过股份合作、资源合作等方式与各类经营主体开展合作，以低风险、可持续的方式发展新型农村集体经济。

### 1.4　绵阳市新型农村集体经济发展的实践路径

绵阳市紧扣发展新型农村集体经济的内在需求，聚焦农村集体产权制度改革、健全政策支持体系、探索新型农村集体经济有效实现形式、合并村集体经济融合发展等重点改革任务，推动集体经济持续发展壮大。

#### 1.4.1　扎实推进农村集体产权制度改革

聚力"四个环节"，奠定农村集体经济发展制度基础。核资定产，支持集体经济组织采取以账找物、以物对账、账实相符的办法，建立台账。建立绵阳市农村集体产权制度改革信息管理系统，实现"从全面清查到规范管理""从日常管理到资产清查"的闭环管理。确定成员，坚持"一村（组）一策"的原则，采取"以法律法规政策为依据、以村规民约为参照、以民主决策兜底"的方法，稳妥开展集体经济组织成员确认。目前，全市各层级集体经济组织完成了成员身份确认，编制了成员名册，纳入农村集体资产监管平台归档管理。配定股份，在股份合作制度改革中充分尊重集体成员意愿，将集体经营性资产以股份或份额形式量化到本集体经济组织成员，作为参加集体收益分配依据。安州区制定《村集体资产股份合作制改革实施方案（式样）》，各村因地制宜制定改革实施方案，形成"一村一方案"。目前，绵阳市经营性资产集体经济组织已全部将资产折股量化到集体成员，建立了集体资产股权台账，发放股权证和实现股金分红。建章定机构，印发《绵阳市农村集体经济组织登记赋码工作规范》，指导完成改革的农村集体经济组织进行登记赋码。全市村级集体经济组织、组级集体经济组织按照"四个一"①规范建立集体经济组织，取得《农村集体

---

① "四个一"指一个组织章程、一套内部治理机构、一本成员名册、一套资产管理制度。

经济组织登记证》，明确法人资格，确立市场主体地位，依法履行管理集体资产、开发集体资源、发展集体经济和服务集体成员的职责。

### 1.4.2 建立健全农村集体经济发展支持政策

以政策"组合拳"助推农村集体经济发展。首先，强化政策支撑。制订《绵阳市培育壮大村集体经济的工作方案》《绵阳市村级集体经济"消薄"三年行动计划（2021—2023）》等政策文件，明确农村集体经济发展目标、路径和扶持措施、组织保障。其次，强化项目支持。明确县级下达的各项财政支持资金需与发展壮大村集体工作对接，原则上除法律法规、政策有明确规定外，都可作为支持发展壮大村集体经济的资金投入。采取资金整合、政府与社会资本合作等方式，累计筹集资金 6.77 亿元支持村级集体经济发展，其中，省扶持壮大村集体经济项目资金 4.17 亿元、村级集体经济发展基金 2.6 亿元。再次，强化用地支持。鼓励村级集体经济组织参与城乡建设用地置换，新增耕地由村集体统一管理，置换出的建设用地指标优先用于集体经济发展项目。严格落实中央、省、市关于征收集体土地留地安置政策，安排一定比例的留用地，作为村集体发展生产、创新创业的建设用地，或采取等价置换工商业用房等方式进行补偿，以支持农村集体经济发展。最后，强化金融支持。实施"金融甘泉促振兴行动"，为全市 42 个乡镇级片区各选派 1 名专属行长，166 个乡镇（街道）各选派 1 名专属经理，向全市 1 582 个村级集体经济组织按每村不少于 100 万元的标准授信 50 亿元，对有各类财政补助资金的村，原则上可对补助资金放大 3 倍匹配专用信贷额度，贷款利率优于同等条件下的其他贷款主体，有效解决集体经济发展面临的融资难、融资贵问题。

### 1.4.3 探索新型农村集体经济有效实现形式

鼓励新型农村集体经济组织结合本地资源禀赋和现代农业产业空间布局，因地制宜探索新型农村集体经济有效实现形式。首先，探索"1+N"组织模式。发挥集体经济组织"统"的功能，以放活农村集体资产"经营权"为抓手，通过"集体经济组织+龙头企业""集体经济组织+农民专业合作社""集体经济组织+家庭农场+种养大户"等组织模式与市场主体联合与合作，借助先进管理资源，创新由"分"到"统"的经营方式，发展壮大集体经济。其次，探索"9+13"经营模式。指导村（组）集体经济组织以深化农村集体产权制度改革为突破口，紧扣做好两项改革"后半篇"文章的工作主线，先后探索出土地经营型、产业带动型、资源开发型、服务创收型、项目兴业型、资产营运型、资本运作型、龙头企业带动形式和基础设施运作型9种发展模式13项集体经济发展机制，有效激发了集体资产的活力，促进农村集体经济健康持续稳定发展。最后，探索闲置资产盘活模式。村集体对闲置的活动阵地、加工厂房和废弃学校等设施，通过公开拍卖、租赁、承包经营、股份合作等多种方式盘活，提高资产利用率，获取集体经济收益。

### 1.4.4 推进合并村集体经济融合发展

坚持以有利于集体经济发展为出发点和落脚点，"因村施策"开展合并村集体经济融合发展，进一步拓展壮大集体经济，聚集发展特色产业的空间。首先，试点先行。绵阳市于2020年选择3个乡镇6个村（社区）、2021年选择100个村开展融合发展试点，探索总结出完成集体产权制度改革、研判村情拟方案、征求意见改方案、集体成员（代表）大会审方案、方案公示、方案审核备案、规范建组织的"七步工作法"，为全市合并村集体经济融合发展起到突破带动作用。其次，依靠群众推进。绵阳市指导合并村坚持一切从群众出发、厚植群众基础的工作导向，争取"大多数"支持，消除群众对村集体经济融合发展利益受损的担忧，以统一群众思想、达成改革共识。最后，因村施策推进。绵阳市按照"旧账分开，新账统一"的要求，坚持政府引导、民主决策、依法依规，因村施策推进。集体资产和债权债务相差不大、成员意见统一的合并村，采取"一本账"管理、成员均等股份量化，实现完全融合；集体资产和债权债务较大、成员意见难统一的合并村，采取差异化设置股权，体现收益差别，推动合并村集体经济组织统一经营和管理集体资产。

## 2 绵阳市新型农村集体经济发展模式分析

绵阳市始终坚持把发展壮大村级集体经济作为促进城乡品质大幅提升、推动乡村振兴取得新突破的重要举措。同时，为结合做好两项改革"后半篇"文章，绵阳市各地以实施村级集体经济"消薄"行动为牵引，以深化农村集体产权制度改革为动能，结合各地资源禀赋，发挥自身优势，通过租赁、参股、经营等方式，探索形成多种新型农村集体经济发展模式。

### 2.1 资金运营型

资金运营型发展模式是将集体积累的资金通过参股经营等方式转为经

营资本，从而获得股金、利息和资产增值等资本运营投入。

2.1.1 河清镇同心村

（1）案例简介。

同心村位于绵阳市安州区河清镇东北部，村域面积 6.59 平方千米，辖内有 11 个村民小组，集体经济组织成员 3 563 人，主要以养殖业、工程建筑业、种植业为主。作为安州区村级集体经济发展改革试点村，近年来同心村着力强化党组织引领发展核心作用，坚持"强队伍、谋产业、抓治理"的理念，突出"党建引领＋产业带动＋成果共享"发展方略，建强"村党委＋集体经济组织＋农业企业"的村集体经济发展"先锋营"。2021年，同心村集体固定资产达 500 余万元，村集体经济年收入 56 万余元，较 2019 年的 3 000 元年收入增长了 186 倍，实现了集体经济收入的跨越式发展。

（2）主要做法及成效。

①从根本上，采取村企合作的方式，解决"发展根基不牢"问题。同心村以建设过硬基层党组织带头人作为关键点、着力点和突破点，通过村党委书记带头出资、群众集资、整合扶持资金等方式，合理规划布局，建立柴达现代标准化生猪养殖厂。经营活动中，养殖厂聘请村干部任会计、出纳；入股 5 万元以上的成员对大项开支进行审核监督。养殖厂建立后与四川正邦养殖有限公司签订代养协议，明确代养费结算标准等，在保底盈利的前提下，让出 49 万元股份分给村民，村民以入股的比例在最终利润中进行分红。目前，养殖厂生猪养殖的管理水平得到极大提高，养殖规模也不断扩大，生猪年出栏达 6 000 头。

②从发展上，采取资金入股的方式，解决"发展动能不足"问题。资金是发展产业的关键。同心村打破村与村之间的壁垒，利用连片田地优势，成功争取到中央和省级财政扶持壮大村集体经济项目 100 万元专项资金。此外，同心村还采用资金入股和量化股份的方式增加村集体经济收入：将 30 万元入股新民农业科技有限公司，以保底收益＋年底分红的方式，每年村集体经济分红 2.52 万元，若年底收益超出次收益标准，则进行二次分红；将 50 万元项目款量化为 1 086 股，每股 460 余元分摊到每个村民，养殖厂与村"两委"签订保底收益协议，每年保障集体经济保底收益 4.2 万元，并在年底进行利润再次核算，对超出的利润份额按 16.6% 进行二次分红。

③从理念上，采取种养循环的方式，解决"绿色发展效益"问题。同心村围绕种养循环新思路布局，借鉴江浙等地和国外"新农村建设"做法，完善村规和标准体系，形成"资源—产品—废弃物—再生资源"的绿色循环农业发展模式。此外，同心村还立足种养循环新模式发展和突出种养循环产业链增值，实现全村畜禽养殖废弃物综合利用率达到75%以上，秸秆饲料化利用率达到65%以上，累计回收畜禽粪便约6吨、废弃秸秆约10吨，产生经济价值2万余元。

2.1.2　彰明镇明月村

（1）案例简介。

彰明镇明月村地处江油市西南涪江畔，由原明月村、北江村合并而成，面积4.1平方千米，辖16个村民小组、1 602户、5 035人。截至2021年4月底，全村账面资产总额802.80万元，村集体经济经营性收入10万元，同比增长60%，村民人均可支配收入2.4万元，同比增长9%。近年来，明月村坚持以党建引领发展，立足历史特色、资源禀赋、地理区位等优势条件，重构集体经济组织，重建集体增收模式，重塑集体产业格局，凭借高质量发展取得的新成效和好的经验做法被中共江油市委宣传部表彰为江油市首批县级乡村文化振兴样板村镇。

（2）主要做法及成效。

①构建科学管理体系。明月村推动落实"村财镇管"，严格执行村干部任期和离任经济责任审计，坚持村级重大事项"四议两公开"重大事项决策制度。明月村成立清产核资工作小组，对归村集体所有但未承包到户的资产资源进行清理、评估、造册、登记。明月村新建合并村村集体经济组织账户，将原村旧账作为其分账独立运行，把合并村产生的新资产按照"A股（原村股份）+B股（合并村股份）"的方式纳入新账并进行统一量化股权，逐步实现资产融合，实行"量化到人、股权证到人、个人享有、社内流转、长久不变"的股权静态固定管理，将586.25万元经营性资产股权按照"一人一股"量化至5 169名村民，成员在资产和分红上的差异通过所持股份体现。

②整合资源发展租赁经济。一方面，明月村盘活原闲置办公大楼等固定资产，引进江油市酒哥酒业有限公司、江油市彰明镇江彰宝贝幼儿园等入驻，并将修建的6 000平方米停车场对外出租，每年获得各项租金收入达7万元。另一方面，明月村整合180万元资金修建2 000余平方米的农

贸市场（摊位 96 个、门面 5 个），日均吸纳 100 余个商贩设摊交易，集体收入年均增加 15 万元。

③完善利益联结机制。明月村主要通过三方面让村民切实享受到共建共享：健全收益分配机制。明月村将集体经济组织 A 股的年收益分配成三部分，再发展资金占 20%，公益留存金占 20%，成员分红占 60%；对于集体经济组织 B 股的年收益，采取"再发展资金 30%、公益留存金 30%、成员分红 40%"的分配方式。建立债务化解机制。明月村每年提取一定比例的再发展资金用于偿还债务，防范化解资产运营过程中的不利风险。落实稳步接续投资。明月村整合现有集体资产资源、中央和省级财政扶持资金100 万元和引进的社会投资资本 400 万元，建成标准化幼儿园。

### 2.2 抱团发展型

抱团发展型发展模式是指共建"飞地"抱团发展。对一些本地资源较少、区位条件较差的村，政府引导其整合相关项目资金，打破行政区域界限，采取村村抱团发展，共同建设集体经济"飞地"项目，实现不同村之间的资源共享、利益共有、共同富裕。

#### 2.2.1 响岩镇同心村

（1）案例简介。

同心村位于平武县响岩镇，村域面积 48.41 平方千米，有农户数 202户，606 人，党员 32 名。该村是由原同心村和青林村合并组成，该村特色产业发展迅速，建立有生猪代养场、千亩果园等。村"两委"班子工作思路清晰，同心同德、团结谋事，工作执行能力强。近年来，同心村党支部以实施市委基层党建"3+2"书记项目为抓手，加强制度建设，先后修订完成《党建工作制度》《干部值班及代办服务制度》《民主议事制度》等制度，2018 年成功创建市级示范型党组织。

（2）主要做法及成效。

①合理利用土地资源，发展特色产业。同心村结合自身地理条件优势，积极与邻近村整合土地资源，发展种植业，形成初具规模的特色种植产业。同心村与邻近村种植药用木瓜 600 亩，种植桃、李等水果 400 余亩，园内套种芍药 400 亩，其中同心村占股 22.5%。2018 年，同心村集体新建中蜂产业园 1 个，配套种植二级蜜源植物毛叶山桐子 200 余亩。

②抓住市场机遇，整合邻村资源发展生猪产业。同心村利用相关政策扶持资金的支持，整合各村产业发展基金，与其他三个贫困村联合投资，

建立"1100"生猪代养场1幢及"1400"生猪代养场1幢，该代养场两幢圈舍面积为2 800平方米，占地面积为6 000平方米以上。同心村采取的经营方式是将扶持村集体经济发展资金投入到同心村集体经济合作社中，按照自主经营管理的要求，采取村集体经济组织法人负责制，村集体经济组织聘请有经验的管理人员负责代养场日常管理，形成的收益50%用于村集体公益事业和扩大生产，50%用于村集体经济组织成员分配，按照户数进行量化。目前，生猪代养场每年纯利润可达36万元以上，已给各村农户分红2次。

### 2.3 股份合作型

股份合作型发展模式是指在开展集体资产股份合作制改革的基础上，统一整合集聚未承包到户的集体土地、"四荒地"、撂荒地、经营权流转地等资源要素，依托现代农业园区和工业园区建设，重点发展以订单生产、订制模式为主的现代农业种植业，以代养、寄养为主的现代畜牧养殖业，以及以代生产、代加工为主的配套产业，自主稳妥经营。

#### 2.3.1 西陵镇龙泉村

（1）案例简介。

龙泉村由原凤垭村、桥河村、金凤村、杨桷村等四个村合并而成，位于盐亭县西陵镇西南面，距离盐亭县城36千米，与射洪市仁和镇接壤。龙泉村面积7.89平方千米，全村共有11个社，农业人口2 730人，1 203户。龙泉村常住人口875户，1 321人，其中党员118名。龙泉村共有2 895亩耕地，以种养殖业为主。龙泉村地处偏远，交通不便，新村成立时无经营性资产，村"两委"把如何用好用活国家财政扶持资金，发展壮大村集体经济作为做好两项改革"后半篇"文章的重头戏。2021年龙泉村实现集体经济收入15万元。

（2）主要做法及成效。

①因地制宜，明确发展方向。为找准发展方向，龙泉村党委组织村、组干部先后到眉山、乐至、射洪等地考察杂柑种植、肉牛养殖、僵蚕养殖等项目，但因技术、销售渠道、市场价格等方面存在诸多风险，村集体经济发展陷入困境。如何在保障集体资金安全的前提下带动集体经济发展，成为带头人思虑的主要问题。望着常年撂荒的土地，龙泉村把目光聚集到了耕地种植的根本——种粮。粮食生产作为农业的根本，种植周期较经济作物短，价格稳控有保障，市场风险较低。为确定发展方向，龙泉村集体

经济组织多次召开成员代表大会，在取得党员、群众支持后，租用机械整治集体撂荒地 230 亩，通过去杂、重建沟渠、新修山坪塘、蓄水池等灌溉设施，对小块地进行机械化适应整理，建设人造"小平原"，发展优质粮油种植。目前，村集体已生产、售卖玉米 42 330 千克，实现销售收入 112 597 元，同时完成小麦耕种，既响应了国家粮食生产政策，又壮大了集体经济。

②就地服务，拓宽增收渠道。龙泉村广泛开展社会化服务，拓宽村集体经济增收渠道。村集体组织利用国家扶持资金购买沃得尊享版收割机、农友谷物烘干机、粮食精选机、货车、旋耕机等中大型农机具 7 台（套），在耕种和经营好集体土地的同时，向种植大户、村民提供"产前耕地翻耕、产中防病防虫施肥、产后收割一条龙"的社会化服务，先后服务 217 户农户，完成逾 5 000 亩土地的翻耕、播种和收割，实现农机服务收入 29 000 元。同时，龙泉村利用闲置的龙泉小学建设 300 多平方米的粮食烘干房，对外开展粮食烘干服务，将原教室改建为 300 立方米的粮仓，开展仓储服务，收取烘干服务费 4 000 元。

③以人为本，浅尝发展红利。龙泉村集体在发展粮食生产和社会化服务时，虽购买了农用机具，节省了人力成本，但具体生产环节离不开人力投入。龙泉村先后在脱贫不稳定户、低保户中雇佣劳动力 30 余人参与耕种、收割、烘粮等生产环节，群众获得劳动报酬 24 000 多元。龙泉村利用集体资金建设基础设施，改善村民居住环境，以不同形式让群众体会到集体经济发展的好处。目前，龙泉村已修建文化广场 1 处、打水井 3 口，改厕 23 户，为丰富老年人晚年生活，建设老年活动场地 2 处，购置文化活动设施 20 余套。

④吸贤返乡，谋求多元发展。壮大集体经济离不开人才支撑，为了吸引在外创业成功的盐亭籍致富能人回归家乡为村集体经济发展贡献力量，龙泉村利用春节、国庆等节假日召开返乡人员、新乡贤、离退休干部座谈会，向他们介绍本村发展前景，与他们畅谈家乡未来。龙泉村处于盐蓬路产业示范带，龙高路、五高路、高彭路产业示范区和丝源桑海现代农业园区的蓬勃规划之中，政策支持力度大，亟须大量人才归巢共谋"村业"。龙泉村先后吸引 2 名外出务工精英返乡创立藤椒种植合作社，通过流转"四荒"地，种植藤椒 200 余亩；建成肉鸡养殖家庭农场，年出栏肉鸡近 10 万羽，农村闲置劳动力得到了充分利用。

2.3.2 战旗镇白沙村

（1）案例简介。

战旗镇白沙村由原白沙村、三清村、海棠村合并而成，面积 11.6 平方千米。"两项改革"后，白沙村因地制宜，探索集体化发展、股份化运作，实现了"集体种地村民得利"的新型农业发展格局，吸纳 853 户农户土地入股，并对原海棠村 1 500 余亩的散户种植户土地进行连片整合，另投入 75 余万元，全面整治撂荒土地 600 余亩，成功打造出"连片"产业 3 000 余亩，较改革之前增长 2 100 余亩，其中，优质水稻种植就能为村集体经济增收 15 万元以上。2021 年，该村被确认为"全国村级议事协商创新试验试点单位"。2022 年，村集体经济经营性收入达 900 万元，村民人均可支配收入达 2.6 万元。

（2）主要做法及成效。

①坚持党建引领，塑强组织干部先锋作用。白沙村抓实"组织构架、干部队伍、技术人才"的破立融合，实现村支书、村主任一肩挑，班子平均年龄 41 岁，大专以上学历占比 44%。白沙村将班子成员分片全覆盖指导联系村内集体经济组织成效纳入年终考核，建立党员示范试种机制，对高风险新品种进行示范试种，推动党建工作与产业融合发展。

②深化改革工作，搭建基础治理组织架构。白沙村按照"旧账分开、新账统一、集约经营、抱团发展"的原则，将原三个村集体经济组织直接融合，组建白沙村股份经济合作联合社，并完成登记赋码。白沙村制定《成员资格界定方案》《股权管理办法》，明确成员资格保留和丧失标准，同时，量化股权并且确定流通方式。

③推进三治协同，打造共治共建共享格局。白沙村坚持自治、法治、德治三治协同，建立"巡防问事、两委提事、分层议事、协同干事、群众监事"的"五事协商"机制，进一步完善村规民约，提倡文明新风尚。

④找准发展路径，实现集体引领资源整合。白沙村鼓励集体经济组织成员将土地、机械等入股村集体经济组织，统一由村集体经济组织经营管理。并且成立土地经营股份合作社、农机租赁股份合作社、劳务派遣股份合作社。其中，土地股份经营合作社每年将收益的 50% 上缴联合社、35% 用于再发展、15% 用于入股村民分红；农机租赁股份合作社每年扣除次年机械维护运行经费后，将收益的 50% 上缴联合社，剩余部分用于入股村民分红；劳务派遣股份合作社则每年将收益 10% 用于分红、90% 上缴联合社。

2.4 资源合作型

资源合作型发展模式是指资源合作联合发展，集体经济组织依托本地独特的自然资源优势和特色产业优势等，因地制宜，整合开发各类资源禀赋，并进行股份量化，与龙头企业等市场主体合作经营，发展生态旅游、森林康养、乡村民宿、农家乐等特色产业，吸引客流量，增加村集体收入。

2.4.1 桑枣镇齐心村

（1）案例简介。

齐心村村域面积 21.8 平方千米，辖 12 个村民小组，农村集体经济组织成员 2 082 人，经济结构以乡村旅游业、优质农产品种植业、商贸服务业为主。齐心村坚持党建引领，探索"三道加法"模式，大力发展乡村旅游特色产业，不断做强村级集体经济，由省级贫困村发展为乡村旅游总资产上亿元的"景点村""明星村"。2020 年齐心村乡村旅游产业总体规模达到 3.7 亿元，实现旅游收入 3 000 余万元，村集体经济收入 36 万元。齐心村获第一批国家级森林乡村、国家 3A 级旅游景区、省级"乡村振兴示范村"、绵阳十大金牌景区、十大网红景点等荣誉。

（2）主要做法及成效。

①该村采用村企互助共赢。该村由村党总支牵头，梳理可利用土地资源，引进乡村旅游企业共同建设蝴蝶谷景区，整合民宿资源，制定乡村民宿管理制度，并建立"乡村"旅游党支部开展相应的志愿服务活动。

②该村以"联社+公司+专合社"的发展模式，用村集体名义成立齐心村股份经济合作联合社，并下设蝴蝶谷旅游投资公司和齐心椿乡村旅游专合社。合作联社负责整合土地等资源，将一部分整合的资源交由旅游公司开发，一部分收取企业土地流转费和 1 000~5 000 元/户的民宿管理费按需提供给招引入驻企业。此外，该村的旅投公司还通过自主的电商平台开展民宿餐饮预订等服务，每单代卖产品提取 20% 作为公司利润。

③建立"分红+创收+扶助"的机制。该村对旅投公司纯利润，在保障村民土地流转费（每年 600 元/亩）的基础上，按照公司 50%、村民 20%、村集体 20%、专合社 10% 的比例进行分红，这种方式能够帮助村集体和村民持续获益。同时，村内还建立"土地入股费分红+劳务工资+农副产品销售"的农户增收模式，让村民实现"三重收入"，并且，该村还开展各种评选活动并给予奖励。

2.5 资源盘活型

资源盘河型发展模式是指在符合法律和政策规定的前提下，探索采取出租、入股分红、联合经营等方式，盘活利用村级建制调整后闲置的原村活动阵地、办公用房、设施设备等，发展农产品初加工、冷链物流、农村电商和村级金融服务，兴办幼儿园、民宿酒店、仓储、农村低收入人口公租房等业态，依法增加集体收入。

2.5.1 黎雅镇马安村

（1）案例简介。

马安村地处黎雅镇西北角，面积 6.75 平方千米，共有 9 个村民小组，户籍人口 745 户，2 523 人，耕地面积 3 591 亩。武都引水工程主渠道横穿马安村，水域面积大，全村拥有 125 口塘堰、4 座水库，水资源优势明显。马安村以水稻制种、水产养殖为主导产业。在现代农业产业发展方面，马安村坚持深挖地理优势和均衡发展原则，以产业振兴作为乡村振兴重要抓手，充分挖掘水利资源，因地制宜，发展特色水产养殖，壮大村级集体经济，成功探索出产业助推乡村振兴发展新路径。

（2）主要做法及成效。

①通过"配强班子+强化管理+加强考核"为发展集体经济提供组织保障。在村党总支的领导下，马安村充分激发干部的担当、奉献和实干精神。此外，"深挖资源+充分调研+理清思路"为发展集体经济指明方向，马安村充分挖掘了水资源优势，实行清水养殖鲈鱼，与重庆、成都、达州、绵阳等建立良好的销售合作关系。

②通过"个户试养+集体试养+复制推广"为发展集体经济奠定坚实基础。马安村采取逐步推进，丰富养殖经验，有效降低市场和疫病风险，稳步发展壮大村级集体经济。个户试养：2020 年，马安村 5 个村干部和 1 个塘堰承包农户带头投资试养，每个人出资 4 万元，共计 24 万元，养殖 30 000 羽鲈鱼，当年盈利 9 万元。集体试养：2021 年，马安村投资 80 万元，实行网箱标准化养殖 6.5 万羽鲈鱼，聘请本村人员规范化管理。复制推广：在个户试养、集体试养取得成功的基础上，马安村推动"资源变股权、资金变股金、农民变股民"，创新塘堰入股、资金入股、技术入股等模式，升华复制推广鲈鱼养殖，大力发展鲈鱼、黄辣丁等优质水产养殖，进一步壮大村集体经济。目前，马安村集体经济已发展鲈鱼养殖 1 个点，辐射带动农户发展鲈鱼养殖 2 个点。

2.5.2 新桥镇胜利村

（1）案例简介。

新桥镇胜利村由原九洞村、回龙村、岳家村合并而成，面积7.12平方千米，户籍人口1 380户，4 324人。"两项改革"前，原三个村基本无自主集体经济收入，自身"造血"能力不足，加上村民多选择外出务工，农村闲置宅基地长期无人使用。"两项改革"后，该村积极构建宅改体制机制，并逐步形成多产业融合业态。2020年，该村旅游产业总规模达到3.2亿元，实现旅游收入2亿余元，村集体经济收入19余万元。2021年，该村被认定为"四川省第二批乡村治理示范村"。

（2）主要做法及成效。

①依托"三个组织"，推动"三项进程"。胜利村充分发挥基层党组织、村集体经济组织、村民自治组织作用，有序推进"三权"分置改革。首先，发挥基层党组织引领作用，用党员"1+3+N"模式①推动闲置宅基地、一户多宅等信息入网入格。其次，发挥集体经济组织主体作用，聘请专业机构统一编制乡村规划，实现产业、用地、生态、建设"多规合一"，制定出台《游仙区新桥镇农村宅基地改革实施方案》，推进农村宅基地管理。最后，建立"村级党组织+集体经济组织+村民议事会"议事决策机制，充分发挥群众自治组织作用，推动"宅改"进程。

②建立"三方机制"，保障"三方权益"。胜利村创新多方参与、指标核算、利益联结三项机制，保障群众、企业和村集体的权益，全面助推改革工作。首先，通过问卷调查、入户走访、座谈交流等方式了解村民意愿，及时召开村民代表大会，都根据村民意见拟定、投票通过"宅改"等一系列方案。并聘请专业规划设计公司开展"宅改"新模式。其次，建立集体建设用地指标使用价格与农地租金相分离的核算机制。胜利村将集体经济组织利润中的一部分入股企业实行固定分红，不参与企业管理，实现合作经营。目前，胜利村联合社已与8家企业签订了集体建设用地合作经营协议，收取企业集体建设用地使用权预付款430余万元。最后，规划新建安置点3处，将"一户一宅"且自愿腾退宅基地的农户保留到新建安置点建房的资格权。对于已进城置业自愿腾退宅基地的农户，给予6万元/亩的一次性货币化补助。

---

① "1+3+N"模式：1名村党支部小组长、3名党员、N户群众。

③对准"三个症结"，探索"三种模式"。胜利村根据不同企业用地需求、资金现状等情况，探索出多种经营模式。首先，对独立经营能力不足的企业，采取合作经营的模式，即集体经济组织保障发展用地，企业负责产业发展，目前已与申山农业科技有限公司、月畔湾旅游开发有限公司等企业开展了合作。其次，将整理后的用地指标出租给涉农企业等风险承受力不足的新型经营主体；将30.5亩限制宅基地节余指标，阶段性地出租给仙龙向山科技有限公司，年租金为20万元。最后，试行固定分红模式，将部分闲置宅基地节余指标入股定价，发展一二三产业融合发展项目。

④坚持"三个注重"，实现"三大目标"。首先，腾退闲置宅基地40宗，完成腾退农户奖励资金500元/户，入驻企业提供务工机会，宅基地复垦后可以提升种植业收益，并且通过村组集体经济组织分红宅基地节余指标出租、入股、合作经营收入，户均可增加年收入2万余元。其次，盘活利用闲置宅基地指标9.5亩，通过合作经营，集体经济可收益76万元。并且后续入股，按照5%的年息固定分红。最后，注重品质筛选，引进生态环保、可持续、有发展潜力的一三产业企业入驻，发展乡村产业。

### 2.6 物业经营型

物业经营型发展模式是指引导、扶持村集体利用集体所有的留用地，兴建标准厂房、专业市场、仓储设施、职工生活服务设施等，通过开展物业租赁经营等方式，增加村集体收入。

#### 2.6.1 绵阳科技城新区上马社区

（1）案例简介。

上马社区位于绵阳科技城新区创业园街道，2003年"村改居"成立上马社区。上马社区地处创业园街道腹地，面积1.5平方千米，户籍人口1 820人、常住人口5 000余人。

（2）主要做法。

①推进"三变"①，盘活资源。上马社区抓住改革机遇，形成"社区有产业、集体有事业、人人能就业"的发展态势，极大提高了居民收入。首先，上马社区牵头清理盘点社区土地资源，拆除违章建筑，整合边角地块，腾出约10 800平方米闲置土地。其次，与政府平台公司合资组建商业管理公司（上马社区占股51%），投资6 000余万元打造"上马·望蜀苑"

---

① "三变"：资源变资产、社区变股东、居民变受益人。

商业街，自 2019 年开业以来，月营业额逾 1 300 万元，年营业额逾 1.5 亿，年租金收入近 600 万元。最后，上马社区将自有 51% 股份中的 40% 分红权转让给居民，让 98% 的社区居民定期享受盈利分红，此外，居民还可在商业街中摆摊、出租房屋等增加收入。

②融合发展，树立品牌。上马社区将"文化+旅游+商圈"有机结合，引进多家餐饮名企，并结合三国时期"上马故事"，打造以三国文化为主题的 3D 行道画、壁画等。同时，上马社区组织开展汉风成人礼、婚礼等活动，营造浓厚历史文化氛围。此外，上马社区还整合居民房屋打造"前店后厂"，居民转型"房东+服务员"，获取相应收入。上马社区协同开发"马小二"文创产品，形成吃住行游购娱产业链，2021 年新引进和改造 22 家"网红店"，营业面积均超 100 平方米、投资均在 30 万元以上。

### 2.6.2 青义镇绵兴村

（1）案例简介。

青义镇绵兴村由原绵江村、兴龙村合并组成。绵兴村南与西南科技大学毗邻，北与川西北物流园区（龙门）接壤，绵广高速公路穿境而过，交通十分便利。绵兴村辖区面积 6.6 平方千米，有 16 个村民小组，共有村民 856 户，2 831 人。全村以楼宇经济、果蔬种植等为主要增收渠道，农民人均纯收入 21 860 元。

（2）主要做法及成效。

①一方面，以村集体经济为主体、土地入股的方式，投资 86 万元建设能容纳 300 余辆车的停车场，解决部分劳动力问题，带动就业；另外，收取停车费可让每年村、组集体经济收益增加。另一方面，建设特色美食街区及大学生创业一条街。由 7 个类型的行业带动商户约 400 户，成立工会联合会，并在兴隆东街建成了环西科大产业带特色商业街，解决劳动力 500 余人，每年村、组集体资产可增加 50 万元。

②以"利益共享"改变小农户在利益分配中的弱势地位，用合理的利益分配机制实现多元主体的利益共享。通过"清产核资、成员界定、股权量化"后，绵兴村将集体所有的"三资"情况进行全面清理，再按照民主议事程序书面明确和固定集体经济组织成员所持股份额，确保不损害农户权益。另外，绵兴村还建立九里飘香种植专业合作社，加强基础设施建设，整合 300 亩土地，带动 265 户农户种植"翠冠梨"等，每年收入达 300 余万元。

2.7 产业带动型

产业带动型发展模式是指村集体发挥农业专业合作社带动作用，通过兴办种养殖等经济实体，实现统一品种、种植、技术管理、品牌销售，大力发展特色产业。发挥特色产业优势，可带动配套服务企业建设，从而增加村集体收入。发展农村电子商务，构建电子商务交易平台，可以达到营销目的、拓宽销售渠道。

2.7.1 忠兴镇木龙村

（1）案例简介。

忠义镇木龙村由原马鞍村、永清村、木龙村合并而成，面积 8.39 平方千米，辖内村民 2 449 人。木龙村村级集体经济组织领办农合作社，种植红萝卜 1 000 余亩，并成功注册为游仙首个地理标志保护产品，入选第六批全国"一村一品"示范村镇名单，辐射带动周边村社种植面积达 500 余亩，促进增收达 3 000 元/亩以上。"木龙观红萝卜"品牌荣获"中国地理标志保护产品""国家绿色食品 A 级认证"荣誉。2021 年，合作社以"木龙观红萝卜"为核心商品开办仙溯农庄，带动村集体年增收 12 万元。2022 年 12 月，木龙村被认定为"四川省第三批乡村治理示范村镇"。2023 年 2 月，木龙村被命名为"2022 年度四川省乡村振兴示范村"。

（2）主要做法及成效。

①夯实发展基础。木龙村从"内"出发，围绕"一村一品"发展思路，打造"木龙观红萝卜"特色产业，以"集体经济组织+农业合作社+农户"经营模式，做大做强做优农业产业。木龙村依托"木龙观红萝卜"项目建立配套服务业，引进省级农业专业合作社 2 家，农业科技公司 3 家，农业公司、合作社、家庭农场近 15 家。此外，木龙村大力培育主导产业和产业，促进专业分工和优势互补，打造特色产业、农事体验、休闲娱乐为一体的田园生活体验地，其中，荆桃农场获评省级示范家庭农场。木龙村举办"木龙村红萝卜采摘节"活动助推农旅融合发展，引导村民参与连片种植，形成木龙村红萝卜等产业核心种植区，栽种总面积达 1 300 余亩，年产量超过 2 250 吨。

②提升产业品质。木龙村利用村集体闲置资产指导开展"三品一标"①生产技术培训，加强"三品一标"农产品的申报认证，取得 1 个地标认

---

① "三品一标"：无公害农产品、绿色食品、有机农产品和农产品地理标志。

证、2 个绿色食品认证、1 个无公害认证。此外，木龙村与绵阳市农科院合作，完善科学技术推广体系，编制具有地方特色的农产品生产标准及操作规程，并严格组织实施，提高"三品一标"农产品质量，通过扫描二维码溯源农产品信息。另外，木龙村还支持有条件的农业龙头企业、集体经济组织合作社面向高端农产品市场。

③销售渠道多途径。一方面，通过镇政府与金融机构牵线搭桥，木龙村积极争取上级项目资金，集资源整合、农商互联、产地集配等业务为一体，由木龙村股份经济合作联合社牵头打造"仙溯农庄"特色农业公司，助推优质农产品走进城市。另一方面，销售模式上，木龙村采取"线下直营店+线上商城"多途径购买，发挥传统与现代化营销模式优势，促进营销。收益分配机制上，签订供销协议，明确岗位职责，开展岗位工作量化指标，将必要扣除和提留后的收益中的 30% 划分到村集体经济组织，实施差异化分配方案，激励农户内生销售动力，实现经济组织、农业经营主体"双赢"。

### 2.7.2　陈家坝镇黎山村

（1）案例简介。

陈家坝镇黎山村位于北川羌族自治县，是省级乡村振兴重点帮扶优秀村。黎山村由马鞍村和四坪村合并而成，是典型的边远山区、民族地区、地震灾区"三合一"村，户籍人数 430 户，1 357 人。该村根据民族山区特色，坚持以芍药为主导的中药材产业，建成了四川道地中药材创新团队服务示范点，致力打造中药材产业园区。2022 年，该村集体经济增收 11.86 万元，获评四川省省级合并村集体经济融合发展先进村。

（2）主要做法及成效。

①推进三产融合，"四区一带"强动力。黎山村以"产业兴村"定位，发挥自身优势，突出以强带弱、优势互补、一体发展，强化资源配置和利益联结，着力打造果蔬采摘区、生态养殖区、药材种植区、特产加工区和休闲旅游带产业链，建设一二三产业协同发展的乡村振兴示范村。2020 年以来，黎山村实施芍药种植项目 3 个，争取上级资金 210 万元，扩增芍药种植面积 2 500 余亩。此外，黎山村还与周边村联合建设 1 000 余亩枇杷园区，果蔬结合发展高山反季节蔬菜。2022 年，通过产业发展，黎山村集体经济增收 12.14 万元。

②推进新风融合，"七大行动"增内力。黎山村以原四坪村新时代文

明实践站（点）建设为抓手，探索建立了由"党员+村民+乡贤+能人"组成的志愿服务队伍，创新开展"七大行动"①；投放分类垃圾桶，建设分类垃圾房，污水处理池建设；党员干部以身作则带头践行村规民约。

③推进机制融合，"四金合一"加效力。黎山村主要以"共同体"发展理念，推进平安建设稳定机制和集体经济发展机制深度融合，变"单一管理"为"多元共治"，助力壮大村集体经济发展；创新"四金合一"机制，即"集体公积金、集体公益金、集体管理金、群众股权分红金"的收益分配机制，四金分配比例为40%、10%、5%、45%。此外，黎山村还按照"人口股+积分股+联户股"的模式设置股份，将当年可分配收益的10%、15%、20%分别作为积分股分红、联户股分红和成员人头股分红，并以多形式的股权分红设置，提升农户参与村集体经济发展的积极性，形成"全民参与、共享共治"的村集体经济发展新模式。

2.7.3　立新镇高棚村

（1）案例简介。

三台县立新镇高棚村距三台县城35千米、绵阳市区25千米，由原高棚村、新景村、石梯村合并而成，村域面积6.37平方千米，辖村民小组12个，1 461户，3 467人，村党委下设党支部3个，党员125名。高棚村按照"招商引资+多元增收"思路，实现村级集体经济持续增收。2022年该村村集体经济收入达52.8万元。该村先后荣获省级四好村、省级环境优美示范村、省级实施乡村振兴示范村、市县级示范党组织等荣誉称号。并且，高棚村盘活闲置资产改革被四川省农业农村厅评选为"四川农业农村改革十大案例"。

（2）主要做法及成效。

①建强集体经济组织，夯实产业发展根基。为解决力量分散所导致的竞争劣势困境，该村在"两项改革"后，确定以农旅结合发展路径来壮大村集体经济。高棚村以"直接合并、统一经营"的思路，注销原3个村集体经济组织，成立"立新镇高棚村股份经济合作联合社"，并将村支部书记推选为村集体经济组织负责人，实现"一肩挑"。

②定位产业发展优势，拓宽集体增收渠道。高棚村以引进四川佳琪集团等公司打造的大地飞歌田园文旅综合体等农旅融合重点项目为契机，探

---

① "七大行动"：核心价值融入、党员志愿服务行动、法律法规知识普及行动、环境卫生治理行动、特色乡土文化服务行动、村规民约培育行动、家规家训弘扬行动。

索"土地流转+服务金、折价入股+分红金、摊位租赁+管理金"3种方式，实现全村集体经济收益年增收 15 万元以上。高棚村延伸旅游项目布局，根据新发展的蔬菜种植，发展农耕体验采摘、乡村民宿等。此外，高棚村以盘活闲置资源资产为基本方式，利用原来闲置村级办公场所，新建 500 平方米蔬菜田间交易市场、1 000 平方米蔬菜分拣中心和 700 吨气调库，实现了产业增效益，集体增收益。

③建立多重合作机制，助推农民稳步增收。高棚村股份经济合作联合社创新"统一规划、统一农资、统一标准、统一检测、统一品牌、统一销售、分户生产"机制，引进社会资本，构建合作社 60%、社会资本 20%、成员 20%的分红模式，帮助集体经济组织成员增收。同时，高棚村鼓励集体经济组织成员对已流转的土地进行承包经营，用公司统一提供农资、生产管理的方式，降低承包农户风险。高棚村组建高棚村劳务股份合作社，建立劳务股份合作机制，鼓励剩余劳动力入社，带动村民就近务工 170 余人，人均增收 5 000 余元。

2.7.4 吴家镇三清观村

（1）案例简介。

涪城区吴家镇三清观村地处"湖光山色"稻渔亲水湿地农业主题公园核心区，面积 10.6 平方千米，辖 12 个村民小组，共有 1 103 户，3 184人，村党委下设 4 个党支部，共有党员 130 名。去年以来，涪城区吴家镇三清观村党委聚焦农业主题公园建设，坚持以组织振兴为引领，创新推行"三汇三心"党建促发展模式，高标准建成农业主题公园并如期开园，示范带动农业高质量发展，全面助推乡村振兴发展，先后获评首批省级实施乡村振兴战略工作示范村等荣誉 30 余项。

（2）主要做法及成效。

①核实集体家底，实现整合条件。为实现"底清账明"，三清观村党委在充分运用集体产权制度改革成果基础上，通过再次清查、盘点、核实，进一步摸清合并前两村的集体资产资源存量、价值和使用情况。经清理核实，原观音碑村地处场镇近郊，村集体依靠流转果园、塘堰、公田公地以及出租村委会闲置房屋，年收入约 8 万余元，但长期以来一直存在村集体经济发展机制不健全、产业发展无规模无特色、农村经纪人和高素质农民缺乏、村民矛盾突出、群众工作难开展等问题。原三清观村作为改革试点村，率先完成了集体产权制度改革，成立了土地股份合作社，流转土

地 1 100 余亩，年收入约 20 余万元，但受土地、交通等资源要素制约，发展后劲不足。为稳妥推动两村集体经济融合发展，三清观村党委多次召开会议综合研判，认为原观音碑村区位优势明显、资源充足丰富，原三清观村集体经济发展机制健全、干部群众凝聚力强，村级建制调整后，可实现两村优势互补，做大集体经济"蛋糕"，推动集体经济持续发展。

②化解群众顾虑，凝聚整体共识。为统一干部群众思想，三清观村党委 3 次组织村"两委"干部和各组组长召开专题会议，在首先统一 31 名村组干部思想的基础上，深入研究讨论集体经济组织整合的主要内容和关键环节，协商解决"一村两策"问题，形成初步合并方案。为稳步做通群众工作，注重寻求各方支持，三清观村村"两委"走访村内 5 名影响带动能力强的乡贤，宣传集体经济组织合并的良好前景，赢得他们的支持和拥护；注重化解群众思想顾虑，采取村党委委员包组、组长包户的形式，通过横幅、广播、微信群等方式多维度宣传集体经济发展政策条件和村级集体组织合并的好处，对个别有顾虑的村民耐心做好解释工作，并在宣传的过程中收集 100 余条村民意见，进一步完善合并方案。在充分宣传和耐心释疑后，三清观村党委分别组织原三清观村、原观音碑村召开村民代表大会听取意见、统一思想，在此基础上，组织召开三清观村村民代表大会，讨论成立新的集体经济组织，并按程序完成集体经济组织登记赋码。

③科学量化股权，平衡各方权益。为充分保护集体经济组织成员合法权益，将原三清观村和原观音碑村集体经济组织资产、资源、资金进行全面整合，邀请第三方机构四川中力会计师事务所有限公司对两村资产、资源进行作价评估，根据评估结果制定股权量化方案，按照 1 人 1 股的标准重新量化股权。同时，三清观村集体经济组织建立土地股份合作社，引导村民以土地经营权入股，建立三个"二八开"利益分配机制，即收入二八开，实现集体增量，集体经济组织通过土地流转与经营性获取的收益进行初次分配，土地合作社分配 80%，集体经济组织分配 20%；合作社二八开，实现社员增收，将土地合作社分配获得的"80% 收益"再次进行分配，社员分配 80%，土地股份合作社留存 20% 用于公积金、公益金等发展基金；社员二八开，实现利益均衡，将土地合作社社员分配到的"80% 收益"再次进行分配，土地返租倒包的农户分配 80%，暂未返租倒包的农户分配 20%，保障利益均衡，实现共富奔康，切实增强"心合"凝聚力。

④激活资源效能，壮大集体经济。三清观村利用原三清观村资金撬动

原观音碑村资源，通过有效激活可利用资源要素，确保村集体经济"提质增效"。整合后，三清观村持续扩大产业优势，在原三清观村流转土地800余亩发展稻虾共作的基础上，计划利用原观音碑村土地资源新建1 500亩稻虾基地，做大做强稻虾产业；着力盘活低效资源，将原观音碑村2 000亩柑橘基地进行品种改良，并流转林地打造3 000亩桃树基地，推动特色产业发展壮大，预计实现集体经济年增收15万余元。村集体经济组织成立锄犁企业管理有限责任公司，留住外出务工人员就地就业，依托重点产业项目，提供生产、销售、机械、农旅等有偿服务，拓宽村民与集体经济增收渠道，预计实现集体经济年增收5万元。

### 2.8 生产服务型

生产服务型发展模式是指围绕村域产业化经营，创办村级经营性服务实体，为农户提供生产资料、农业机械、技术咨询等服务，或开展联结龙头企业和农户的中介服务，例如，承接农业生产托管服务和代理服务，开展农产品产地初加工服务，鼓励发展农村电商服务等，增加村集体收入。

（1）案例简介。

西安村位于梓潼县西北部，距县城21千米，有9个村民小组，823户，2 525人，辖区面积6.71平方千米，耕地面积4 568亩，林地面积2 062亩，堰塘102口。西安村产业发展以种植水稻制种为主，种植面积达1 782亩，仓储加工库房5 000平方米，各类农机150余台。近年来，西安村大力探索"1+N"社会化服务模式，"1"即一个联合社，"N"即提供多种服务，不断壮大村级集体经济。2020年，西安村被评为梓潼县实施乡村振兴战略示范村、绵阳市实施乡村振兴战略示范村、四川省实施乡村振兴战略示范村。2022年，西安村入选四川省第二批乡村治理示范村。

（2）主要做法及成效。

①强化组织保障，探索N种社会化服务。西安村成立西安村集体经济股份联合社，建立健全"村委+联合社+合作社"组织机构，由镇党委、政府把关选举产生联合社和合作社管理层人员，制定具体管理制度，并组建了多个实体经营部门，聘请职业农民经理管理各经营部门。同时，还根据群众实际需求，提供多种农业经营社会化服务。

②深挖地理优势，创新社会化服务模式。西安村利用自身生产资源优势，经合作社流转土地后，将土地调形转包给12个职业经理，并且推动耕种在普通农村的融合发展，由合作社职业经理提供统防统治服务内容，农

户自主选择服务项目。此外，职业农民经理还对股东农户、小大户的生产技能、生产设备进行评估。整合劳动力资源，集中统一布局，科学合理规划农作物收割、栽植等。

③确立分配机制，着力壮大村级集体经济。西安村积极争取中央、省扶持集体经济发展资金，并通过现金、管理、技术和土地入股，明确分红比，例如，合作社分红比例为纯利润的70%，职业经理为30%，其中，村集体组织分红将在预留下一年度运行经费、村集体基础设施建设和拓展村集体经济发展经费后，再对全体村民进行二次分红。

2.9　绵阳市新型农村集体经济发展模式的对比分析

绵阳市新型农村集体经济发展呈现模式多样化的特点。不同村之间，因地制宜采用不同的发展模式，主要模式及做法如表B.1所示。

表 B.1　绵阳市新型集体经济发展模式

| 模式 | 案例 | 做法 |
| --- | --- | --- |
| 资金运营型 | 同心村 | 党建引领，合理规划布局，建立明确规章；村村合作，资源联动，带领村民入股分红；发展绿色循环农业模式 |
| | 明月村 | 构建科学管理体系，完善村规制度；整合资源，发展集体经济；完善利益联结机制，保障村民收益权利，防范化解风险 |
| 抱团发展型 | 同心村 | 合理利用土地资源，发展特色产业；整合邻村资源，实现抱团发展 |
| 股份合作型 | 龙泉村 | 因地制宜，明确发展方向；开展社会化服务，拓宽增收渠道；以人为本；吸贤返乡，谋求多元发展 |
| 资源整合型 | 三清观村 | 核实资产，整合资源发展；化解群众顾虑，凝聚整体共识；量化股权，平衡各方权益；激发资源潜能，多途径壮大集体经济 |
| 资源盘活型 | 马安村 | 党建引领，理清发展思路；"个户试养+集体试养+复制推广"稳扎稳打推进集体经济发展 |
| 物业经营型 | 上马社区 | 抓住改革机遇，整合盘活资源；融合发展，打造品牌 |
| | 绵兴村 | 立足村内需求，整合利用资源；理顺利益分配机制，实现多元主体利益共享 |

# 3 绵阳市新型农村集体经济发展存在的问题

## 3.1 经营管理不完善

农村集体经济组织目前存在与成员关系不明晰，产权界定不清，运作不规范等问题。主要表现在：部分村社的集体资源资产的发包租赁合同不规范，费用收取较低，导致集体资产流失；征用土地所得全面分发到户，缺乏留存集体资金的意识，同时在财务管理方面缺乏完善的制度和财务民主公开的监督管理原则，收支分配不按流程等现象比较普遍。当前发展壮大新型农村集体经济是增加农民收入、发展农村产业、美化乡村建设的重要手段。由于农民主体缺位、参与力量不足，农村集体经济组织管理团队便成为带领村集体发展壮大的中坚力量。村级组织机构的不断精细化和村级事务的日益繁重，使得人才力量本就有限的管理班子任务和压力增加。不激励，无动力，上级政府积极制定相关激励措施，但在实践中，村集体管理班子激励机制的缺失或落实不到位的情况普遍存在。相关激励机制不足，过于单一或过于平均主义，一定程度上削减了村管理人员在集体经济健康发展中奋斗的决心和热情，久而久之导致村集体发展缺乏竞争氛围，整个管理团队的战斗力也被削弱。在融合发展中激励机制不完善同样也影响村集体管理班子对整个村集体经济组织自有利益和权益的积极争取，在农民民主参与机制不健全的情况下，自然增加了成员利益被挤占的发展风险。

## 3.2 经济基础较薄弱

村级集体经济组织的治理基础是新型农村集体经济融合发展的重要动能，其不仅是乡村发展的强大内生动力，还是对抗外来主体权益侵占的关键力量。面对资本下乡可能带来的农民权益流失风险，村民自治组织公共性的巩固和强化成为保护农民权益免受侵害的关键防线。当前，农民权益被侵占的事件时有发生，究其原因是本组织治理基础薄弱。一是农村青壮年劳动力大量流出导致乡村治理力量大打折扣，常年留守农村的妇女、儿童、老人知识水平有限，对集体认识薄弱，自然较少参与乡村治理与建设。二是大多数农村财力不足，严重制约了乡村治理活动的开展，限制乡村农民交流、谏言平台的搭建，使得乡村治理呈现"模糊化""低效率"特点。不管是政府扶持、企业下乡还是村集体内生发展，出发点和落脚点都应该落在农民、农村、农业的本质发展上，应始终坚持农民的主体地位，重建村民对村民自治组织的信任，增强村民自治组织的社会整合能力，提升村庄治理基础。部分合并村对自身优劣条件不明晰，风险评估分析不够，集体所有的耕地、林地、果园、养殖水面等资源性资产大部分都承包给了本集体经济组织成员，集体经济组织自身几乎无直营资源，即使有未承包到户的资源，也整体呈现出分布零散、开发利用价值不高的特点。个别村集体将少许园地对外承包，年限较长，但收益普遍较低。安州区桑枣镇齐心村将400亩茶场从2005年承包至2035年，年租金仅3 500元，且承包合同经过了司法公证。

### 3.3  资产资源欠缺

20世纪80年代实行家庭联产承包责任制以来，多数村已将集体土地、山林、水库等资产、资源分净分光，可用于经营的资产很少，也几乎没有集体积累。部分村将集体的山林、水面等自然资源的经营权进行了流转，在早些年市场价格还很低的时候，一次性收取了几年甚至几十年的流转费用，收取的流转费早已使用殆尽，导致现在村集体经济组织发展无资源可用，"造血"功能严重不足。近年来，财政资金对农村地区的投入逐年加大，但全市行政村的体量大、底子薄，财政资金的投入量和覆盖范围远远不够。发展集体经济离不开启动资金，绵阳市1 582个村中仅有405个脱贫村（原贫困村有产业扶持基金）和377个扶持村享受过发展村级集体经济财政支持，还有约30%地处深丘的村集体经济组织，基础设施薄弱，既非原贫困村，也没有财政扶持项目作为发展支撑，对社会资金的吸引力偏弱，自身发展动能也不强，典型的"缺钱、缺人、缺物"。

### 3.4  经营管理人才欠缺

人才稀缺是集体经济发展面临的普遍问题。一是管理型人才难求。村集体经济组织（或企业）很难聘请能把握市场、开拓市场、驾驭市场的经管人才，集体经济组织法人，由村干部（村支书）兼任率过高。二是专业型人才难请。农村大学生毕业进城创业居多，愿意回乡创业者极少，集体经济组织必备的财会、税务、金融、法律等专业人才难找。三是技能型人才难留。有文化知识、有技术特长、有实践经验的现代新型农民外出务工者居多，加上各种涉农企业、家庭农场等专业组织的人才需求旺盛，提供的工资福利待遇相对较高。反观集体经济组织自身经济实力较弱，工资、保险等福利待遇差，参与集体经济发展的技能型农民极少。四是对外来人才吸引不足。据调查反映，农村集体经济组织普遍缺乏懂市场、会管理、善经营的职业经理人和专业管理人才，加之西部地区人才招揽难，村级收益过低，难以吸引和长期稳固外来人才，导致现今大部分村集体经济组织人才队伍难以承担起推进农村集体经济融合发展的重任。

调研发现，村集体经济发展不好的村，普遍缺乏懂经济、会经营的人才，村里有文化、有头脑的青壮年大多外出务工或经商，导致村级集体经济难以发展技术要求高的特色农业产业项目，甚至传统种养殖业人手也严重不足。一些村有集体资源资产不会用、有集体经济不会管，"谁来种地""谁来发展"的问题迫在眉睫。如梓潼县仁和镇6个集体经济"薄弱村"的负责人年龄均在55岁以上，其中59岁的2人，"带头人"学习、创新能力不强，眼界不宽、观念不新、精力有限，缺少经营管理能力，存在"等、靠、要"思想，自我发展意识不强，缺乏内在发展动力。

### 3.5 主导产业不强

受行政区划壁垒限制，绵阳市农业产业基地标准化程度低，生产规模、管理水平和商品化程度均有待提高，现代农业园区标准化基地代表了绵阳市较高水平，但全市园区基地平均面积仅1.58万亩，而成都为3.93万亩，德阳为2.26万亩，广元为2.38万亩，分别低于三市149%、43%、50.6%。市级已注册"绵州珍宝"品牌，县级仅梓潼县、北川县、三台县注册或正在注册区域公用品牌，且运营机制和标准还未全面建立，缺少运营经费，知名度不如成都"天府源"、遂宁"遂宁鲜"、南充"好充实"等。农业龙头企业和村集体经济组织、和农民利益衔接不紧，在产业化中指导农户、联结市场和解决各类利益冲突的作用没有发挥出来，不能适应市场农业发展的要求，难以形成真正的利益共同体，带动群众和集体经济增收能力不强。部分村级集体经济发展站位不高、思路不宽，容易"各自为战"，项目同质化严重、市场竞争力不足，缺乏产业链延伸，难以形成独具特色的优势产业。

## 4 绵阳市农村集体经济发展的对策建议

### 4.1 因地制宜，促进发展

一是以发展农业为核心。在农业较发达的农村，形成农产品产加销一条线的生产经营方式，打造特色农产品品牌，提升本土农产品市场竞争力，促进农村集体经济的增长。在一些偏远、发展条件和人员思想比较落后的地方，可以由集体经济组织牵头，将零散的农民通过合作组合进行生产联合，以规模化生产实现收益最大化。同时，可以充分利用区位优势、资源优势和交通条件发展旅游观光，在这个过程中可以通过服务经营和资源开发为集体创收。二是村集体创办企业。通过资金、土地、技术以及管理等入股形式组成利益共同体，开发市场获取经济收益，同时村集体企业借助对市场的开发进一步发展农业，实现农业规模化、集约化经营。三是盘活集体资产。把没有使用的办公用房、废弃宿舍、厂房等集体资产，通过出租、折现和新建场地等各种形式进行利用，将其经济效益得到最大限度的发挥。把非农用地、宅基地、土地整理后新增的耕地等，以引入企业注资等方式进行利用，增加租金收入促进集体经济发展。

### 4.2 完善机制，拓展空间

一是完善农村"征地留用地"制度。村集体可以通过农用地与非农用地的转换，获得收入，发展农村集体经济，同时可以以土地进行股份合作，对外租赁。另外，留存征地补偿费等方式也是村集体拓展集体经济发展空间的途径。二是完善土地在运营过程中所涉及的承包经营权流转机制。村集体必须以法律为准则，合法、有偿且自愿，借助机制的完善使土地流转更为高效，促使农业生产在实现规模化和集约化的同时降低运营成本，实现要素资源整合。三是完善土地经营权制度。通过土地经营权转让，可以促使限制区得到经济补偿，非限制区可以利用开发的契机，获得更具潜力的发展，获取利益。

此外，进一步明确农经管理的行政管理职能由乡镇人民政府承担，并结合各自机构编制和职责职能界定的现状，整合现有资源，合理确定农经工作岗位和专业人员，加强农经工作队伍建设，实现"有健全的服务组织、有固定的服务场所、有规范的服务制度、有明确的服务对象、有良好的服务手段"的"五有"目标，为农经管理服务等各项工作顺利开展提供保障。乡镇应结合目前编制和人员实际情况，根据服务监督范围和对象，明确2~3名农经管理工作专职业务人员，将工作能力较强的年轻干部配备到农经管理岗位上，进一步优化乡镇农经管理队伍年龄和知识层次结构，农经管理业务人员调整要征得县级农业主管部门的同意，全力打造一支人员稳定的高素质农经管理队伍，为农村集体经济持续健康发展保驾护航。

### 4.3 金融支持，激励发展

目前绵阳市农村集体经济发展的资金支持主要来自政府的财政补助和扶持资金，政府提供财政扶持资金这一举措对农村集体经济的发展具有一定的"输血"效应，但要长久促进农村集体经济的发展，必须激发其自身经济组织的内生动力,实现"造血"式发展。因此,实现农村集体经济发展的市场金融服务创新,提供市场经济的金融支持将有力促进农村集体经济的发展。结合调研实际,笔者认为可以结合集体经济组织实际,提供差异化的金融支持与服务。金融机构应该基于农村集体经济组织的经营主体、经营方式以及自身资源禀赋差异、地理位置等因素,提供适宜的金融服务。首先,对于经营性的农村集体经济,在提供金融服务时应该以考虑资产保值增值和扩大再生产为主。其次,对于资源开发型的农村集体经济,应以提供资源开发所需资金以及配套的其他金融服务为主。最后,对于合作型集体经济,如本文的村企合作、村社合作的集体经济,应该基于提供合作各环节的供应链融资、集体资产抵押贷款等金融服务为主,以此满足合作型集体经济发展中对资金周转和因扩大经营规模亟须资金的金融需求。

### 4.4 培养人才,重视引进

人是发展的关键。首先,是选人。农村集体经济的发展要有一个健全的领导组织,而领导成员的选拔至关重要,选准人、用对人将会事半功倍。对于人才的选拔,要有完善的人才选用制度与政策,可以从高校里选拔出政治水平高、学习工作表现好的优秀大学生,给予他们政策优惠,及时补充农村集体经济组织领导班子的"新鲜血液";可以推举本村具有领导力、农业经营业务水平高的模范带头人,带领大家一起发展;也可以推选优秀企业经营者,用他们颇具市场发展的眼光,使集体经济组织更具市场竞争力。人才的选拔是第一个阶段的重要工作,但是针对人员所进行的定期培训是后期必不可少的环节,通过专业性的培训,可以强化领导干部的综合素质,同时保证领导班子成员具备各个专业的职业素质和业务水平,这样的人才才具备组织管理能力和专业技术,能够实际解决农村集体经济发展过程中所遇到的诸多问题,同时能够预测新的变化、接受新的技术、适应农村发展改革的新要求,从而使集体经济的发展稳中有序。

通过目前发展较为典型、先进的农村集体经济了解到,它们之所以发展成为我们效仿的案例,主要原因是有颇具市场敏锐力的带头人。他们能够紧跟时代发展的步伐,在市场变化所带来的挑战中看到发展的机遇,带动农民的生产热情,发展农村集体经济。所以,需要在农村集体经济组织中制定激励政策,采取鼓励措施,激发出更多具有潜力的带头人,吸引更多的优秀人才投身农村集体经济发展的事业,助力我国农村社会的发展,为农村集体经济的发展壮大贡献最强力量。

# 后记

本书是四川省农村发展研究中心 2023 年度重点项目"共同富裕目标下四川新型农村集体经济高质量发展理论诠释与路径创新"（项目编号：CR2302）和 2023 年度成都市哲学社会科学规划项目"共同富裕目标下成都新型农村集体经济高质量发展的理论诠释与路径创新"（项目编号：2023CS029）的阶段性研究成果。本书也是四川省社会科学院"中国特色'三农'理论与实践"科研创新团队的研究成果。

本书撰写过程中咨询了一些专家学者，他们提出了许多宝贵意见与建议，这让我深感欣慰与感激。这些都成为本书的重要参考，并为我后续新型农村集体经济相关研究提供了新的思路。

在此，我要向所有为本书付出过努力的人表示衷心的感谢。感谢我的编辑与出版团队的辛勤付出；感谢四川省社会科学院"中国特色'三农'理论与实践"科研创新团队对本书的支持与帮助；感谢我的学生团队李霞、田洁、刘春宇、陈晨、姚德承、杨松毅在书稿撰写过程中提供相关资料数据和后期校对。我一次次的高标准要求，一次次的开会，对你们是一次挑战，也是我们共同成长的过程，让我感受到无尽的力量与温暖。编辑与出版团队的鼓励与支持让我不断前行，也让我感受到有时候科研是一件有乐趣的事情。

未来，我将继续关注新型农村集体经济与新质生产力领域的发展动态与前沿技术，不断充实与更新本书的内容。同时，我也期待与更多的专家、学者、读者进行深入的交流与探讨。

赵利梅

2024 年 5 月